信息产业技术评价与发展战略研究

Research on Evaluation and Development Strategy of Information Industry Technology

魏　明　尹丽英　著

本书由西安邮电大学学术专著出版基金资助出版

科学出版社

北　京

内 容 简 介

本书基于作者自 2008 年以来在信息产业方面的研究撰写而成，主要内容包括信息产业技术评价概述、信息产业技术评价的理论基础与研究方法、我国信息产业技术发展状况及存在的问题、国外关键技术对我国信息产业技术发展的启示、基于推断统计分析的信息产业技术评价、我国信息产业技术发展战略目标与体系、我国信息产业技术发展的相关政策建议。本书注重理论与实践相结合，不但提出信息产业技术评价体系的构建思路，而且提出信息产业技术相关战略和发展建议。

本书既可作为应用经济学、企业管理、管理科学与工程等专业学生的学习用书，又可作为相关领域的科研人员和实务工作者的参考书。

图书在版编目（CIP）数据

信息产业技术评价与发展战略研究/魏明，尹丽英著. —北京：科学出版社，2020.3

ISBN 978-7-03-062781-0

Ⅰ.①信⋯　Ⅱ.①魏⋯　②尹⋯　Ⅲ.①信息产业–技术经济指标–研究–中国　Ⅳ.①F492

中国版本图书馆 CIP 数据核字（2019）第 238029 号

责任编辑：张振华 / 责任校对：马英菊
责任印制：吕春珉 / 封面设计：东方人华平面设计部

科 学 出 版 社 出版
北京东黄城根北街 16 号
邮政编码：100717
http://www.sciencep.com

三河市骏杰印刷有限公司印刷
科学出版社发行　　各地新华书店经销
*

2020 年 3 月第 一 版　　　开本：787×1092　1/16
2020 年 3 月第一次印刷　　印张：12 1/4
字数：300 000

定价：96.00 元
（如有印装质量问题，我社负责调换〈骏杰〉）
销售部电话 010-62136230　编辑部电话 010-62130874（VT03）

前　言

　　进入 21 世纪，科技进步和经济全球化进程日益加快，信息产业对经济社会发展的推动作用越来越大，信息产业技术竞争成为新一轮国际竞争的焦点。随着我国改革开放的步伐逐渐加快，国际科技合作进一步深入，信息产业技术出口迅速增加，正逐步成为我国外贸出口的重要组成部分。信息产业技术涉及一个国家的经济安全、国防安全、社会安全等，因而该技术领域的保密工作十分必要。特别是在加入世界贸易组织后，我国在更深程度、更广泛领域参与国际经济和科技交流，信息产业技术保密面临着前所未有的复杂形势。新时代背景下，国民经济高质量发展对信息产业提出了更迫切的要求。作者基于技术预测与预见理论、技术负效应理论、技术生命周期理论、钻石模型等，构建我国信息产业技术评价体系，并提出信息产业技术发展战略及相关政策建议。

　　本书的研究内容如下。

　　第一，对信息产业技术评价的相关概念进行界定。提出信息产业技术是国家科学技术体系的一个分支，是在信息产业领域内我国现有或正处于研发阶段的，或将来可能有的信息产生、信息传输、信息发送与信息接收等应用技术的总称。作者基于信息产业技术特性分析，提出我国信息产业技术评价的主要内容，包括技术安全、经济安全、国防安全、社会安全、生态安全和信息安全等。科学地评价信息产业技术能够破解经济可持续发展面临的瓶颈，为实施我国信息产业发展战略提供技术支撑，对国民经济结构调整和传统产业转型升级具有重要的现实意义。

　　第二，分析我国信息产业技术的发展状况及存在的问题。我国信息产业技术借助 20世纪 70 年代以来世界新科技革命的浪潮，加快了发展的步伐。在信息化、网络化时代，面临着发达国家信息产业的巨大竞争压力与国内工业化、现代化的强劲需求，我国信息产业发展呈现出勃勃生机。目前，我国信息产业在相关法律法规、安全标准化体系、技术专利质量、研究与试验发展经费投入、定密的准确性等方面存在突出问题。这些问题的解决有助于信息产业技术发展战略的实施。

　　第三，基于技术评价的相关理论，借鉴国外关键技术发展经验，提出信息产业技术评价原则，并构建我国信息产业技术评价体系。技术评价理论可以追溯到 20 世纪 40～50 年代的技术预测研究，一些学者认为技术评价是技术预测的一部分。基于美国、欧洲联盟、日本等国家和地区的关键技术对我国信息产业技术发展的启示，提出应遵循需求性、利益性、发展性、安全性及创新性原则，从技术安全、经济安全、国防安全、社会安全、生态安全和信息安全等维度构建我国信息产业技术评价体系。

　　第四，基于推断统计分析结果，对信息产业技术进行综合评价。评价信息产业技术要建立调查研究系统和咨询专家系统。其中，调查研究系统由项目组及相关人员组成，咨询专家系统由专家网络组成。主要任务是组织调查、数据处理、数据结果分析、编写调查工作方案，以及相关培训、组织、协调和监督工作；运用推断统计方法对信息产业技术进行科学评价，给出一定置信度下的专家意见得分区间，以期更准确地反映专家意见，从而为科学、客观地开展我国信息产业技术评价提供技术支撑。

第五，提出我国信息产业技术发展战略目标和战略体系。战略目标定位是信息产业技术发展战略的核心内容。信息产业技术作为国家战略性新兴技术，尽管具有长期性、连续性等特性，但这并不意味着一成不变。基于技术生命周期理论、钻石模型、战略分析方法等，结合党的十九大报告及我国信息产业技术发展状况，通过对信息产业技术发展战略的内涵、作用、指导思想、整体思路等方面的分析，提出我国信息产业技术发展战略目标定位。针对我国信息产业技术发展的重点领域和步骤，提出信息产业技术发展的五大战略及信息产业技术生命周期战略，并对战略的适应性、实施过程和业绩进行评价。

第六，提出我国信息产业技术发展的相关政策建议。党的十九大报告提出"我国经济已由高速增长阶段转向高质量发展阶段，正处在转变发展方式、优化经济结构、转换增长动力的攻关期，建设现代化经济体系是跨越关口的迫切要求和我国发展的战略目标"①。《信息产业发展指南》（工信部联规〔2016〕453 号）指出"当前，以信息技术与制造业融合创新为主要特征的新一轮科技革命和产业变革正在孕育兴起，必须紧紧抓住这一机遇，加快发展具有国际竞争力、安全可控的现代信息产业体系，为建设制造强国和网络强国打下坚实基础"。针对我国信息产业技术的发展状况，借鉴国外先进经验，从建立科学的信息产业政策与法律法规、推动信息产业技术创新、培育信息产业技术人才、加强信息产业技术保密项目的全过程管理等方面提出相关政策建议，以期为建设信息化强国贡献力量。

信息产业技术评价理论在不断完善和演进过程中，其应用也将不断深化与拓展。通过建立信息产业技术的评价原则、评价指标与评价标准等，形成一套系统、规范、权威和简便易行的信息产业技术评价体系；基于科学、客观的评价结果，明确我国信息产业技术发展战略目标定位并建立战略体系，从源头上加强国家信息产业技术的全过程管理，从而为我国信息产业发展战略实施提供技术支撑。

作　者

2019 年 2 月

---

① 习近平. 决胜全面建成小康社会 夺取新时代中国特色社会主义伟大胜利：在中国共产党第十九次全国代表大会上的报告[EB/OL].(2017-10-18)[2018-12-25].http://cpc.people.com.cn/n1/2017/1028/c64094-29613660.html.

目　　录

第1章　信息产业技术评价概述 ··· 1

1.1　信息产业技术评价的内涵与发展沿革 ··································· 1

1.1.1　信息产业的内涵 ··· 1

1.1.2　信息产业技术的内涵 ··· 2

1.1.3　信息产业技术评价的内涵 ······································ 3

1.1.4　信息产业技术评价的发展沿革 ·································· 4

1.2　信息产业技术的特性分析 ··· 5

1.2.1　重要性 ··· 6

1.2.2　战略性 ··· 6

1.2.3　先进性 ··· 6

1.2.4　通用性 ··· 7

1.2.5　先导性 ··· 7

1.2.6　利益性 ··· 8

1.2.7　竞争性 ··· 8

1.3　信息产业技术评价的主要内容 ··· 8

1.3.1　技术安全 ··· 8

1.3.2　经济安全 ··· 9

1.3.3　国防安全 ·· 10

1.3.4　社会安全 ·· 11

1.3.5　生态安全 ·· 12

1.3.6　信息安全 ·· 14

主要参考文献 ··· 16

第2章　信息产业技术评价的理论基础与研究方法 ······················ 18

2.1　信息产业技术评价的理论基础 ·· 18

2.1.1　技术预测与预见理论 ·· 18

2.1.2　技术负效应理论 ··· 22

2.1.3　技术生命周期理论 ·· 23

2.1.4　钻石模型 ·· 24

2.2　信息产业技术评价的研究方法 ·· 26

2.2.1　信息产业技术评价方法的分类 ································ 26

2.2.2　信息产业技术评价的具体方法 ································ 28

主要参考文献 ·· 39

第 3 章　我国信息产业技术发展状况及存在的问题 ···················· 41
　3.1　我国信息产业技术概况 ·· 41
　　3.1.1　我国信息产业发展概况 ·· 41
　　3.1.2　国内外信息产业技术投入与产出情况 ······················ 45
　3.2　我国信息产业技术发展概况 ·· 48
　　3.2.1　我国信息产业技术自主创新能力情况 ······················ 48
　　3.2.2　我国信息产业技术定密范围的界定情况 ···················· 49
　3.3　我国信息产业技术发展存在的问题 ································ 52
　　3.3.1　相关法律法规不够完善 ·· 52
　　3.3.2　信息产业技术安全标准化体系不健全 ······················ 52
　　3.3.3　信息产业技术专利质量有待提高 ·························· 53
　　3.3.4　研究与试验发展经费投入不足 ···························· 53
　　3.3.5　定密的准确性亟待提升 ·· 53
　主要参考文献 ·· 54

第 4 章　国外关键技术对我国信息产业技术发展的启示 ·············· 55
　4.1　信息产业技术与国家关键技术的共性分析 ···················· 55
　4.2　美国关键技术的发展及启示 ·· 56
　　4.2.1　美国关键技术的发展 ·· 56
　　4.2.2　美国关键技术对我国信息产业技术发展的启示 ············ 64
　4.3　欧盟关键技术的发展及启示 ·· 65
　　4.3.1　欧盟关键技术的发展 ·· 66
　　4.3.2　欧盟关键技术对我国信息产业技术发展的启示 ············ 70
　4.4　日本关键技术的发展及启示 ·· 71
　　4.4.1　日本关键技术的发展 ·· 71
　　4.4.2　日本关键技术对我国信息产业技术发展的启示 ············ 76
　4.5　我国信息产业技术发展的借鉴 ···································· 78
　　4.5.1　体现国家发展战略目标 ·· 78
　　4.5.2　立足世界信息产业技术发展趋势 ·························· 79
　　4.5.3　考虑本国实际国情 ·· 79
　　4.5.4　注重技术与经济相结合 ·· 80
　　4.5.5　由政府主导 ··· 81
　　4.5.6　强化合规管理 ··· 81
　主要参考文献 ·· 82

第5章　基于推断统计分析的信息产业技术评价 ································ 83

5.1　信息产业技术评价体系的设计原则 ································ 83

5.1.1　需求性原则 ·· 84

5.1.2　利益性原则 ·· 84

5.1.3　发展性原则 ·· 85

5.1.4　安全性原则 ·· 85

5.1.5　创新性原则 ·· 87

5.2　构建信息产业技术评价体系与方法选择 ························ 87

5.2.1　信息产业技术评价体系的构建 ························ 88

5.2.2　选用推断统计方法 ·· 89

5.2.3　设定指标权重及相关分析 ····························· 89

5.3　评价结果 ··· 106

主要参考文献 ·· 106

第6章　我国信息产业技术发展战略目标 ································ 108

6.1　信息产业技术发展战略的内涵 ··································· 108

6.2　我国信息产业技术发展战略的作用 ····························· 110

6.2.1　增强我国信息产业的竞争优势 ······················ 110

6.2.2　确保我国信息产业的安全性 ························· 112

6.2.3　改进信息产业技术保密项目管理效果 ············· 113

6.3　我国信息产业技术发展战略的指导思想 ····················· 114

6.3.1　以政策主导为方向，服务于国家目标 ············· 114

6.3.2　实施国家知识产权战略，推动信息产业技术发展 ··· 116

6.3.3　实施以自主创新为中心的标准战略，加强标准制定 ··· 119

6.3.4　建设以企业为主体的技术创新体系，引领信息产业发展 ··· 120

6.4　制定我国信息产业技术发展战略的具体原则和整体思路 ··· 121

6.4.1　具体原则 ·· 121

6.4.2　整体思路 ·· 123

6.5　信息产业技术战略分析模型 ····································· 124

6.6　信息产业技术发展战略目标的定位 ····························· 133

6.6.1　阶段发展目标 ··· 134

6.6.2　创新能力发展目标 ·· 135

6.6.3　竞争能力发展目标 ·· 136

6.6.4　协调能力发展目标 ·· 136

主要参考文献 ·· 137

第 7 章　我国信息产业技术发展战略体系 ································· 138

　　7.1　信息产业技术发展战略体系的设计思路 ·················· 138

　　　　7.1.1　信息产业技术发展战略体系设计的重点领域 ········· 139

　　　　7.1.2　信息产业技术发展战略体系设计的步骤 ············· 144

　　7.2　信息产业技术战略 ····································· 144

　　　　7.2.1　信息产业技术预见与选择战略 ···················· 145

　　　　7.2.2　信息产业技术标准战略 ························· 147

　　　　7.2.3　信息产业技术核心能力战略 ····················· 148

　　　　7.2.4　信息产业技术市场拓展战略 ····················· 149

　　　　7.2.5　信息产业技术资源战略 ························· 149

　　7.3　信息产业技术生命周期战略 ··························· 151

　　　　7.3.1　信息产业技术前期准备阶段战略 ·················· 152

　　　　7.3.2　信息产业技术研发阶段战略 ····················· 155

　　　　7.3.3　信息产业技术应用阶段战略 ····················· 157

　　7.4　信息产业技术发展战略评价 ··························· 158

　　　　7.4.1　信息产业技术发展战略适应性评价 ················ 159

　　　　7.4.2　信息产业技术发展战略实施评价 ·················· 160

　　　　7.4.3　信息产业技术发展战略业绩评价 ·················· 160

　　主要参考文献 ··· 161

第 8 章　我国信息产业技术发展的相关政策建议 ····················· 163

　　8.1　建立科学的信息产业政策与法律 ····················· 163

　　　　8.1.1　制定与信息产业技术发展阶段相协调的产业政策 ····· 163

　　　　8.1.2　确定信息产业技术发展的顶层设计思路 ············· 163

　　　　8.1.3　完善信息产业技术相关法律法规 ·················· 164

　　8.2　推动信息产业技术创新 ····························· 165

　　　　8.2.1　实现信息产业集聚效应 ························· 165

　　　　8.2.2　建立信息产业技术标准体系 ····················· 165

　　　　8.2.3　定位信息产业技术创新方向 ····················· 165

　　　　8.2.4　促进信息产业技术跨领域发展 ···················· 167

　　8.3　培育信息产业技术人才 ····························· 167

　　　　8.3.1　构建信息产业技术创新人才培养体系 ·············· 167

　　　　8.3.2　强化高校关于新兴信息产业技术的通识教育 ········· 168

　　　　8.3.3　推动信息产业与传统产业的人才交流 ·············· 169

　　　　8.3.4　创造信息产业技术高端人才集聚条件 ·············· 169

　　8.4　加强信息产业技术保密项目的全过程管理 ·············· 169

　　　　8.4.1　重视信息产业技术保密工作 ····················· 169

8.4.2　增加信息产业技术保密经费投入 ·················· 170

8.4.3　开展信息产业技术保密法制宣传教育 ·············· 170

8.4.4　强化信息产业技术保密监督 ···················· 173

8.4.5　完善信息产业技术定密管理 ···················· 173

主要参考文献 ······································· 179

附录 ··· 180

附录 1　对环境保护作用的统计处理 ·················· 180

附录 2　对经济安全数据的综合统计处理 ·············· 180

附录 3　专家评分倾向 ····························· 181

附录 4　原始评分处理 ····························· 182

附录 5　综合统计处理 ····························· 184

后记 ··· 185

第1章 信息产业技术评价概述

信息产业技术的广泛应用和网络空间的发展,极大地促进了经济社会的繁荣与进步,同时也带来了新的风险和挑战。2018年5月,习近平总书记在两院院士大会上指出:"我们要把握数字化、网络化、智能化融合发展的契机,以信息化、智能化为杠杆培育新动能。要突出先导性和支柱性,优先培育和大力发展一批战略性新兴产业集群,构建产业体系新支柱。"①工业革命后,人们对技术系统进行了较全面的研究。德国学者贝克曼(Bechman)在18世纪后期和19世纪先后出版了《技术学入门》《发明史》《技术学大纲》。19世纪关于技术的研究逐渐形成了专门的研究领域。随后,技术哲学作为技术研究的一门先导学科,呈现出比较活跃的发展态势,研究成果较多且研究角度呈多元化,其研究领域包括技术价值论、技术伦理学、技术与社会、技术史等。信息产业技术涵盖了人类生产力发展水平的标志性事物,包括生存和生产工具、设施、装备、语言、数字数据、信息记录等。现代信息产业技术已经远远超越了简洁内涵,演绎为更加复杂、全方位的多学科技术。

1.1 信息产业技术评价的内涵与发展沿革

近年来,随着我国科技水平和经济发展水平的快速提高,无论在日常生活中,还是在工业生产过程中,信息产业技术的应用范围都变得越来越广泛。信息产业作为当前经济社会的一个新兴产业,为人们的生活提供了极大的便利。基于信息产业内涵,我们对信息产业技术的内涵、信息产业技术评价的内涵及信息产业技术评价的发展沿革展开分析。

1.1.1 信息产业的内涵

信息产业一般指以信息为资源,以信息产业技术为基础,进行信息资源的研究、开发和应用,涉及信息收集、生产、处理、传递、存储和经营等活动,为经济发展及社会进步提供有效、综合的生产和经营活动的一种产业。工业发达国家将信息视为社会生产力发展和国民经济发展所需的重要资源,并且常把信息产业称为第四产业。

我国国家统计局发布的《统计上划分信息相关产业暂行规定》将信息产业划分为电子信息设备制造、电子信息设备销售和租赁、电子信息传输服务、计算机服务和软件业及其他信息相关服务5个大类、20个中类和68个小类。这一分类方法是按照信息活动

---

① 习近平. 在中国科学院第十九次院士大会、中国工程院第十四次院士大会上的讲话[EB/OL].(2018-05-29)[2018-12-10].http://www.cac.gov.cn/2018-05/29/c_1122901495.htm.

的自身特征，在国家标准 GB/T 4754—2017《国家经济行业分类》的基础上，将与信息活动有关的类别进行重新组合的结果。信息产业主要包括以下 4 个产业部门。

1）计算机制造、通信设备制造和其他电子设备制造。其中，计算机制造包括计算机整机制造、计算机零部件制造、计算机外围设备制造、工业控制计算机及系统制造、信息安全设备制造、其他计算机制造；通信设备制造包括通信系统设备制造、通信终端设备制造；其他电子设备制造包括广播电视设备制造、雷达及配套设备制造、非专业视听设备制造、智能消费设备制造、电子器件制造、电子元件及电子专用材料制造、其他电子设备制造。

2）信息传输服务。主要包括电信服务、广播电视传输服务和卫星传输服务。其中，电信服务分为固定电信服务、移动电信服务、其他电信服务；广播电视传输服务包括有线广播电视传输服务、无线广播电视传输服务；卫星传输服务包括广播电视卫星传输服务、其他卫星传输服务。

3）互联网和相关服务。主要包括互联网接入及相关服务、互联网信息服务、互联网平台、互联网安全服务、互联网数据服务、其他互联网服务。

4）软件和信息技术服务。主要包括软件开发、集成电路设计、信息系统集成和物联网技术服务、运行维护服务、信息处理和存储支持服务、信息技术咨询服务、地理遥感信息服务、其他信息技术服务。

根据《电子信息产业统计工作管理办法》（信息产业部令第 42 号）第一章第四条的解释，电子信息产业是指为实现制作、加工、处理、传播或接收信息等功能或目的，利用电子技术和信息技术所从事的与电子信息产品相关的设备生产、硬件制造、系统集成、软件开发以及应用服务等作业过程的集合。电子信息产品包括电子雷达产品、电子通信产品、广播电视产品、计算机产品、家用电子产品、电子测量仪器产品、电子专用产品、电子元器件产品、电子应用产品、电子材料产品以及软件产品。根据《中国电子信息产业统计年鉴 2016（综合篇）》，电子信息产业按行业分类，可以划分为 11 个行业、38 个小类别。这 11 个行业分别是通信设备工业行业、雷达工业行业、广播电视设备工业行业、电子计算机工业行业、家用视听设备工业行业、电子器件工业行业、电子元件工业行业、电子测量仪器工业行业、电子工业专用设备行业、电子信息机电工业制造行业及其他电子信息行业。

1.1.2　信息产业技术的内涵

信息产业技术是国家技术发展的一个分支，是在信息产业领域内，以及在信息科学的基本原理和方法支撑下，我国现有的或正处于研发阶段的信息产生、信息传输、信息发送、信息接收等应用技术的总称。信息产业技术也包括在信息产业技术领域内我国现有或正处于研发阶段的，或将来可能有的对国家安全、经济利益、社会安定和公众安全有重大影响的，在一定时空内不宜公开的技术。它一般主要包括对国家安全有重大影响的技术群、对经济发展至关重要的技术群及对我国就业有重大影响的技术群。

依据技术经济学中关于技术的软、硬分类方法，信息产业技术可以划分为硬信息产业技术和软信息产业技术两大类。其中，前者侧重于信息工程建设、机器、设备、工具等制造技术，后者则侧重于软件、信息服务等服务技术。

信息产业技术是一门新兴的战略性产业技术，建立在现代科学理论和科学技术基础上，采用先进的理论和通信技术，是带有高科技性质的服务性产业技术。它使经济信息的传递更加及时、准确和全面，有利于各产业提高劳动生产率，对整个国民经济的发展意义重大。同时，信息产业技术加速了科学技术的传递速度，缩短了技术从创新到应用于生产领域的时间。可见，信息产业技术的发展推动了技术密集型产业的发展，有利于国民经济的结构调整。

1.1.3 信息产业技术评价的内涵

信息产业技术评价对技术的开发、试验、应用等一系列过程可能产生的影响进行预测，从总体上评估利害得失，采取适当的措施将其负面影响降至极小，使其正面影响效果达到最佳，从而引导信息产业技术朝着有利于人类、自然和社会的方向发展。

在信息产业技术评价过程中，应注意信息产业技术具有双面性，既有负效应也有正效应。然而，信息产业技术的正、负效应不可抵消，也不可分割。防御性、控制性的信息产业技术一般会滞后于攻击性和毁灭性的信息产业技术。在实践中，往往不能完全实现信息产业技术的防御和控制。虽然信息产业技术可以产出控制毁灭性的技术，但往往是滞后的。在这段滞后期内，毁灭性的技术将给人类的生存环境造成难以修复的危害。因此，信息产业技术的负效应必须引起理论界和实务界的重视。

在评价信息产业技术时，需要特别关注技术的负效应，这一效应伴随着信息产业技术的产生和应用。信息产业技术的负效应体现在很多方面，影响面非常广泛。因此，要尽量降低信息产业技术的负效应（尽管不可能根本消除）。我们可以将信息产业技术的负效应分为两类，即可预见的技术负效应和不可预见的技术负效应。其中，不可预见的技术负效应是主体与客体对立及人类认识能力的局限性造成的，在主体尚未意识到它的存在之前，无法对其采取消解措施。但是，可以通过提高主体的认识与预见能力，开展相关信息产业技术评价工作，缩短不可预见的技术异化向可预见的技术异化转化的进程，并尽快采取相应的消解措施。可预见的信息产业技术异化如果处理不当也会带来一定的风险，要消除技术异化应当从主体与客体方面考虑。信息产业技术评价理论的发展要关注主体、客体方面的评价。一般而言，客体方面导致的技术负效应控制比主体方面导致的技术负效应更难控制。信息产业技术的负效应或异化的形成原因主要包括以下两个方面：①对信息产业技术缺乏认识，对技术期望值过高；②源自人们的思维方式、行为方式和价值体系间的冲突。

信息产业技术评价一般由非官方的专业评价机构进行。例如，美国在进行技术评价工作时，一般由政府委托一批高水平、相对稳定的社会咨询评估机构（包括企业和非营利机构）承担具体的评价工作，并且在政府与评价执行者之间建立监督机制。英国科技管理部门也大致类似，会聘请独立的专业评估单位进行评估。一般而言，由外部独立的专业人员进行评价比内部人员的评价更客观、更深入，其评价结果也更公正、更可靠。

1.1.4　信息产业技术评价的发展沿革

目前，对信息产业技术评价的研究较少，更多是关于技术评价（technology assessment，TA）的探讨。技术评价也称技术评估，作为一项政策研究的技术经济分析方法，广泛用于制定科技政策和科技发展规划、技术项目的可行性评估、R&D（research and development，科学研究与试验发展）项目评价、项目投资决策等领域。

技术评价的概念思想源于英国，早在 17 世纪 60 年代就诞生了，并随着 1776 年《国富论》①的出版而成熟。一些学者提出技术评价的起源最早可以追溯到 19 世纪 20 年代。在 20 世纪初，美国成立国会研究服务部（Congressional Research Service，CRS），直接针对各委员会及议员们提出的问题进行研究、分析和评估。其中，与科学技术有关的分析和评估被认为是技术评价的雏形。20 世纪 30～40 年代，奥格本（Ogburn）对技术预测和评估做了初步探讨，其著作《飞机制造业的社会效应》就是技术评估方面的开拓性研究之作。在奥格本的带动下，吉尔菲兰（Gilfillan，1952）也在技术评估与预测方面进行研究和写作，其研究结果不仅反映了特定技术本身，还涉及针对技术应用过程和技术结果的评价。20 世纪 50 年代，西方国家开始盛行技术预测（technology forecasting），人们试图预测技术发展的趋势，帮助大公司和政府机构制订技术的投资计划。当时，如兰德（Rand）公司、哈德森（Hudson）公司等都开展了此类研究。因此，一般认为现代技术评价起源于技术预测。

技术评价作为正式的术语被广泛采用，并且其重要性被承认是在 20 世纪 60 年代。美国科学研究和发展委员会主任埃米利奥·达达里奥（Emilio Daddario）在 1965 年进行了技术评价及其相关活动。通过大量的研究与分析，美国科学研究和发展委员会认为需要对技术变革的结果进行干预和控制，这些研究结果引发了一系列事件。例如，美国股价科学基金开始资助关于技术的研究。美国国会众议院的科学研究开发委员会在 1966 年的报告中使用了"技术评价"这一术语。该报告明确表达了"加强国会技术评价能力"的观点，建议国会设立技术评价咨询机构。1969 年，美国科学院、国家工程科学院等发表了技术评价报告书和相关论文。1970 年，白宫科学技术局委托美国 MITRE 公司研究开发技术评价的方法论。MITRE 公司开展了汽车尾气、计算机通信网络、工业用酶、养殖渔业、因家庭废水使水质污浊等案例研究。最重要的是，美国国会于 1972 年成立了技术评价办公室（Office of Technology Assessment，OTA），继而开展了很多技术评价研究。初期阶段有组织的技术评价，其首要目标就是对技术发展的潜在负面影响进行政策控制，即早期预警。因此，技术评价也被认为是预知技术创新中无意识的负面结果，从而促进更准确的政策制定。技术评价在不同国家的发展状况如表 1.1 所示。

---

① 1776 年出版的《国民财富的性质和原因的研究》（*An Inquiry into the Nature and Causes of the Wealth of Nations*，简称《国富论》），作者是英国的亚当·斯密（Adam Smith），他是经济学的主要创立者，被世人尊称为"现代经济学之父"和"自由企业的守护神"，他提出的依靠"看不见的手（invisible hand）"管理经济、尽量减少政府干预的思想对各国经济改革产生了广泛的影响。

表 1.1　技术评价在不同国家的发展状况

时期	国家		
	美国	德国	其他国家
20 世纪初	科学技术评价分析		
20 世纪 40 年代	技术预测和评价		
20 世纪 50 年代		技术评价起源于技术预测	
20 世纪 60 年代	技术评价这一专门术语首次被提出		
20 世纪 70 年代	TA 和 OTA 的实践	TA 以 OTA 的作用模式开始出现	
20 世纪 80 年代	OTA 继续统治这一领域	TA 发展为战略框架概念，创新的技术评价首次被提出	参与式 TA 在丹麦出现，建构性 TA 在荷兰出现
20 世纪 90 年代	1995 年 OTA 被关闭、取消	ITA 成为有影响力的 TA 模式，交互式 TA 以不同的名字被研究	
21 世纪初期			在技术评价中对伦理事务开始一些尝试性的处理

注：表中的 ITA 指创新导向的技术评价（integrated TA）。

关于技术评价的争论往往因对"技术"本身的争论而存在，通常人们认为技术等同于"工艺"，但《韦氏词典》定义技术为"应用科学"。对技术的争议在 20 世纪 60 年代左右开始。以往人们认为科学和技术的变革都表现为进步，直到环境、污染、能源等问题日益凸显，技术及其在社会中的作用逐渐受到质疑。在技术发展过程中，社会责任的需求越来越受到重视，这些需求被日益增加的新技术带来的严重的社会问题和环境问题所触发。

1.2　信息产业技术的特性分析

信息产业技术能够破解可持续发展面临的制约性问题，为经济社会发展提供技术基础，对经济结构调整和产业升级具有深远的影响。该类技术主要包括感测技术、通信技术、计算机技术和控制技术等。感测技术就是获取信息的技术，通信技术就是传递信息的技术，计算机技术就是处理信息的技术，而控制技术就是利用信息的技术。信息产业技术具有 7 个特性，如图 1.1 所示。

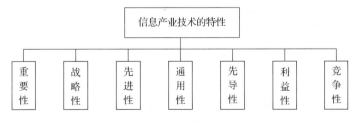

图 1.1　信息产业技术的特性

1.2.1 重要性

信息产业技术对国民经济发展、保障国家安全至关重要，其突破、创新和应用对经济发展起着决定性作用。信息产业技术从国家的经济、社会、科技、军事、公众需要出发，打破科技和经济的界限，是具有创新性和突破性的技术。信息化和经济全球化相互促进，互联网已经融入社会的各个方面，深刻地改变了人们的生产和生活方式。另外，在信息产业技术的广泛普及与应用中，其媒介成为数据信息的载体，同时也成为人与人之间的交流媒介，深入推动了科技进步及社会生产力的发展，对国家战略目标的实现至关重要。

1.2.2 战略性

信息产业技术是符合国家经济、技术发展战略和经济可持续发展的要求，能够促进社会整体技术进步、提高综合国力，进而增强战略性产业国际竞争力的技术。在一些重要的竞争性领域保持产业技术的领先地位，也是大国参与国际产业分工和国际竞争的基础条件。2018 年 5 月，习近平总书记在两院院士大会上指出，"进入 21 世纪以来，全球科技创新进入空前密集活跃的时期，新一轮科技革命和产业变革正在重构全球创新版图、重塑全球经济结构""健全国家创新体系，强化建设世界科技强国对建设社会主义现代化强国的战略支撑"。[①]

此外，信息产业技术是整个国民经济创新，尤其是产业技术创新的基础。这些技术既能促进新产业发展，也能促进传统产业的装备、材料等发生深刻变化，或产生一系列新的工艺，使技术结构发生变革。同时，信息产业技术必须从社会公众需要、科技和经济发展及国家战略目标实现的多重视角考虑，使其起到战略性的平衡、匹配和引导作用。

1.2.3 先进性

信息产业技术的先进性是指与国内外同类技术相比具有技术上的优势，该优势或表现为技术的领先性，或表现为新颖性。技术先进性的核心在于技术创新性，只有持续的创新能力才能保证所开发的技术成果具有先进水平。创新性也是信息产业技术开发选题与成果评价的重要依据。信息产业技术是产业技术创新的有效手段，它以本国在国际上有竞争力的信息产业为基础，能够在较长时期内对本国的国际竞争力发挥重要作用，具有广泛的应用前景。2017 年，科学技术部部长万钢在召开的全国科技工作会议上提出，要"深度参与全球创新治理，提升科技创新国际化水平""加快关键共性技术突破，推动产业向价值链中高端迈进"。[②]只有在技术上领先，才能形成国防优势或经济优势。

技术先进性包含技术的指标、参数、结构、方法、特征及对科学技术发展的意义等，

---

① 习近平. 在中国科学院第十九次院士大会、中国工程院第十四次院士大会上的讲话[EB/OL].(2018-05-29) [2018-12-10].http://www.cac.gov.cn/2018-05/29/c_1122901495.htm.

② 杨迪,乔雪峰. 科技部:去年全社会 R&D 支出 1.5 万亿[EB/OL].(2017-01-11)[2019-02-10]. http://finance.people.com.cn/n1/2017/0111/c1004-29013846.html.

具体可从以下 6 个方面考虑:一是资源方面,即能否充分合理地利用自然资源,降低原材料消耗,或充分利用再生资源;二是能源方面,即能否显著地节约能源;三是产品方面,即能否改善产品结构,提高产品质量,并有利于新产业的发展和创新产品的开发;四是劳动生产率方面,即能否大幅度地提高劳动生产率;五是资金方面,即能否相对地节约资金;六是生态平衡方面,即能否明显地减少乃至避免环境污染与生态破坏。

1.2.4　通用性

信息产业技术应该是应用领域广泛并能促进军用和民用领域多个行业发展的技术。信息产业的多项技术在国防经济体系和国民经济体系共享,既影响国防武器装备水平、作战能力与防御能力,又对社会经济发展产生重大影响,体现出技术与产业交叉、渗透的特性。无论是军用技术,还是民用技术,都要适应于多个产业部门和技术领域。例如,用信息产业技术装备的先进制造技术、材料加工技术、先进控制技术等都是各个产业部门的基础技术,能够解决信息产业发展的瓶颈问题,并带动其他一般技术的发展。通用性越强,对国防安全和经济安全的重要性越高。

目前,信息产业技术与不同学科存在一定的交叉应用,其通用性十分广泛,具体表现在以下 5 个方面。

1)内交叉。物联网利用复杂的通信技术,将一系列的物品和人员联系起来,使人与物、物与物能够相联,从而实现网络远程控制和管理,让网络管理更加智能化。

2)与生命学科交叉。医疗电子和生物特征识别技术正被普遍应用于人们的生活中。

3)与工程应用交叉。很多重大工程如建筑工程、航空航天工程、核电工程、机械工程、电力工程等,其计算、设计、应用等都建立在计算机基础上,进行模拟操作,从而形成了一批新兴的 IT(information technology,信息技术)交叉学科。可见,以计算机技术为基础的研究推动着各行业大型工程的迅速发展。

4)与环境地理学交叉。地理信息系统利用当前先进的卫星和移动通信技术的定位功能,通过发送信息,定位终端设备用户确切的方位和经纬度数据,为用户提供定位需求服务。

5)与人文社会科学交叉。信息产业技术的应用领域广泛,与人文社科、教育等进行交叉在生活工作和学习中随处可见。例如,信息产业技术与管理、教育、经济等领域的交叉,形成了信息管理学、信息教育、经济信息等新兴学科,使各基础学科之间的交叉联系更加紧密。

1.2.5　先导性

先导性强调某项信息产业技术的跨部门、跨学科特点。一般而言,信息产业技术具有先导性,一旦有所突破,往往会引起一场技术革命。基础性信息产业技术能孵化出许多相关技术,且应用领域广泛,能促进多种行业的发展,也能促进或带动多项信息产业技术的变革。通过"技术乘数"作用,提升信息产业结构的层次和水平。

1.2.6 利益性

利益性是指信息产业技术的推广与应用必须符合国家发展战略。从国家层面看，应当争取提高本国经济在国际市场上的地位，增强本国产业竞争能力，带动本国经济发展，并在国际市场竞争中具有一定的竞争优势，进而增加外汇储备。从企业层面看，确保技术的利益性，能够提升信息产业及其相关企业的核心竞争力，在国际竞争中获得较高的经济利益。例如，在美国国家关键技术的 10 个遴选准则中，有 3 项与占领或扩大市场有关，两项与产业竞争力和领导市场能力有关。

1.2.7 竞争性

信息产业技术的不断开发与投入应用，将形成具有竞争优势的先进技术群，能同其他技术配套形成具有良好市场需求的产品。同时，这一先进的信息产业技术群，随着时间的推移、技术的发展及国民经济环境的变化，其内容也会做相应的动态调整和变更，从而保证信息产业持续的竞争优势。

1.3 信息产业技术评价的主要内容

当今社会对信息高度依赖，信息产业技术的开发、信息的获取和信息的利用成为经济生活的主要内容之一。信息传递的国际化、网络化使国家的信息边界日益模糊，这就为维护国家安全带来新的难题。随着我国加入世界贸易组织（World Trade Organization，WTO）和世界经济一体化进程的加快，国际经济交往和技术交流日益频繁，国家安全也从以保卫国家疆域不受侵犯的国防安全为主，过渡到以经济安全为核心的技术安全、国防安全、生态安全、信息安全、社会安全的综合安全。基于此，我国信息产业技术评价的主要内容包括 6 个方面，如图 1.2 所示。

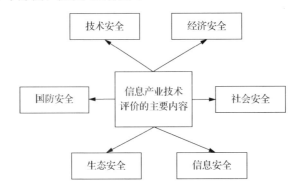

图 1.2　我国信息产业技术评价的主要内容

1.3.1 技术安全

在全球化与信息化背景下，世界各国经济相互依存度加深，竞争不断加剧，新的经济格局推动了新一轮技术创新、技术扩散、技术与信息产业的国际竞争。以信息产业技术为代表的技术革命和产业革命,对每个国家都是一次新的发展机遇。各国政府特别是发达国家政府已经认识到,信息产业技术不仅是产业结构升级、经济发展的根本推动力,也是决定国际竞争能力的关键因素。国防安全、经济安全、生态安全和社会安全都要以一定的技术作为后盾。因此,信息产业的技术安全是经济安全、国防安全、社会安全、生态安全、信息安全的基础,是提高国家信息产业核心竞争力、提高人们的生活质量、增加就业机会、培养社会凝聚力的技术支撑。

随着对外开放和对内搞活的改革不断深化,信息产业自主创新能力不断增强,信息产业技术水平不断提高,我国正处在从技术引进到技术出口的转变进程中。同时,由于国际科技合作的进一步深入,越来越多的跨国公司在我国设立了研发机构,聘用大量中国技术人员进行科技开发工作。这些新的发展态势促使我国信息产业技术出口迅速增加,逐步成为我国外贸出口的重要组成部分。大量的技术出口,一方面为我国外贸出口工作增添了新的活力;另一方面,也给我国科技保密工作提出新的课题研究方向。技术出口不同于一般的外贸出口,特别是信息产业技术的出口,往往是最新或者较新的科研成果,具有信息产业的中高端产品技术特点,与信息产业发展、产业安全和国家安全密切相关。正因如此,世界各国普遍的做法是对技术贸易内容进行严格审查,防止秘密技术泄露,并限制敏感技术出口。

1.3.2　经济安全

国家经济安全是指一个国家经济整体处于不受各种因素冲击而保持经济利益不受重大损害的状态,以及维护这种状态的能力。经济安全常常指一个国家具备这样一种能力或处于这样一种状态,即国家安全免于因经济方面的问题而受到威胁。经济安全是与"经济独立和依附""经济稳定和脆弱""经济压迫和主权"等范畴紧密联系的一个政治经济学和政治学的综合概念,与军事安全相关联。对国家经济安全的认识一般包括 3 个层次:①应该认识到国家经济安全是一个国家政治、军事安全的基础。②要考虑国家经济安全的时代特征。在不同发展阶段,国家经济安全关注的内容及侧重点不同,理应与时俱进,因势而新。应当根据国家经济发展阶段特征,适时、适度地调整国家经济安全战略布局。③在经济全球化背景下,国家经济安全不仅仅局限于国内经济安全状况,更应着眼全球,将国家经济安全纳入全球经济体系并加以研讨。可以说,关注信息产业技术经济安全的实质是利用各种有效手段,保障国家的经济稳定和繁荣,维护国家经济主权和发展大局,在国际竞争中争取有利地位和营造良好的外部环境。

不同国家由于受不同国情、不同国家战略目标的制约,对经济安全含义的界定大不相同。例如,发达国家政府对本国经济安全的关心,往往是国际市场的开拓,本国在海外利益的保障,海外能源、资源的稳定供应,本国产品的竞争力等;广大的发展中国家则把经济安全看作维护本国合法利益、争取平等互利和公平合理的对外经济关系与国际环境,从而创造有利条件,利用后发优势形成并保持一定的国际竞争力,达到消除贫困、加速发展的终极目标。各国关心的主要是如何独立自主地发展本国经济,如何在建立新的经济秩序过程中抵御、补偿非正常的人为干预,如何改变本国在国际贸易中的不利地位及如何保护民族工业等。

综上所述，信息产业技术已经成为影响国家安全，尤其是经济安全的重要因素。2013年，我国成立了国家安全委员会，统筹协调涉及国家安全的重大事项和重要工作。2015年的《中华人民共和国国家安全法》（以下简称《国家安全法》）第三条规定"国家安全工作应当坚持总体国家安全观，以人民安全为宗旨，以政治安全为根本，以经济安全为基础"；第七十三条规定"发挥科技在维护国家安全中的作用"等。国家发展和改革委员会（以下简称国家发改委）在 2015 年提出了"技术经济安全"这一课题。技术经济安全相对于传统的经济安全来讲是一个比较新的概念，国内外尚未有明确的提法。技术进步可以促进经济的持续、稳定增长，确保一个国家经济的自主性，还能进一步深化国家在全球价值链中所起的作用，强化国家在全球中的竞争优势。从世界经济发展史可以看出，信息产业技术的快速发展正在不断地塑造着世界各国的经济地位。

1.3.3 国防安全

世界各国综合国力的竞争，必然包括国防力量的竞争。综合国力的竞争集中体现着当代信息产业技术条件下国家生存与发展的根本利益。一个国家倘若有雄厚的经济实力而无强大的国防力量，则不可能取得应有的国际地位，也难以巩固已有的经济建设成果，甚至在政治、经济、外交等方面也会受制于人。当今世界，尽管各国的国际地位及国家利益目标不尽相同，但都致力于增强包括国防力量在内的综合国力，以谋求信息产业技术的战略主动权。

技术发展的重要特征是军用与民用技术的融合。在国防科学技术的发展过程中，客观存在着一些军民两用的信息产业技术，这些看似民用的技术通过改进与整合，能够转化成对提高武器装备、航天系统的性能有重大贡献的军用技术，对形成新的军事能力、增强威慑能力及对提高研制工作的效率，具有极其重要的作用，也对国防科学技术以至整个国家科学技术水平的提高有很大的带动作用。应用这些技术能够提高现有武器系统的性能，形成新的军事能力，降低武器系统的研制、生产成本和使用维护费用，能够促进多种重要武器的研制和生产，有利于进一步加强工业基础。因此，各国在国际技术贸易、许可或合作时，普遍设置一系列程序，评估在这些过程中有无可能涉及国防安全的技术。例如，美国政府规定从事技术出口的公司必须获得准许证，对进口公司也设有严格的审查制度。根据《纽约时报》报道，2007 年 10 月，5 家中国公司（包括应用材料中国公司、波音公司旗下的合资企业 Boeing Hexcel AVIC1、中芯国际集成电路制造有限公司、国家半导体公司和上海华虹 NEC 电子有限公司）获准从波音和 Hexcel 公司进口先进的飞机发动机零件、导航系统、通信设备、先进的复合材料等民用设备和技术产品。时任美国商务部负责工业和安全事务的副部长曼库索（Mancuso）在接受《纽约时报》对上述购买事宜采访时表示，美国商务部 2006 年便公开提出建议，经国会长期讨论后才推出，并表示未经美国政府相关部门的审查与批准，这些被确定为"合法终端用户"的中国公司无法获准购买美国技术，而在 2007 年 10 月批准这 5 家中国公司时，上述政府部门均无异议。由此案例可见，美国在涉及信息产业技术出口方面具有严格的审查程序。

信息产业技术覆盖范围较宽，但最基础并且事关国家安全的核心技术仍然是芯片技术和基础软件技术。其中，前者以微处理器（central processing unit，CPU）为代表，后者以操作系统（operating system，OS）为代表。习近平总书记在网络安全和信息化工作座谈会上强调，"一个互联网企业即便规模再大、市值再高，如果核心元器件严重依赖外国，供应链的'命门'掌握在别人手里，那就好比在别人的墙基上砌房子，再大再漂亮也可能经不起风雨，甚至会不堪一击"[①]。因此，要维护一个国家的国防安全，就离不开构建安全可控的信息产业技术体系，实现核心信息产业技术的自主性、安全性和可控性。

目前，我国信息产业技术在安全可控方面尚处于弱势地位，如部分 CPU 架构需要国外授权、部分芯片在国外代工生产、有些软件过度依赖开源代码等。在经济全球化大背景下，可持续发展的信息产业生态环境远未形成。我国自主配套的第三方软硬件产品还不能形成体系，甚至受到国外核心产业技术的制约。同时，离散的技术和产品成果尚未聚合成由产业集聚优势形成的产业生态群。因此，涉及国家安全的核心信息产业技术必须依靠自主研发。《国家中长期科学和技术发展规划纲要（2006—2020 年）》（以下简称《规划纲要（2006—2020 年）》）制定的科技工作指导方针是：自主创新，重点跨越，支撑发展，引领未来。"核高基"[②]重大专项确定的目标是自主创新，摆脱核心信息技术受制于人的局面。可见，"自主创新、安全可控"是实施信息产业技术发展战略的核心。

此外，信息产业技术领域的国防安全包括国防信息安全基础的物理安全（主要涉及国防信息处理设施的安全）、工作网络及信息系统安全。国防安全作为整个国家安全的保障，必须保证其武器装备的安全和信息系统安全。其中，信息系统安全保障离不开对涉及国防安全的核心信息产业技术的研发与攻坚。目前，信息产业技术发展的趋势是主动吸纳基础研究和核心技术攻关成果，走出一条自主创新的可持续发展道路。这就要求我国微处理器体系架构不能完全依靠国外授权的"兼容模式"；基础软件也不能仅仅依赖并受制于开源[③]（open source）的发展模式，吸收开源智慧并以应用领域为导向，研发配套的软件和硬件产品，构建自主信息产业生态环境。严格管控信息产业链中的不安全环节，进一步规范管控芯片设计加工、开源资源利用模式、第三方产品选用等；同时强化安全测试，建立产品安全档案。

1.3.4　社会安全

一个和谐稳定的社会是国家持续健康发展的基础。任何有可能破坏和谐稳定社会系统的信息产业技术，以及能够明显推动和谐稳定社会系统的信息产业技术同样需要关注。一般而言，影响社会和谐、稳定的因素包括就业、社会保障、医疗健康、社会治安、信息安全、食品安全及新形势下的反恐问题。自 2006 年以来，欧美国家提高纺织品染

①　习近平. 在网络安全和信息化工作座谈会上的讲话[EB/OL].(2016-04-26)[2018-12-12].http://cpc.people.com.cn/n1/2016/0426/c64094-28303771.html.
②　核高基是对核心电子器件、高端通用芯片及基础软件产品的简称。
③　开源的全称为开放源代码，它要求用户利用源代码在其基础上修改和学习。其最大的特点是开放，但它也有版权，受到法律保护，即授权协议之外的情况是需要收费的。

料检测标准，而这种高标准印染材料的生产技术只有它们掌控，国内服装出口企业不得不高价进口染料，这对本就微利的我国服装出口企业来说，无疑是雪上加霜，最终造成大量印染企业倒闭与大量员工失业，严重影响了社会的稳定。可见，如果能在信息产业技术方面有所突破，不仅可以带来丰厚的经济利益，还可以提高我国的就业水平，从而促进社会的和谐与稳定。

信息产业技术是一把锋利的"双刃剑"，既可用来造福人类，也可用来危害社会。信息产业技术的高速发展在给人类带来巨大利益的同时，也给社会与经济发展带来许多新挑战。信息不对称、社会敌意、政治敌视和电子信息犯罪等都在一定程度上影响着社会的和谐与稳定。数字鸿沟（又称信息鸿沟）现象目前已经渗透到人们的经济、政治和社会生活中，成为信息时代凸显的社会问题。现代科技的发展，特别是信息产业技术的发展，不能必然地带来社会的公平，即信息化给人类社会带来的利益并没有在不同的国家、地区和社会阶层得到共享，信息产业技术的发展与使用往往会因性别、种族、阶层或者居住的地理区域等差异，使人们在接近、使用信息等机会上产生距离，从而形成数字鸿沟。数字鸿沟拉大了"信息富人"和"信息穷人"之间的距离，使社会贫富对抗加剧，并在一定程度上剥夺了公民均等获得政府信息化服务的权利，加速了社会的分化，也为国际社会"信息霸权"的形成创造了条件。

另外，信息不对称极有可能引发信息失真，突出表现为虚假信息、缺失信息、遗漏信息和滞后信息等多种形式。信息不对称的结果是政府不能向公众及时、有效地传达真实信息，公众获得的信息大多是虚假的、片面的和滞后的。因此，公众不能就政府传达的信息做出合理的判断、安排自己的生活，造成缺乏安全感、对自己生活前景没有预期等。这直接导致政府的公信力受损。值得注意的是，社会敌意产生的结果往往伤及无辜，且对象不特定。例如，有些人可能在网上散布谣言、人为制造事端并造成社会恐慌，网上煽动非法集会、游行与示威，非法组党结社、损害国家机关声誉，网上侮辱、谩骂、诽谤、中伤、恐吓他人等。现代信息社会，媒体在塑造社会公众价值观念、强化公民意识、反映和引导社会舆论等诸多方面发挥着巨大的作用。媒体作为信息的过滤器和新闻的传播工具，通过信息的选择和处理机制，最终提炼和公开报道某一问题。媒体的社会传播，直接影响着一个社会的政治稳定和经济发展。

随着我国的崛起，西方敌对势力加紧实施"西化"与"分化"，继续利用人权问题、民族问题和宗教问题以及西藏问题、新疆问题、香港和台湾问题等问题，借助经贸、人员往来和各种传媒，对我国进行渗透、颠覆和破坏活动。恐怖主义、经济安全、信息安全等非传统安全问题在新形势下进一步凸显。因此，为了确保国家安全和民族团结，我国应当加强国际协作，建立行之有效的国际反恐机制，还应加强信息产业技术的传输安全研究与监控，以期将各种形式的破坏活动遏制在萌芽阶段。

1.3.5　生态安全

近年来，随着我国经济的高速增长，生态环境也在加速恶化，生态安全引起国内学者和理论界的广泛关注。生态安全是指国家生存和发展所需的生态环境处于不受破坏和威胁的状态。生态安全一旦遭到破坏，不仅影响经济和社会的发展，而且会直接威胁人类的基本生存条件。因此，要努力实现国家生存和发展的可持续性，就要保持土地、水资源、天然林、地下矿产、动植物物种资源、大气等"自然资本"的保值增值与永续利用，使之适应国民教育水平、健康水平所体现的"人力资本"与机器、工厂、建筑、水利系统、公路、铁路等所体现的"创造资本"持续增长的配比要求。只有这样，才能避免因自然资源衰竭、资源生产率下降、环境污染与退化等给社会生活和生产造成的短期损害和长期不利影响。

信息产业技术在保障生态安全过程中起着基础性的支撑作用，既是加强生态环境保护、推进制度创新的生力军，也是保障国家生态安全治理体系和推进治理能力现代化的重要力量。作为推动形成山顶到海洋、天上到地下的所有污染物严格监管制度和一体化污染防治管理模式的重要技术支撑，信息产业技术能够增强生态环境保护、监管统一性与有效性。我国环境信息化经过几十年的发展，在发展规划与发展思路、基础设施建设、业务应用系统建设、信息资源开发利用、信息服务、信息化保障体系建设等方面取得了一定成效。同时，我国将环境信息化标准与规范纳入环境科技标准体系中，成为环境标准体系的组成部分；并制定环境信息化标准体系框架，即《环境信息化标准指南》(HJ 511—2009)，包括 53 项环境信息标准和技术规范。此外，由环境保护政务内网、政务外网、行业专网组成的环境信息网络基础设施架构基本形成。在 2013 年已建成连接环境保护部（现为生态环境部）、31 个省级环境保护厅（局）和新疆生产建设兵团环境保护局、352 个地市环境保护局和 2 799 个县级环境保护局的"三层四级"环境保护业务专网，为环境保护业务运行、数据传输、网络通信、视频会商、应急指挥等提供网络平台，实现了各级环保部门网络的互联互通，能够基本满足环境保护业务数据传输和政务应用的需要。

与此同时，我国信息产业技术在环境信息化进程中的应用水平不断提高。针对环境管理的需求，先后建立了办公自动化系统、建设项目管理系统、环境统计信息系统、排污收费系统、排污申报登记系统、生物多样性管理系统、环境质量管理系统、核与辐射管理系统、卫星遥感应用系统等业务应用系统。环境信息组织管理体系不断健全，共有 31 个省级环境保护部门于 2013 年设立了信息化组织管理机构，地市级环境信息化专门机构共 122 个，一些县成立了环境信息中心，大大地保障了环境信息化工作的正常开展。2015 年，环境保护部办公厅印发了《环境保护部信息化建设项目管理暂行办法》，这项暂行办法中提到项目建设单位将提出信息化项目需求，不必独立进行申报；由环境保护部办公厅统筹建设内容，编制项目年度计划。2016 年初，环境保护部办公厅印发的《生态环境大数据建设总体方案》明确提出"一个机制、两套体系、三个平台"的生态环境大数据建设总体框架。在生态环境大数据建设背景下，从国务院环境保护部门到地方环境保护部门，数据整合能力明显增强。在系统整合方面，环境保护部门实施了一系列举措。例如，2015 年集成 15 个系统、6 亿条数据和 3 300 多张表，实现了 11 类数据的动态更新；2016 年完成了 57 个业务系统的整合。全国企业环境信息公开平台于 2016 年正式上线，集中统一发布企业环境信息，便于公众及时查询和监督。可见，技术支撑下的环境污染治理效果显著。

1.3.6　信息安全

信息是社会发展的重要战略资源，国际上围绕信息的获取、使用和控制的斗争愈演愈烈。因此，信息安全成为维护国家安全和社会稳定的一个焦点问题，世界各国都予以极大的关注。其中，网络信息安全是影响国家大局和长远利益的关键，不但能够保证给信息革命带来高效率、高效益，也能有效地抵御信息侵略。可以说，信息安全保障能力是 21 世纪各国综合国力、经济竞争实力和生存能力的重要组成部分，全方位地影响着一个国家的政治、军事、经济、文化、社会、生活等方面。如果不能有效地解决信息安全问题，将使我国处于信息战和经济金融高风险的威胁之中。

信息安全涵盖的范围很大，涉及国家军事、政治等机密安全，也涉及防范商业秘密泄露、青少年对不良信息的浏览、社会公众个人信息的泄露等。网络环境下的信息安全体系是保证信息安全的关键，包括计算机安全操作系统及各种安全协议、安全系统、安全机制（如数字签名、信息认证与数据加密）等，其中的任何一个安全漏洞，都可能威胁全局的安全性。因此，信息安全服务应当涵盖支持网络信息安全服务的基本理论，以及基于新一代信息网络体系结构的网络安全服务体系结构。

近年来，我国陆续发布了国家层面的信息安全战略与政策文件。2005 年 5 月，国家信息化领导小组正式颁布《国家信息安全战略报告》，该报告是我国关于信息安全战略的重要文件，从信息安全的社会层面和信息产业技术层面提出了我国信息安全总体战略目标。2006 年 3 月，中共中央办公厅、国务院办公厅印发的《2006—2020 年国家信息化发展战略》是我国信息化建设的第一个系统化、纲领化文件，第一次明确提出了迈向信息化社会的宏伟目标，以及未来 15 年我国信息化发展过程中的指导思想、战略目标和战略重点。2014 年，党的十八届四中全会通过了《中共中央关于全面推进依法治国若干重大问题的决定》，提出加强互联网领域立法，完善网络信息服务、网络安全保护、网络社会管理等方面法律法规。自 2014 年以来，我国成立了中央网络安全和信息化领导小组，从顶层设计、战略制定、法规完善、科学管理、强化自主可控、开展国际合作等方面向前推进，使我国网络信息安全政策不断完善，网络与信息安全中的各项工作得到很大发展。2016 年 4 月，习近平总书记在北京召开的网络安全和信息化工作座谈会上指出，"互联网核心技术是我们最大的'命门'，核心技术受制于人是我们最大的隐患"[①]。2016 年 12 月，国家互联网信息办公室发布《国家网络空间安全战略》，它是指导国家网络安全工作的纲领性文件，也是我国第一次向全世界系统、明确地阐述对于网络空间发展和安全的立场。可见，网络安全法律体系的建设必然构成国家网络安全顶层设计的基础性内容。

党的十八大以来，陆续制定了《中华人民共和国网络安全法》（以下简称《网络安全法》）、《互联网新闻信息服务管理规定》、《互联网用户公众账号信息服务管理规定》及《互联网群组信息服务管理规定》等法律法规，如表 1.2 所示。《网络安全法》是我国第一部全面规范网络空间安全管理问题的基础性法律，是我国网络空间法治建设的重要

---

① 习近平.在网络安全和信息化工作座谈会上的讲话[EB/OL].(2016-04-26)[2018-12-12]. http://cpc.people.com.cn/n1/2016/0426/c64094-28303771.html.

里程碑，是依法治网、化解网络风险的法律重器，是让互联网在法治轨道上健康运行的重要保障。《网络安全法》为将来的制度创新做了原则性规定，也为网络安全工作提供了切实的法律保障。其中，第七条规定："国家积极开展网络空间治理、网络技术研发和标准制定、打击网络违法犯罪等方面的国际交流与合作，推动构建和平、安全、开放、合作的网络空间，建立多边、民主、透明的网络治理体系。"这是我国第一次通过法律形式向世界宣示网络空间治理目标，明确表达了我国的网络空间治理诉求。《网络安全法》第七条提高了网络治理公共政策的透明度，有利于提升我国对网络空间的国际话语权和规则制定权，促成网络空间国际规则的出台。此外，《网络安全法》进一步明确了政府各部门的职责权限，完善了网络安全监管体制，将现行有效的网络安全监管体制法治化，确定网信部门与其他相关网络监管部门的职责分工。该法第八条规定："国家网信部门负责统筹协调网络安全工作和相关监督管理工作。国务院电信主管部门、公安部门和其他有关机关依照本法和有关法律、行政法规的规定，在各自职责范围内负责网络安全保护和监督管理工作。"这种"1＋X"的监管体制，符合当前互联网与现实社会全面融合的特点和我国监管需要，强调要保障关键信息基础设施①的运行安全，网络运行安全是网络安全的重心，关键信息基础设施安全则是重中之重，与国家安全和社会公共利益息息相关。同时，《网络安全法》将原来散见于各种法规、规章中的规定上升到法律层面，将监测预警与应急处置工作制度化、法治化，明确国家建立网络安全监测预警和信息通报制度，建立网络安全风险评估和应急工作机制，制定网络安全事件应急预案并进行定期演练。这就为我国建立统一、高效的网络安全风险报告机制、情报共享机制、研判处置机制提供了法律依据，为深化网络安全防护体系，实现全天候、全方位感知网络安全态势提供了法律保障。

表 1.2　网络安全法规体系建设

名称	发布时间	主要内容
《网络安全法》	2016 年 11 月 7 日	强调网络空间主权原则、网络安全与信息化发展并重原则、共同治理原则，要求采取措施鼓励全社会共同参与，政府部门、网络建设者、网络运营者、网络服务提供者、网络行业相关组织、高等院校、职业学校、社会公众等都应根据各自的角色参与网络安全治理工作；提出制定网络安全战略；进一步明确政府各部门的职责权限；重点保护关键信息基础设施；对网络运营者等主体的法律义务和责任做了全面规定，包括守法义务、遵守社会公德、商业道德义务，诚实信用义务，网络安全保护义务，接受监督义务，承担社会责任等；加大网络违规惩处力度；将监测预警与应急处置措施制度化、法治化
《互联网新闻信息服务管理规定》	2017 年 5 月 2 日	提供互联网新闻信息服务，应当遵守法律，积极健康；禁止未经许可或超越许可范围开展互联网新闻信息服务活动；申请互联网新闻信息服务许可，需要取得合格条件，送审材料；互联网新闻信息服务提供者应当设立总编辑等；国家和地方互联网信息办公室应当建立日常检查和定期检查相结合的监督管理制度，依法对互联网新闻信息服务活动实施监督检查；未经许可或超越许可范围开展互联网新闻信息服务活动的，由互联网信息办公室依据职责责令停止相关服务活动，并处以罚款

---

① 关键信息基础设施是指那些一旦遭到破坏、丧失功能或者数据泄露，可能严重危害国家安全、国计民生、公共利益的系统和设施。

续表

名称	发布时间	主要内容
《互联网用户公众账号信息服务管理规定》	2017 年 9 月 7 日	互联网用户公众账号服务提供者应落实信息内容安全管理主体责任，要配备与服务规模相适应的专业人员和技术能力，设立总编辑等信息内容安全负责人岗位；建立健全管理制度，对违反法律法规、服务协议和平台公约的互联网用户公众账号依法依规立即处理等；对于公众号未经授权转载文章侵犯知识产权的行为，规定要求，互联网用户公众账号信息服务使用者应当遵守新闻信息管理、知识产权保护、网络安全保护等法律法规和有关规定，依法依规转载信息，保护著作权人合法权益；强调互联网用户公众账号信息服务提供者和使用者应当坚持正确导向，弘扬社会主义核心价值观，培育积极健康的网络文化，维护良好网络生态
《互联网群组①信息服务管理规定》	2017 年 9 月 7 日	互联网群组①信息服务提供者应当落实信息内容安全管理主体责任，配备与服务规模相适应的专业人员和技术能力，建立健全用户注册、信息审核、应急处置、安全防护等管理制度；互联网群组信息服务提供者应当根据自身服务规模和管理能力，合理设定群组成员人数上限、个人建群上限和参加群数上限；互联网群组信息服务提供者应根据群组规模类别，分级审核群组建立者建群资质，完善建群、入群等审核验证功能，并设置唯一群组识别编码

　　《互联网新闻信息服务管理规定》旨在加强互联网信息内容管理，促进互联网新闻信息服务健康有序发展。国家和地方互联网信息办公室建立日常检查和定期检查相结合的监督管理制度，加强对互联网新闻信息服务活动的督查，有关单位和个人应当予以配合。同时，要求监督检查结果应当依法向社会公开，接受社会监督。

　　党的十九大报告要求加强互联网内容建设，建立网络综合治理体系，营造清朗的网络空间。《互联网用户公众账号信息服务管理规定》《互联网群组信息服务管理规定》等法规为依法管网、办网、用网提供了基本依据。

<h2 style="text-align:center">主要参考文献</h2>

鲍静，贾开，2018. 习近平新时代信息化建设重要思想研究与阐释[J]. 中国行政管理（4）：33-38.

邓轲，2018. 电子信息技术对科技进步的作用[J]. 电子技术与软件工程（2）：252.

工业和信息化部运行监测协调局，2012. 中国电子信息产业统计年鉴（综合篇）[M]. 北京：电子工业出版社.

工业和信息化部运行监测协调局，2017. 中国电子信息产业统计年鉴 2016（综合篇）[M]. 北京：电子工业出版社.

韩秋明，袁立科，2015. 创新驱动导向的技术评价概念体系研究[J]. 科技进步与对策，32（24）：100-105.

刘志鹏，等，2018. 技术经济安全的概念与内涵：从新兴学科建设的视角[J]. 科学学研究，36（3）：410-417.

卢锡城，2018. 聚焦安全可控：核心信息技术自主可控发展思考[J]. 中国信息安全（3）：46-50.

孟庆娟，2016. 信息技术在跨学科领域中的应用[J]. 科教导刊（上旬刊）（1）：70-71.

谈毅，仝允桓，2004. 政策分析导向技术评价范式与发展过程分析[J]. 科学学研究（12）：43-49.

魏斌，黄明祥，2014. 信息技术在生态环境保护中应用及发展趋势[J]. 环境保护，42（14）：36-39.

吴强，李勇军，吴杰，2005. 技术评价演化趋势的实证分析与存在问题研究[J]. 科学学与科学技术管理（7）：42-45.

肖飞，2011. 信息社会影响社会政治稳定的主要因素及对策[J]. 江西警察学院学报（3）：106-109.

徐晓彤，2016. 信息技术的定义与发展[J]. 电子技术与软件工程（23）：261.

徐英倩，2017. 论我国国家经济安全立法[J]. 学习与探索（10）：65-70.

---

　　① 互联网群组是指互联网用户通过互联网站、移动互联网应用程序等平台建立的，用于群体在线交流信息的网络空间，如微信群、QQ 群、微博群、贴吧群、陌陌群、支付宝群聊等各类互联网群组。

张才明，2008．信息技术的概念和分类问题研究[J]．北京交通大学学报（社会科学版）（3）：89-92．

张舒，刘洪梅，2017．中美网络信息安全政策比较与评估[J]．信息安全与通信保密（5）：68-79．

赵树宽，鞠晓伟，2007．技术评价模式演化与发展综述[J]．科技进步与对策（3）：191-194．

周继红，1994．论技术评估与投资决策[J]．自然辩证法研究（4）：35-36．

GILFILLAN S C, 1952. The prediction of technical change[J]. Review of economics & statistics, 34(4):368-385.

JAN V, et al., 1998. Traditional and modern technology assessment[J]. Technological forecasting and social change (58):5-21.

第 2 章　信息产业技术评价的理论基础与研究方法

信息产业技术评价主要研究信息产业技术应用的短期和长期的各种社会后果，能够为政策制定者提供相关信息产业政策选择信息。Daddario（1968）提出技术评价主要分析社会的事务而不是技术本身的事务，尤其是没有预期到的、非直接的或是延期的一些影响。对于信息产业技术评价的定义和目的，不同的学者有不同的见解，但普遍认为信息产业技术评价应采用科学的方法，预先从各个方面对信息产业技术实践的利弊得失进行系统、综合的评价。分析信息产业政策选择对未来技术发展的影响，就要对负面效应具有预见性，针对信息产业技术评价中发现的问题寻求更好的替代或解决方案。

信息产业技术评价的理论和方法研究，包含对信息产业技术进行科学、客观评价的思想、观点和方法的知识体系，具有政策的相关性、边缘性和未来方向性特征。信息产业技术评价是自然科学、预测科学、社会科学和政策分析的交叉分析。与传统学科相比，信息产业技术评价具有独特的模式，即研究领域不是集中于科学，而是集中于问题；研究方法不是简化，而是针对角度分析后的整体处理；研究成果不是精确的公式和定律，而是或然性的预警。尤为重要的是，传统自然科学不包含价值观念，而信息产业技术评价包含内容广泛、丰富的价值观念。

2.1　信息产业技术评价的理论基础

2.1.1　技术预测与预见理论

信息产业技术评价的起源可以追溯到 20 世纪 40 年代兴起的技术预测研究。技术评价理论发展停滞以后，人们开始把技术评价和技术预测联系起来思考。有些学者认为技术评价是技术预测的一部分，也有不少学者认为技术预测正在发展到技术预见（technology foresight），但有些学者不对它们进行严格区分。可以看出，信息产业技术评价与技术预测、技术预见紧密相关。

当今世界，科技发展日新月异，人类的未来和国家的繁荣比以往任何时候都更加依赖于科学、技术、知识创新运用的能力和效率。技术预测和技术预见通过系统地研究科学、技术、经济和社会的未来发展态势，探索国家的未来技术需求，识别和选择那些有可能给经济和社会带来最大化效益的研究领域或通用新技术，为加强宏观科技管理、提高科技战略分析和规划的水平、优化科技资源的组合与配置提供有益的支撑手段。持续地开展技术预测与技术预见有利于形成一种新的技术创新机制，不断调整与修正对未来技术需求的认识，提高从宏观层面把握技术发展趋势和国家战略需求的能力。技术预测与技术预见致力于对科技、经济、社会发展进行系统化的整体研究，为各方利益相关者共同探讨未来、选择未来提供了一个沟通、协商和交流的平台，也是制定科技发展战略和科技政策的重要基础。

近年来，主要发达国家纷纷加强对科技发展趋势的监测和预见研究工作，通过实施国家技术预测和预见行动计划与制定科技发展规划，不断调整科技战略与预见研究工作，提高资源配置效率，取得了显著的成效。作为一种科技战略管理工具，技术预测和技术预见受到越来越多国家和国际组织的重视，并逐渐形成了全球性的潮流。开展技术预测和技术预见是国家竞争的需要，发达国家、发展中国家及国际组织都重视技术预测和技术预见理论、实践的发展。技术预测和技术预见的研究结果、研究过程均受到政府、学术界与企业界的普遍关注。

1. 技术预测与技术预见理论的发展

技术预测与技术预见都是预测学的重要组成部分，如图 2.1 所示。随着人们对科技与经济社会发展认识的不断深化，人们的认识从最初的"技术系统内在因素决定技术发展轨迹"，逐渐发展到"技术与经济社会发展相互作用决定技术发展轨迹"，再到"技术发展轨迹具有多种可能性，其未来发展轨迹是可以通过当前的政策而加以选择的"。技术预测和技术预见成为塑造（shaping）未来或创造（creating）未来的有力工具。一般认为，技术预测和技术预见的基本假设是未来存在多种可能性，哪种可能会成为现实有赖于现在的选择。因此，技术预测和技术预见涉及的不仅仅是推测，更多的是对所选择的未来技术进行塑造甚至创造。

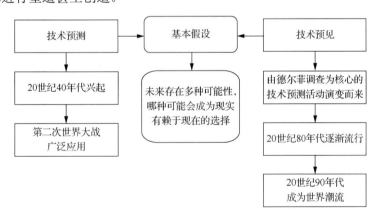

图 2.1　技术预测与技术预见的发展

从图 2.1 可以看出，技术预测先于技术预见产生。技术预测活动兴起于 20 世纪 40 年代。第二次世界大战期间，技术预测得到了广泛应用，如美国空军和海军将技术预测用于科技计划的制定，形成了技术预测的第一次发展高潮和第一代技术预测方法。这一时期人们主要关心技术本身的规律，较少关注影响科学技术发展的外界因素，技术预测方法也大多数是对已有技术发展轨迹的外推。技术预见是由德尔菲调查为核心的技术预测活动演变而来的。对技术预见的表述目前很多，并没有形成统一的定义。按照牛津字典的解释，foresight 是发现未来需要，并为这些需求做准备的能力。可见，技术预见的内涵比技术预测更多。目前，比较主流的观点认为，技术预见是系统研究科学、技术、经济和社会在未来的长期发展状况，以选择那些能给经济和社会带来最大化效益的共性技术（Vollenbroek，2002）。

20 世纪 80 年代，技术预见逐渐流行起来，受到政府和企业的重视，并在理论和实践方面不断发展、完善。有关技术发展趋势的监测和预测活动开始受到青睐，国家层面的技术预见、企业层面的技术竞争及产品层面的技术路线逐渐成为新的研究热点。技术预见作为整合科技与经济的一种重要手段、优化各种资源的宏观管理工具及编制科技发展战略规划的辅助方法，符合技术创新的基本要求，与信息产业技术创新具有广泛的关联性。

20 世纪 90 年代以来，技术预见已经成为世界潮流。以德尔菲法（Delphi method）为基础的国家层面的技术预见活动，在有计划传统的日本、法国受到重视；而在德国、英国等无计划传统的欧洲发达国家，甚至印度、印度尼西亚、泰国、南非等一些发展中国家也受到决策者的青睐。随着科技经济全球化进程的加快，技术预见活动的国际交流与合作不断加强，国家之间、区域组织乃至国际组织内部成员之间的合作与交流日趋广泛和深入。于 1998 年成立的 APEC 技术预见中心对技术预见的定义是系统研究科学、技术、经济、环境和社会的长期发展状况，从而选择使经济和社会具有最大化利益的共性技术和战略基础研究领域。英国苏塞克斯(Sussex)大学科学政策研究所(Science Policy Research Unit，SPRU) 的 Ben（1995）提出，技术预见就是要对未来较长时期内的科学、技术、经济和社会发展进行系统研究，其目的是确定具有战略性的研究领域，以及选择那些对经济和社会利益具有最大贡献的共性技术。

技术预见对创新活动具有重要的价值，具体表现在 3 个层面。一是企业层面。技术预见是企业开展创新的"导航器"，可以为企业技术创新的质量提供保证，为企业技术创新的规划提供导向和依据。二是区域层面。技术预见是区域创新发展的"指示灯"，可以引导不同区域中各个产业的创新方向，实现区域创新的可持续发展。三是宏观层面。技术预见是国家创新体系建设的关键节点，为国家创新生态系统的高效运行提供有利方式，从而促使创新主体、创新网络互动与整合。

然而，技术预见并不是万能的，其存在一定的局限性。技术预见只能尽量确定未来的可能性，并使相关政策提前为预期带来的负面影响做好准备，以便能够以更积极的态度"推进"未来。不过，技术预见不可能完全把握不确定性，技术创新过程中的创新主体也会受到文化、资本等因素的影响，很难仅仅通过技术预见起作用。技术预见的导向作用可以促进企业的创新和发展，但错误的预见结果也会使企业蒙受损失，并在一定程度上抑制某些领域的原创性。

一般而言，技术预见活动具有 5 个特征：①技术预见的探索过程是系统性的；②技术预见着眼于远期未来，一般为 5～30 年；③技术预见不仅关注未来科技的推动因素（science & technology push），还着眼于市场的拉动作用（market pull），因而技术预见既包括科学、技术机会的选择，也包括对经济、社会相关需求的识别；④技术预见的主要对象是通用新技术，即处在竞争前阶段的技术；⑤技术预见必须关注未来技术可能产生的社会效益，包括环境效益等，而不仅仅涉及经济效益。

2. 技术预见评价

在技术预见评价方面，陈德金和刘小婧（2015）基于技术预见的视角，构建了产业选择评价指标体系，运用德尔菲法选择福建高科技产业的六大发展方向，并利用有关数据进一步检验技术预见的结果，发现基于技术预见的发展方向选择与福建有关高科技产业发展规划具有高度一致性，凸显了技术预见的科学性与前瞻性。目前，技术预见已被应用于众多领域，塑造了工业和信息社会，并将塑造未来的分子社会。分子社会包括纳米技术、生物技术和材料科学，它将导致科学和技术的空前融合。例如，Linstone（2011）分析了技术预见在工业社会、信息社会和未来分子社会的影响因素；Cook 等（2014）指出技术预见可在环境决策中发挥更重要的调控作用；Weinberger 等（2012）开展了针对环境科学领域的技术预见研究，用于识别未来研发资助的计划和优先方向。此外，技术预见也被用于教育（Goldbeck and Waters，2014；King，2014）、药物研发（Lintonen et al.，2014）等领域。实际上，技术预见是一个让所有的利益相关者共同探讨如何"塑造未来社会"的过程。技术预测与技术预见都侧重对技术的发展趋势、社会的影响进行研究。因此，从发展过程看，技术预测是技术预见的前身。

3. 技术预测方法

技术预测的方法很多，不同国家在技术预测实践中可能选择不同的技术预测方法，或是若干技术预测方法的组合。技术预测方法一般分为广义技术预测方法与狭义技术预测方法，如图 2.2 所示。

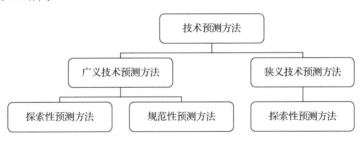

图 2.2　技术预测方法

1）广义的技术预测可以分为两大类，即探索性预测（exploratory forecasting）与规范性预测（normative forecasting）。其中，探索性预测立足于现有技术，做出关于未来技术发展的预报；规范性预测是在假设探索性预测所预言的未来技术革新确定能实现的情况下，提出实现这些技术的方式或方法。如果技术预测的最终结果是要形成企业或政府部门行动计划的基础，就需要将上述两种类型的预测结合使用，即通过探索性预测方法确定按计划所做努力要达到的目标，然后根据该目标的要求，用规范性预测方法选择要采取的相应措施。

2）狭义的技术预测主要指探索性预测。常见的技术预测方法包括德尔菲法、情景分析法、相关树法、趋势外推法、技术投资组合法、专利分析法、文献计量法和交叉影响矩阵法等。在实际应用中，德尔菲法常常与文献计量法、专利分析法、情景分析法等相结合。德尔菲法、情景分析法和相关树法是进行长期技术预测的主要方法，但这 3 种方法需要耗费大量的时间和经费，操作起来难度较大。专利分析法也是一种有效和易操作的方法，但预测的时间较短（一般在 5 年以内），适用于短期预测。因此，本书将运用探索性预测与规范性预测相结合的方法。

2.1.2 技术负效应理论

近代工业革命以来的不合理技术应用及其负效应造成人类困境的深刻反省和检讨。一般而言，技术负效应造成的人类困境是指人与自然、人与社会、人与自身等，即人与世界的种种关系上出现的全面冲突与矛盾，它直接造成了人类生存和发展的危机，具体表现在以下方面：一是在自然层面上，表现为环境污染、能源危机、人口膨胀等；二是在社会层面上，表现为技术统治、技术官僚、技术专制、技术殖民，以及贫穷和饥饿、国际争端、道德沦丧、文化贫困等；三是在人本层面上，表现为个人越来越不自由，个体人格趋于分裂，本能被压抑，心灵世界空虚，生活无目标、无意义等。这些研究成果警示着人们对现代人类的技术实践进行反思，探索人与自然、人与社会、人与自身关系的合理性在现实中是一个迫切需要解决的问题。全球性问题的实质和核心是人类技术实践活动中"能够做"与"应当做"之间的矛盾。基于此，现代信息产业技术评价在"应当做"的指引下，对科学技术活动中"能够做"的方面进行规范和约束。信息产业技术评价应当依据科学的理性观和价值标准，对具体科学技术实践活动及其各种结果的价值和效应做出前瞻性判断。信息产业技术效应的双重性给整个人类带来的后果和造成的危机，迫使信息产业理论界与实务界开始思考和研究信息产业技术的合理性问题，因而促进信息产业技术评价活动的展开。

1. 信息产业技术的双重性

目前，我们正处于一个信息产业技术溢出与技术风险并存的社会体系之中，也就是说，信息产业技术在给人类带来种种恩惠的同时，也带来了生态失衡、资源枯竭和伦理丧失等问题。可见，信息产业技术的发展还不够完善，它对一个国家的经济增长和社会进步既可能产生积极作用，也可能对自然、社会和人类产生消极作用。人类已经越来越清醒地认识到：正确使用信息产业技术给人类带来的巨大福利，与不正确使用技术给人类造成的严重危害同样不容忽视，即信息产业技术价值具有双重性，也由此被人们形象地称为"双刃剑"。

2. 信息产业技术可能引发全球生态危机

随着信息产业技术的迅猛发展，新的环境问题不断涌现。许多国家在关注自身经济增长的同时也造成更多的污染问题，环境危机演变为全球范围内的生态退化，改变了物种的进化道路。伴随着世界各国经济相互依赖性的急剧增加，生态上的相互依赖性也日益增强，局部地区的资源耗竭造成更大范围的贫困化。信息产业技术的发展不断吞噬着由土壤、森林、大气、水域提供的原料，人口压力、物种灭绝、气候变暖、臭氧耗竭及有毒化学物品进入食物链等，人类的生存环境面临全方位的生态危机。

从特定意义上说，研究人类如何为正确目的和沿着正确方向使用、发展信息产业技术比研究技术本身更重要。人类是信息产业技术的发明者和使用者，因此信息产业技术对人类有益还是有害由人类如何使用决定。只有尽可能科学、客观地评价信息产业技术，引导人们正确使用技术，才能使信息产业技术趋利避害，最终实现为人类造福的目标。

3. 信息产业技术异化

有的学者从技术异化角度研究信息产业技术负效应。关于技术异化，在技术哲学方面很多学者开展了较广泛的探讨。"异化（alienation）"有脱离、疏远、转让与对立之意。作为一个哲学概念，技术异化用来说明主体与客体的一种关系，即主体活动的结果创造出来的客体，离开主体而独立存在，但又与主体相对立。毛牧然和陈凡（2006）认为技术异化是指技术价值的负向实现、技术应用的负面效应。信息产业技术异化具体表现在自然生态层面、社会关系层面和人本层面。

1）自然生态层面的技术异化主要是指人类能动地应用信息产业技术改造自然生态满足自己的需求，自然生态的改变给人类带来的负面效果。人类应用信息产业技术改造自然生态，使自然生态按照人类的价值取向发生改变，营造人工自然。人工自然与天然自然的对立便产生了技术异化，具体表现为环境污染、生态失衡、资源和能源危机、人口膨胀。

2）社会关系层面的技术异化主要是指人类组成的一定的社会关系应用信息产业技术改造客观世界时，信息产业技术发展对人类社会关系产生的负面效应。科学技术和生产力水平的提高，必然引起生产关系的变革，进而导致社会形态的变革、社会经济结构和政治结构的深刻变革。然而，信息产业技术的发展也引起了各国综合国力发展的不平衡，技术理性的膨胀在政治领域体现为"技术治国论"。

3）人本层面的技术异化主要是指信息产业技术在人类认识能力、伦理观念、审美意识、身心健康等精神领域的负面效应。信息产业技术异化的原因主要包括客体和主体两个方面的原因。其中，客体方面的原因指信息产业技术主体应用技术客体作用于客观世界，但客观世界对信息产业技术主体可能产生可预见或不可预见的正负效应；主体方面的原因主要涉及信息产业技术创造主体与技术应用主体失当的价值观。信息产业技术客体一经产生，对于技术主体而言就有其相对独立性，不仅会被信息产业技术创造主体所应用，也会被其他主体所应用。那些可能的应用结果是信息产业技术创造主体难以预见的，并且应用结果可能是有益的，也可能是有害的。

2.1.3 技术生命周期理论

技术生命周期（technology life cycle）是指人类在认识自然、改造自然的历程中，随着知识量的连续积累，技术先进性呈现出阶段性变化（张海锋和张卓，2018）。进入21 世纪，技术生命周期理论基本上得到了学术界的普遍认同，很多学者基于技术生命周期理论解决产业与相关企业发展中的战略规划问题，风险投资机构根据该理论决定资本的投入方向。准确地判别技术生命周期的阶段性，有助于国家、信息产业和相关企业对信息产业技术实施战略管理。Schumpeter（1934）提出技术创新的概念，认为技术创新不仅对经济发展具有推动作用，而且会加速技术水平的提升。该理论将技术创新看作一个"黑箱"，没有探讨技术演化过程及技术对经济发展的作用机理。

Harvey（1984）最早对技术生命周期进行阶段划分。Foster（1986）用 S 曲线表征技术生命周期的发展阶段。在此基础上，有些学者提出技术周期理论，认为新技术产生于技术非连续状态，经过技术间的激烈竞争产生主导设计范式；随后进入渐进变革阶段，直到一个新的非连续技术状态的出现（Anderson and Tushman，1990）。技术生命周期包含技术的经济寿命和市场寿命、技术存在与生物体相同的生命周期。Moore（1998）在其著作 *Crossing the Chasm* 中提出技术采用生命周期曲线是一条钟形曲线。也有学者从产品生命周期的角度，提出产品更新中的技术生命周期理论（浦根祥和周志豪，1998）。关于技术生命周期理论的主要观点如表 2.1 所示。

表 2.1　关于技术生命周期理论的主要观点

年份	提出者	学术观点
1984	Harvey	技术生命周期可划分为技术开发阶段、验证阶段、应用启动阶段、扩张阶段、成熟阶段和退化阶段
1986	Foster	技术生命周期包括萌芽期、成长期、成熟期和衰退期
1990	Anderson and Tushman	技术生命周期是新技术产生、运用和消亡的过程
1998	Moore	根据用户接受新技术的不同心理，将用户分为吃螃蟹者、早期接受者、早期主流用户、晚期主流用户和落伍者 5 类
1998	浦根祥和周志豪	根据技术进步随时间推移的变化，将技术生命周期分为导入期、生长期、成熟期和停滞期

根据信息产业技术自身的特点，结合技术生命周期理论，我们将技术生命周期划分为 3 个阶段，即前期准备阶段、技术研发阶段与技术应用阶段。在信息产业技术生命周期的不同阶段，决定技术竞争力的关键因素不同，因而在研究我国信息产业技术发展战略时将采取不同的发展战略和实施策略。

2.1.4　钻石模型

钻石模型（diamond model）又称为波特菱形模型、国家竞争优势理论等，由美国哈佛商学院著名的战略管理学家迈克尔·波特（Michael Porter）于 1990 年提出，用于分析一个国家如何形成整体优势，进而在国际上具有较强竞争力。波特的研究领域主要集中在企业战略管理和产业经济学两个方面，因而将单个的企业与产业作为研究对象。波特在《竞争战略》中提出企业获取竞争优势的 3 种战略，即成本领先战略、差别化战略、目标集聚战略；创立了价值链理论，认为企业竞争优势的关键是价值链。波特在《国际竞争优势》一书中将国内竞争优势理论运用到国际竞争领域，提出了著名的钻石模型（图 2.3）。

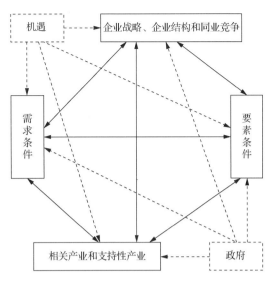

图 2.3　钻石模型

钻石模型是波特教授以产业结构"五力竞争"模型为基础提出的一个动态的体系，内部的每个因素都会相互作用，并影响其他因素的表现。从图 2.3 可以看出，钻石模型的 4 个因素（位于实线框内）是决定产业竞争力的决定因素，两个变量（位于虚线框内）对产业竞争力形成重要影响。这些因素与变量相互联系、相互作用。波特钻石模型的 4 个决定因素主要包括以下内容。

1）要素条件。要素条件是指在特定产业竞争中有关生产方面的表现，如物质资源、知识资源、人力资源、资本资源及基础设施。先进的或独特的生产要素在竞争中具有十分重要的意义。

2）需求条件。需求条件是指市场对该项产业提供产品或服务的需求如何，包括国际需求和国内需求，一般更侧重本国市场的需求。

3）相关产业和支持性产业。这主要是指这些产业的相关产业和上游产业是否具有国际竞争力。

4）企业战略、企业结构和同业竞争。这主要是指企业的产业基础、组织和管理形态，以及市场竞争对手的表现。其中，同业竞争最为重要，它是企业创新和改良的推动力。

钻石模型的两个重要影响因素是机遇和政府。其中，机遇是外在因素，它存在于企业的影响力之外，绝非企业的影响力所能左右，如外国政府的决策等；而政府在提高产业的竞争力中所起的作用，实际上是通过政府行为影响 4 个决定因素来实现的。波特的钻石模型提出之后，很多学者将其应用到各国的产业国际竞争力分析和研究之中。通过实践发现，该理论应用到一些经济规模小、以出口依赖和以资源为基础的产业竞争力分析中，有一定的局限性和不适用性。因此，很多学者分别从不同的方面，结合实际研究对波特钻石模型进行修正。目前，钻石模型已经广泛地应用于产业竞争力评价中。

对于信息产业技术而言，技术的演变对信息产业技术发展战略是一个非常重要的、有约束性的技术环境条件。因此，在信息产业技术生命周期的不同阶段，可以结合钻石模型对信息产业技术发展战略进行评价。

2.2 信息产业技术评价的研究方法

我国信息产业技术评价是一种创造性的科学研究活动，应该遵循一定的科学方法。总体而言，评价方法可分为两大类，即定量分析方法和定性分析方法。由于研究目的和研究对象性质的差异，在不同研究领域和研究项目中，定性分析和定量分析各自所占的比例也不相同。在对信息产业技术进行评价时，应该将定量分析方法与定性分析方法有机结合在一起使用。该研究对常用评价方法，如 AHP（analytic hierarchy process，层次分析法）、德尔菲法、头脑风暴法（brain storming method）、区间估计法、系统分析方法、可行性研究方法等方法进行分析，提出我国信息产业技术评价应该选用的方法。

2.2.1 信息产业技术评价方法的分类

"方法"一词起源于希腊文，其原意是"沿着正确的道路运动"。科学研究离不开方法，可以说科学劳动出现之始，就是科学方法开发之初。正如俄国科学家巴甫洛夫（Pavlov）所说："科学是随着研究方法所获得的成就而前进的。研究方法每前进一步，我们就更提高一步，随之在我们面前也就开拓了一个充满种种新鲜事物的、更辽阔的远景。因此，我们头等重要的任务就是制定研究方法。"科学研究方法经历了一个从零星的、局部的及非系统的研究，到大量的、整体的与系统的研究过程，逐步建立了包括哲学方法论、逻辑方法论和学科方法论在内的完整体系。哲学方法论涉及科学方法的一般认识论原则，逻辑方法论包括思维形式及其规律，学科方法论则讨论特定专门学科的方法论问题。评价方法中的定量分析方法和定性分析方法既有区别也有一定的联系。

1. 定量分析方法

定量分析方法对事物的量的方面进行分析与研究。在科学研究中，该方法用可以量化的标准去测量事物。通过运用定量分析方法，人们对研究对象的认识进一步精确化，

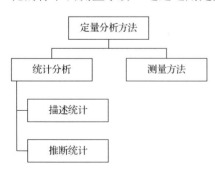

图 2.4 定量分析方法

以便更加科学地揭示规律，把握本质，理清关系，预测事物的发展趋势。科研中的定量分析主要有统计分析和测量方法，统计分析又分为描述统计和推断统计（图 2.4）。定量分析方法是对活动事实数量方面的特征、关系和变化予以测量分析的方法，是实证主义或经验主义的范式。在这种范式看来，事实外在于研究者而存在，二者彼此分离，形成互不相连的二元关系。为此，研究者通常专门设计新的测量、调查工具，或修订现成的业以证明有效的工

具，抽样测评研究对象的运行状况，客观搜集定量分析数据；然后用一般的描述统计方法，计算数据的各种统计量；再用推断统计方法确定变量之间的关系，并用样本推断总体而得到最终结论。可见，定量分析方法的主要特征就是用数字描述事实与结果，以数据做工具分析事实与结果；其目的在于测定对象目标的数值，求出其与各相关要素之间的精确的经验公式。

2. 定性分析方法

定性分析方法对事物的质的方面进行分析和研究。某一事物的质是它区别于其他事物的内部所固有的规定性。该方法主要依靠人的观察分析能力，凭借知识、技术、经验和判断能力，应用逻辑思维方法，从研究事物质的角度出发，来分析事物的特征、发展规律，以及事物与其他事物之间的联系；其分析过程及结论是用文字描述来表达的，常常被用于对事物相互作用的研究中；主要解决研究对象"有没有"或者"是不是"的问题。

我们要认识某个对象，首先就要认识这个对象所具有的性质与特征，以便把它与其他对象进行区别。因此，定性分析方法是一种基本的、重要的分析过程。一般而言，定性分析有两种不同的层次：一是研究的结果本身就是定性的描述材料，没有数量化或者数量化水平较低；二是建立在严格的定量分析基础上的定性分析。

定性分析是判定研究对象实体是否存在、结构如何、各要素之间具有何种联系等，是认识事物的开始。具体而言，定性分析方法是运用归纳和演绎、分析与综合，以及抽象与概括等方法，对获得的各种材料进行思维加工，从而去粗取精、去伪存真、由此及彼、由表及里，达到认识事物本质、揭示内在规律的目的的评价方法。运用该方法时应搜集研究对象活动事实的描述性资料，并以词语分析其中体现的特征、关系和变化。这种研究范式主张研究者尽可能在自然的背景下搜集书面的、言语的、行为表现的资料，以自己的"价值理解"整体性地阐释综述资料的多重含义与结构，归纳分析资料中包含的主题、模式和意义，发掘事实中体现的状态和趋势，从而形成分析结论。

3. 定量分析方法和定性分析方法的比较与选择

任何事物都同时具有质和量两个方面，是质和量的统一体。因此，对事物的认识既需要定性认识，又需要定量认识。对于任何科学研究领域来说，定性分析方法和定量分析方法是两种互相补充的分析方法（图2.5）。由于研究目的和研究对象性质的差异，在不同研究领域和项目中，定性分析方法和定量分析方法各自所占的比例并不相同。

定量分析方法用直观的数据来表述分析的结果，一目了然，但也存在一些弊端。例如，为了量化，使本来比较复杂的事物简单化、模糊化，有的意见被量化后可能被曲解。定性分析方法可以避免定量分析方法的上述缺点，能挖掘出一些深层思想，使科学分析的结论更全面、更深刻。然而，定性分析方法也存在一些缺陷，其局限性主要表现在以下4个方面。

1）主观性很强，对分析人员要求更高。

2）缺乏定量化的严格的观察、测量、统计、计算和表述，不能对特定事件给出严格的描述、说明、解释和阐述。

3）不具有严格的操作规则或实践规则的约束，因而研究结构具有很大的随意性，在主题、对象、时间、空间和条件等各个因素之间均具有很大的跳跃性，从而强化了研究者的背景知识对分析结果的"污染"，缺乏精确性。

4）定性分析方法是以经验描述为基础、以归纳逻辑为核心的方法论系统，它的推理缺乏严格的公理化系统的逻辑约束。

由于定性分析方法具有上述局限性和相对性，在定性分析的基础上，应该对事物进行定量分析，这样才能获得清晰、准确和普遍的认识。因此，对我国信息产业技术进行评价时，应该将定量分析方法与定性分析方法相结合。

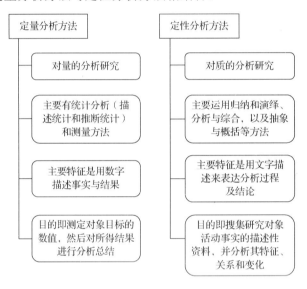

图 2.5　定量分析方法与定性分析方法的比较

2.2.2　信息产业技术评价的具体方法

采用科学的方法对信息产业技术进行评价，是科学、有效地评价信息产业技术的前提。信息产业技术评价的主要方法包括推断统计方法、区间估计法、头脑风暴法、AHP、德尔菲法、综合指数法、系统分析方法、可行性研究方法、战略分析方法等。

1. 推断统计方法

常用的统计方法可以分为描述统计、推断统计等几类（贾俊平，2017）。描述统计包括计算算术平均数、百分数、标准差、相关系数等，主要研究如何整理科学实验或调查得来的大量数据，描述一组数据的全貌，表达一件事物的性质。推断统计的常用方法包括 t 检验法、方差分析、回归分析、卡方检验等，是统计学中较为重要的也是应用较多的方法，能够较好揭示事物的本质特点。在建立调查研究系统和咨询专家系统时，需要对专家的评分进行处理。本书将采用定量原始数据，基于推断统计方法给出一定置信度下的专家意见的得分区间，以期更准确地反映全体专家的意见。

2. 区间估计法

区间估计是参数估计（parameter estimation）方法中的一个分支。参数估计根据从总体中抽取的样本估计总体分布中包含的未知参数，分为点估计和区间估计两类。

1）点估计。该方法主要依据样本估计总体分布中所含的未知参数或未知参数的函数，它们通常是总体的某个特征值，如数学期望、方差和相关系数等。点估计就是要构造一个只依赖于样本的量，作为未知参数或未知参数的函数的估计值。

2）区间估计。该方法主要依据抽取的样本，根据一定的正确度与精确度要求，构造出适当的区间，作为总体分布的未知参数或参数的函数的真值所在范围的估计。1934年，统计学家奈曼（Neyman）创立了一种严格的区间估计理论。该估计方法是建立在随机变量分布规律基础上的，因而对数据分布特点的准确把握是该估计方法使用的前提。在多变量随机分布中，存在一个推理：若随机变量 X_1，X_2，$\cdots$，X_n 相互独立，且每个变量都服从正态分布，则其线性组合也服从正态分布。

3. 头脑风暴法

信息产业技术评价是创造性的科学活动，需要进行不断创新，应当在解决方案中体现创新思想、创新技术和创新管理。当限定问题并找出产生问题的主要成因后，下一步的关键工作就是提出备选方案。备选方案有的来自前期评价工作的调查研究和数据分析，但更多来自咨询人员以往解决类似问题的经验，即咨询人员的创造性思维和能够激发创造性思维的方法，而头脑风暴法是常用的方法之一。20 世纪 30 年代，头脑风暴法由美国学者奥斯本（Osborn）提出，其主要特点是能够最大限度地挖掘专家的潜能，使专家无拘无束地表达自己关于某个问题的意见和提案，让各种思想火花自由碰撞，好像掀起一场头脑风暴，一些有价值的新观点和新创意可能在"风暴"中产生。

运用头脑风暴法时的注意事项如下。

1）可以通过头脑风暴法筛选解决问题的方案。一般由项目组组长召开小组会，除了项目组成员外，也可以吸收有关专家和客户代表参加。首先由组长把需要解决的问题向与会者解释清楚，包括问题的性质、规模和主要原因等，然后请与会者围绕如何解决问题畅所欲言。要创造自由发表创见的氛围，不管这种创见由谁提出，也不管这种创见是否合常理。为了节省时间，要求发言者言简意赅，不需要详细论述，也无须互相评议。记录下所有可供选择的方案，为下一步讨论和分析做准备。

第一次会议需要特别关注的是提案的数量。数量越多，越有助于发现有价值的解决方案。在召开第一次会议后，对会议记录进行整理，列出需要进一步讨论的提案，并提交给第二次会议进行质疑和评议。最终得到达成共识的几个提案，即为解决问题的备选方案。

2）可以将头脑风暴法与名义小组（nominal-group）技术结合起来使用。在这种情况下，开始阶段与头脑风暴法一样，由组长向与会者把需要解决的问题说清楚；然后鼓励与会者发表自己的观点和提案，但每人每一次发言只能发表一个观点或提案。在提观点或提案期间不讨论，对发言内容要有记录。待与会者发表完观点和提案后，开始质疑和讨论。最后阶段进行不记名投票，对有关提案进行表决。将投票结果进行排序后，向小组宣布。

如果对投票结果不是很满意，可以开始新一轮的提案→讨论→投票过程，直到产生公认的能恰当解决问题的方案。名义小组技术与头脑风暴法相结合，既可以充分发挥与会人员的创造思维活动能力，引起思想共振，又可以确保与会人员平等的讨论地位，产生良好的组合效应，为提出解决问题的适当方案创造条件。

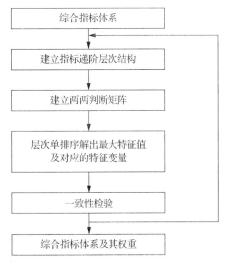

图 2.6　AHP 的综合指标权重确定过程

4. AHP

AHP 是由美国著名运筹学家、匹兹堡大学教授萨蒂（Saaty）创立的。AHP 是一种运筹学方法，对多因素、多标准、多方案的综合评价及趋势预测相当有效，面对由"方案层＋因素层＋目标层"构成的层次结构决策分析问题，它提出了一整套处理方法与过程。AHP 最大的优点是可以将决策者的主观判断与政策经验导入模型，并加以量化处理，即可将定性分析与定量分析相结合。AHP 的综合指标权重确定过程如图 2.6 所示。

（1）AHP 的实施步骤

1）根据决策者对标准的两两比较，为每个评价标准生成权重。权重越高，相应的标准就越重要。

2）对于一个固定的标准，该方法根据决策者对基于固定标准的选项进行两两比较，给每个选项打分。得分越高，选择相对于考虑的标准的性能越好。

3）AHP 结合了标准权重和选项得分，从而确定了每个选项的全局得分，以及随后的排名。给定选项的全局分数是它在所有标准中获得分数的加权总和，且这些得分及最终排名是基于客户提供的标准、选项的成对相对评估而获得的。

AHP 所做的计算总是由决策者的经验所引导，可以被认为是一个工具，将与决策有关的元素分解成目标、准则、方案等层次，在此基础之上进行定性和定量分析。此外，AHP 操作较简单，没有必要建立一个复杂的嵌入式专家系统（该方法可能需要用户进行大量的评估，特别是对于具有许多标准和选项的问题）。虽然每一个评估都非常简单，只需要决策者表达两个选项或标准之间的比较，但是评估任务的负载可能会变得不合理。事实上，两两比较的数量随着标准和选项的数量增加呈二次增长。然而，为了减少决策者的工作量，AHP 可以通过指定适当的阈值来自动决定一些成对的比较，从而完全或部分地实现自动化。因此，AHP 从本质上而言，可以说是一种科学的思维方式。

（2）AHP 的主要特点

1）面对具有层次结构的整体问题进行综合评价，采取逐层分解，变为多个单准则评价问题，即在多个单准则评价的基础上进行综合评价。

2）为解决定性因素的处理及可比性问题，以"重要性"（在数学中表现为权值）比较作为统一的处理格式，并将比较结果按重要程度以 1～9 级进行量化标度。

3）检验与调整比较链上的传递性，即检验一致性的可接受程度。

4）对汇集全部比较信息的矩阵集，使用线性代数理论与方法加以处理，挖掘出深层次的、实质性的综合信息作为决策支持。

AHP 把复杂的问题分解为各个组成因素，并将这些因素按照支配关系进一步分解，按目标层、准则层、指标层排列起来，从而形成一个多目标、多层次的有序递阶层次结构。首先通过两两比较的方式，确定层次中诸因素的相对重要性；然后综合评估主体的判断矩阵，最终确定各个因素相对重要性的排序。

AHP 的基本思想就是将组成复杂问题的多个元素权重的整体判断，转变为对这些元素进行两两比较；然后对这些元素的整体权重进行排序判断，最终确立各元素的权重。AHP 系统地考虑了各个指标的重要性程度，可在一定程度上避免直线思维容易产生的判断偏差。因此，在信息产业技术评价过程中采用 AHP 结合德尔菲法进行指标赋权。

5. 德尔菲法

德尔菲法是现代评价方法经常应用的一种预测和评价方法，评价人员可以通过该方法对解决问题方案进行筛选和评估。德尔菲法是美国兰德公司研究出来的[①]，该公司为避免集体讨论存在的屈从于权威或盲目服从多数的缺陷，首次用这种方法进行定性预测，后来该方法被广泛采用。20 世纪 50 年代，当美国政府执意发动朝鲜战争的时候，兰德公司提交了一份预测报告，预告这场战争必败。美国政府完全没有采纳，结果一败涂地。从此，德尔菲法得到了广泛认可。

德尔菲法最初产生于科技领域，后来逐渐被应用于各种领域的预测，如军事预测、人口预测、医疗保健预测、经营和需求预测、教育预测等。此外，它还用来进行评价、决策、管理沟通和规划工作。德尔菲法的特点是利用"背靠背"的方式，使参与预测或评价的专家能够自由地发表看法；同时，征询组织者集中并分析每一轮专家的意见，然后反馈给专家。因此，每位专家可以知道集体征询意见的统计分布状况，以及持与众不同意见者的理由。在这种"背靠背"的集体思想交流过程中，专家可以根据反馈的情况，修改自己的意见，从而逐渐达成共识。

德尔菲法的运用过程如图 2.7 所示。左列各框是管理小组的工作，右列各框是应答专家的工作。在采用德尔菲法进行推荐和评价解决问题方案时，管理小组可以在第一轮征询表中初步拟订一个备选方案一览表，请专家进行补充和评价。第二轮征询时，要求应答专家根据第一轮征询反馈结果，重新考虑自己的看法，可以修正原来的评价意见。如果个别专家仍然坚持与众不同的意见，则要说明具体理由。如有必要进行第三轮意见征询，则应答专家接到第二轮征询反馈结果后重新考虑和修改自己对解决问题方案的评价意见。一般而言，通过 3 轮征询就可以得出比较集中的专家意见，筛选出公认的可行方案。美国咨询机构中德尔菲法的使用率最高，占各种预测方法的 24%。该方法依据系

---

① 兰德公司的研究报告正式报告了采用德尔菲法进行长期预测的问题。德尔菲是希腊历史遗迹阿波罗神殿所在地，相传太阳神阿波罗（Apollo）在德尔菲杀死了一条巨蟒，成了德尔菲主人。在德尔菲有座阿波罗神殿，是一个预卜未来的神谕之地，于是人们就借用此名，作为该方法的名字。

统的程序，采用匿名发表意见的方式，即专家之间不得互相讨论，不发生横向联系，只能与调查人员发生关系；通过多轮次调查专家对问卷所提问题的看法，经过反复征询、归纳、修改，最后汇总成专家基本一致的看法，作为预测的结果。可见，德尔菲法的优点在于能充分发挥各位专家的作用，集思广益，准确性高；能把各位专家意见的分歧点表达出来，取各家之长，避各家之短。

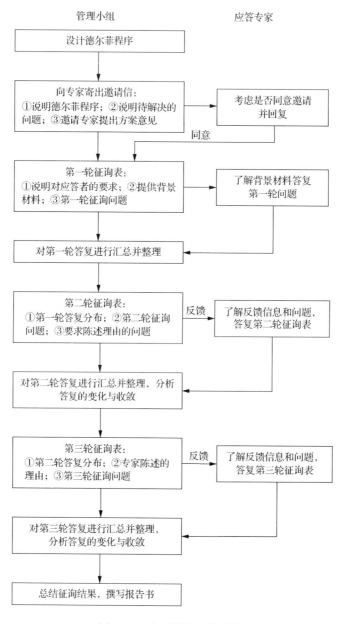

图 2.7　德尔菲法的实施过程

此外，德尔菲法能够避免专家会议法的缺点，即权威人士的意见影响他人的意见；有些专家碍于情面，不愿意发表与其他人不同的意见；或者出于自尊心而不愿意修改自己原来不全面的意见。因而这种方法具有广泛的代表性，较为可靠。德尔菲法作为一种主观、定性的方法，不仅可以用于预测领域，而且可以广泛应用于各种评价指标体系的建立和具体指标的确定过程。然而，德尔菲法也具有一些缺陷，其主要缺陷是过程比较复杂，花费时间较长。

建立调查研究系统和咨询专家系统的第一步，需要为指标赋权重。给特定指标赋权重是一个主观评价过程，其赋权重的方法选择必然带有一定的偏好。德尔菲法灵活且成本低，通过多次德尔菲评价，涉及系统分析思想的运用。本书对信息产业技术评价时，将结合德尔菲法进行指标赋权，并运用该方法汇总专家的全体判断。

6. 综合指数法

综合指数法是指在确定一套合理的经济效益指标体系的基础上，对各项经济效益指标个体指数加权平均，计算出经济效益综合值，用以综合评价经济效益的一种方法。即将一组相同或不同指数值，通过统计学处理，使不同计量单位、性质的指标值标准化，最后转化成一个综合指数值，以准确地评价信息产业技术的综合水平。综合指数值越大，工作质量越好，指标多少不受限制。

综合指数法将各项经济效益指标转化为同度量的个体指数，便于将各项经济效益指标综合起来，以综合经济效益指数作为企业间经济效益评比排序的依据。各项指标的权重是根据其重要程度决定的，体现了各项指标在经济效益综合指数中作用的大小。综合指数法的基本思路则是利用 AHP 计算的权重和模糊评判法取得的数值进行累乘，然后相加，最后计算得到经济效益指标的综合评价指数。

在信息产业技术评价中，可以采用指数法对数据进行处理。针对某项评价指标，汇总各位专家的评价结果，专家对某一指标选择"高""较高""中""较低""低"的人数分别为 N_1、N_2、N_3、N_4 和 N_5，则该指标的指数为

$$\text{Index} = (100 \times N_1 + 75 \times N_2 + 50 \times N_3 + 25 \times N_4 + 0 \times N_5)/N_{\text{all}} \tag{2.1}$$

式中，N_{all} 为所有反馈意见专家的人数。例如，计算某项技术对我国信息产业的重要性程度，当所有专家都认为该项目的重要性为"高"时，其指数为 100；当所有专家都认为不重要时，其指数为 0。

综合指数法的缺陷是不能排斥极端情况，而且没有考虑到专家意见的分布情况。采用推断统计方法，借助抽样推断理论，给出参与评价的信息产业技术在各项指标的得分区间，力求反映出大部分专家（包括潜在的、未参与访问的专家）的意见。

7. 系统分析方法

系统分析方法是指把要解决的问题作为一个系统，对系统要素进行综合分析，找出解决问题的可行方案的咨询方法。兰德公司认为，系统分析方法是一种研究方略，能够在不确定的情况下，明确问题的本质和起因，明确咨询目标，找出各种可行方案；并通过一定标准对这些方案进行比较，从而帮助决策者在复杂的问题和环境中做出科学抉择。

　　系统分析方法来源于系统科学，是 20 世纪 40 年代以后迅速发展起来的一个横跨各个学科的交叉学科。该方法从系统的角度去考察和研究整个客观世界，为人类认识和改造世界提供了科学的理论和方法。它的产生和发展标志着人类的科学思维由主要以"实物为中心"逐渐过渡到以"系统为中心"，是科学思维的一个划时代突破。系统分析方法是管理咨询研究中的基本方法，我们可以把一个复杂的咨询项目看成系统工程，通过系统目标分析、系统要素分析、系统环境分析、系统资源分析和系统管理分析等（图 2.8），准确地诊断问题，深刻地揭示问题起因，最终有效地提出解决方案和满足客户的需求。

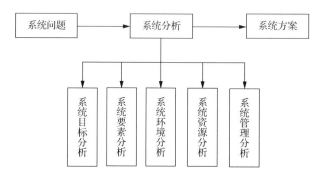

图 2.8　系统分析方法

　　系统分析流程主要包括限定问题、确定目标、调查研究和收集数据、提出备选方案和评价标准、备选方案评估和提交最可行方案，如图 2.9 所示。

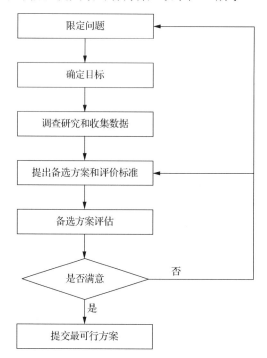

图 2.9　系统分析流程

1）限定问题。所谓问题，是现实情况与计划目标或理想状态之间的差距。系统分析的核心内容有两个方面：一是进行"诊断"，即找出问题及其原因；二是"开处方"，即提出解决问题的最可行方案。所谓限定问题，就是要明确问题的本质或特性、问题存在的范围和影响程度、问题产生的时间和环境、问题的症状和原因等。限定问题是系统分析方法的关键一步，因为如果"诊断"出错，以后开的"处方"就不可能对症下药。在限定问题时，要注意区别症状和问题，探讨问题的产生原因不能先入为主；需要判别哪些是局部问题，哪些是整体问题，问题的最后确定应该在调查研究之后。

2）确定目标。系统分析的目标应该根据客户的要求及对需要解决问题的理解加以确定，如有可能应尽量运用指标表示，以便进行定量分析。对不能定量描述的目标也应该尽量用文字表述清楚，以便进行定性分析和评价系统分析的成效。

3）调查研究和收集数据。调查研究和收集数据应该围绕问题的起因进行，一方面要验证在限定问题阶段形成的假设，另一方面要探讨产生问题的根本原因，为下一步提出解决问题的备选方案做准备。调查研究常用的方式有 4 种，即阅读文件资料、访谈、观察和调查。收集的数据和信息包括事实（facts）、见解（opinions）和态度（attitudes），要求对数据和信息去伪存真、交叉核实，从而保证真实性和准确性。

4）提出备选方案和评价标准。通过深入调查研究，使真正有待解决的问题得以最终确定，从而明确产生问题的主要原因；在此基础上可以有针对性地提出解决问题的备选方案。备选方案是解决问题和达到咨询目标可供选择的建议或设计，应提出两种以上的备选方案，以便提供进一步评估和筛选。为了对备选方案进行评估，要根据问题的性质和客户具备的条件，提出约束条件或评价标准，以供下一步应用。

5）备选方案评估。根据上述约束条件或评价标准，对解决问题的备选方案进行评估，评估应该是综合性的，不仅要考虑技术因素，也要考虑社会经济等因素，评估小组应该有一定的代表性。除了咨询项目组成员外，也要吸收客户组织的代表参加，根据评估结果确定最可行方案。

6）提交最可行方案。最可行方案并不一定是最佳方案，它是在约束条件之内，根据评价标准筛选出的最现实可行的方案。如果客户满意，则系统分析达到目标；如果客户不满意，则要与客户协商调整约束条件或评价标准，甚至重新限定问题，开始新一轮系统分析，直到客户满意为止。

8. 可行性研究方法

可行性研究方法是以预测为前提，以投资效果为目的，从技术上、经济上、管理上进行全面、综合分析研究的方法。可行性研究的基本任务是对新的信息产业技术的主要问题，从技术经济角度进行全面的分析研究，并对其应用后的经济效果进行预测；在既定的范围内进行方案论证和选择，以便合理地利用资源，达到预定的社会效益和经济效益。典型可行性研究的主要流程包括数据评审、需求预测、现场调查、实验室测试、备选方案研究、预先设计、成本估计、经济分析和编写报告，如表 2.2 所示。

表 2.2　典型可行性研究的主要流程

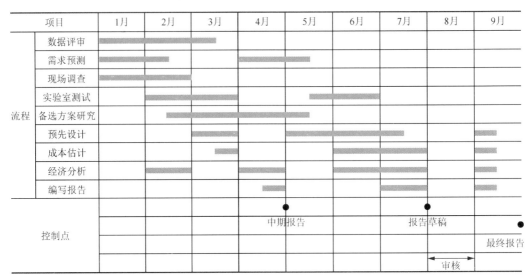

注：▨▨▨表示该流程所处时期；●表示可行性研究报告提交节点；◄────►表示对可行性研究报告的审核控制点。

美国是最早开始采用可行性研究方法的国家。20 世纪 30 年代，美国开始开发田纳西河流域，此项开发能否成功，对当时美国经济的发展关系重大。为保证田纳西河流域的合理开发和综合利用，美国开创了可行性研究的方法，并获得成功。第二次世界大战以后，西方工业发达国家普遍采用这一方法，将其广泛地应用到科学技术和经济建设领域，使之逐步形成一整套行之有效的科学研究方法。可行性研究的内容很广泛，一般包括市场研究、工程建设条件研究、采用工艺技术研究、管理和施工研究、资金和成本研究、经济效益研究等内容。

我国进行可行性研究的起步比较晚。改革开放以后，我国逐渐引进西方可行性研究的概念和方法，国家有关部门和高等院校多次举办讲习班，培训了一批骨干人员；同时，国家经济建设主管部门对一些重大建设项目，如宝钢建设、山西煤炭开发等，多次组织专家进行可行性分析和论证。我国自 1981 年开始正式将可行性研究列入基建程序。《国务院关于加强基本建设计划管理、控制基本建设规模的若干规定》（国发〔1981〕30 号）和《技术引进和设备进口工作暂行条例》（国发〔1981〕12 号）中明确规定所有新建、扩建的大中型项目，都要在经过反复周密的论证后，提出项目可行性研究报告。1983年，国家计划委员会（现为国家发改委）颁发《关于建设项目进行可行性研究的试行管理办法》（计资〔1983〕116 号），其中规定，可行性研究一般采取主管部门下达计划或有关部门、建设单位向设计或咨询单位进行委托的方式。郭励弘（1987）出版了《建设项目经济评价方法与参数》一书，对经济评价工作的管理，经济评价的程序、方法、指标等都做了明确的规定和具体的说明，并首次发布了各类经济评价参数；对评价方法和参数进行了模拟应用，为实务工作者掌握和运用该方法做了示范。此后，国家各部委先后发文，对各自管辖范围内的建设项目可行性研究分别进行了详细的规定。例如，商业部（现为商务部）1986 年 9 月 6 日发布《直属直供基本建设项目可行性研究试行办法》

及随后补发《关于可行性研究试行办法的补充通知》。1991 年 12 月颁布的《国家计委关于报批项目设计任务书统称为报批可行性研究报告的通知》提出，由于国内投资项目的设计任务书和利用外资项目的可行性研究报告的内容与作用大致相同，为了规范建设程序，将二者统称可行性研究报告，取消原设计任务书的名称。这一通知，标志着我国可行性研究进入规范化轨道。至此，可行性研究已经在我国建设和项目投资实践中得到逐步推广与普及，并取得一定成效。

可行性研究方法本身是一些相关方法的集成，主要包括战略分析、调查研究、预测技术、系统分析、模型方法和智囊技术等。可行性研究的主要步骤包括：①接受委托书；②组建研究小组；③事前调查；④编制研究计划；⑤签订合同或协议；⑥正式调查；⑦分析研究、优化和选择方案；⑧编制可行性研究报告。

可行性研究报告的内容主要由以下部分组成：总论；需求预测和拟建规模；资源、原材料、燃料及公用设施；建厂条件和厂址方案；设计方案；企业组织、劳动定员和人员培训；实施进度建议；投资估算和资金筹措；社会及经济效果评价等方面。

对于时间较长的项目，通常应当提交一个中期报告或阶段报告，以便与委托单位及时交换意见。在正式的最终报告提交之前，应当先提出草稿，听取委托单位和有关方面的意见，并进行必要的补充和修改，然后提出最终可行性研究报告，经验收合格后，可行性研究工作完成。可行性研究的过程是一个逐步深入的过程，通常包括以下 5 个方面。

1）机会研究（又称为立项建议）。其侧重点是对投资的方向提出建议，企业及基层单位根据生产中发现的问题和市场中的机会，充分利用自然资源，寻找最有利的投资机会。从企业来看，应根据资金实力的大小及现有技术能力，寻求新的效益较好的投资机会。有许多工程项目在机会研究后，还不能决定取舍，需要进行比较详细的可行性研究。为避免详细可行性研究可能带来的时间和资金上的浪费，在决定是否开展正式可行性研究之前往往需要进行初步可行性研究。它是机会研究和正式可行性研究的中间环节。

2）初步可行性研究（又称为立项审查）。它是进行可行性研究的前期活动，是大体收集材料、对投资项目的前景粗略估价的过程。由初步可行性研究的结果决定是否继续进一步开展可行性研究。

3）可行性研究。它是在初步可行性研究认为基本可行的基础上，进而对项目各方面的详细材料进行全面的搜集、掌握，依此对项目的技术、经济等方面进行综合分析考察；并对项目建成后提供的生产能力、产品质量、成本、费用、价格及收益情况进行科学的预测，从而为决策提供确切的依据。

4）形成评价报告。经可行性研究后，要将技术上可行和经济上合理与否的情况形成结论，完成评价报告，并对重点投资项目进行评定和决策（主要包括资产投资项目的预测即预测投资项目需要增加哪些固定资产，增加多少，何时增加等），提出投资概算、筹划投资来源，拟订投资方案、测算投资效果等。

5）投资方案的审核和决策。投资效益指标计算出来后，应对同一项目的不同投资方案的效益进行对比，择优进行决策。

可行性研究报告是政府立项、招商引资、投资合作、银行贷款等事项常用的专业文档，可用于代替项目建议书、项目申请报告、资金申请报告，其主要内容如表 2.3 所示。

表2.3　可行性研究报告的主要内容

主要内容	细分维度
宏观市场分析	相关市场发展情况
	市场供需状况
	市场供应压力
	业态模式分析
竞争市场分析	竞争对手类型
	竞争对手基本状况
	竞争对手规模与竞争力
	竞争对手经营策略
项目定位分析	项目功能定位分析
	建筑结构特征定位
	产品档次价格定位
财务分析	投资估算
	财务评价
	不确定性分析
	风险分析
商圈分析	商圈地理经济环境分析
	商圈用户需求分析
	消费者项目概念测试
地块分析	地块位置与环境
	升值潜力分析
	地块对比分析

综上可以看出，信息产业技术的可行性报告应当涉及信息产业发展前景分析、信息产业竞争格局分析、信息产业竞争财务指标参考分析、项目建设方案研究、组织实施方案分析、投资估算和资金筹措、项目经济可行性分析，以及信息产业技术项目不确定性及风险分析等方面。信息产业技术的可行性研究应在前一阶段的项目建议书获得审批通过的基础上，对项目市场、技术、财务、工程、经济和环境等方面进行精确、系统、完备的分析，完成包括市场和销售、规模和产品、厂址、原辅料供应、工艺技术、设备选择、人员组织、实施计划、投资与成本、效益、风险等的计算、论证和评价，最终选定最佳方案。

9. 战略分析方法

战略分析方法有很多，主要以 PEST 战略分析方法、波士顿矩阵分析方法、SWOT 分析法为代表。

1）PEST 战略分析方法主要针对政治（politics）、经济（economy）、社会（society）和技术（technology）4 个因素进行分析，从总体上把握宏观经济，并评价这些因素对企业战略目标和战略制定的影响。

2）波士顿矩阵分析方法是由美国大型商业咨询公司波士顿咨询集团（Boston

Consulting Group，BCG）首创的一种规划企业产品组合的方法，又称市场增长率-相对市场份额矩阵、BCG 咨询集团法、四象限分析法、产品系列结构管理法等。该方法是用来分析和规划企业产品组合非常有用的工具，能够协助各类企业分析其业务和产品系列的表现，帮助企业有效地分配资源，从而进行产品管理与战略管理。波士顿矩阵分析方法以市场增长率和相对市场份额作为评价指标来衡量企业产品的市场吸引力和产品实力，据此判断企业各个产品在市场上的竞争地位和竞争力，并为企业产品的选择和优化提供依据。

3）SWOT 分析法是一种基于组织内外部竞争环境和竞争条件下的态势分析法。早在 20 世纪 60 年代，有学者就已提出战略分析方法所涉及的组织内部优势（strengths，S）、劣势（weaknesses，W）和组织外部所面临的外部机遇（opportunities，O）、威胁（threats，T）等变化因素，但只是孤立地对这些因素加以分析。1971 年，哈佛商学院的安德鲁斯（Andrews）教授正式提出 SWOT 分析，将与研究对象密切相关的各种主要内部优势、劣势和外部的机会与威胁等列举出来，依照矩阵形式排列，用系统分析的思想将各种因素相互匹配起来加以分析，从而得出相应的结论，所得结论通常带有一定的决策性。SWOT 分析法具有简洁实用、结论清晰等优势，最早被应用于企业战略管理，随后在管理学领域得到广泛应用。伴随着战略分析方法的不断改进，当前使用的 SWOT 分析模型通常采用系统论思想，将看似独立的 SWOT 要素相互匹配进行综合交叉分析，进而根据既定目标提出相应的实施对策，如图 2.10 所示。

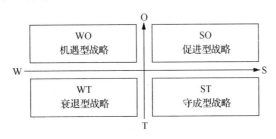

图 2.10　SWOT 战略坐标系

对我国信息产业技术的战略进行分析，可以运用 SWOT 分析法，该方法能从信息产业自身的状况出发进行战略分析，分析面较广、有效性强。战略性新兴产业以新兴技术为基础，而新一代信息技术产业属于典型的技术密集型产业。可以从技术基础入手，通过分析产业的技术基础进而把握信息产业的发展态势。现有很多研究是针对具体技术特点及趋势展开的，研究对象局限在技术层面，忽视了技术背后所隐含的产业状况。

主要参考文献

陈德金，刘小婧，2015. 技术预见与产业发展方向选择研究：福建高科技产业实证[J]. 现代管理科学（5）：81-83.

陈云伟，等，2017. 引擎技术预见模型的构建及实证研究[J]. 图书情报工作，61（13）：77-86.

符正平，1999. 比较优势与竞争优势的比较分析：兼论新竞争经济学及其启示[J]. 国际贸易问题（8）：1-5.

郭励弘，1987. 建设项目经济评价方法与参数[M]. 北京：中国计划出版社.

黄鲁成，等，2013. 基于专利的北京新一代信息技术产业 SWOT 分析[J]. 中国科技论坛（1）：106-112.

贾俊平，2017. 应用统计学[M]. 3 版. 北京：中国人民大学出版社.

李金华，2011. 中国战略性新兴产业发展的若干思辨[J]. 财经问题研究（5）：3-10.

迈克尔·波特，1997. 竞争优势[M]. 陈小悦，译. 北京：华夏出版社.

毛牧然，陈凡，2006. 技术异化析解[J]. 科技进步与对策（2）：76-79.

浦根祥，周志豪，1998. 从技术生命周期看企业"技术机会"选择[J]. 自然辩证法研究（6）：47-49.

任新惠，唐少勇，2013. 基于 AHP 的机场商业特许经营绩效综合评价[J]. 民航管理（2）：48-50，53.

沙勇忠，牛春华，2009. 信息分析[M]. 北京：科学出版社.

沈滢，2007. 现代技术评价理论与方法研究[D]. 长春：吉林大学.

石政，张仁开，2018. 从三重视角看技术预见对创新发展的价值[J]. 科技与经济，31（3）：16-19.

孙宏艳，2014. 基于钻石模型的西安电子信息产业竞争力评价[J]. 西安财经学院学报，27（5）：109-112.

谭运嘉，林艳，2009. 我国可行性研究的引入与发展[J]. 技术经济与管理研究（2）：80-84.

王瑞祥，穆荣平，2003. 从技术预测到技术预见：理论与方法[J]. 世界科学（4）：49-51.

王知津，葛琳琳，2013. 竞争情报 SWOT 模型与 BCG 矩阵比较研究[J]. 图书与情报（3）：87-93.

徐幸，2017. 浅析 SWOT 战略分析方法在阿里巴巴中的应用[J]. 当代经济（8）：74-75.

杨丽媛，2010. 统计方法在教学实验中的应用现状研究：以 2009 年教育类期刊论文为例[J]. 嘉应学院学报，28（10）：86-89.

张海锋，张卓，2018. 技术生命周期阶段特征指标构建及判定[J]. 技术经济，37（2）：108-112.

张伟，刘德志，2007. 新兴技术生命周期及其各阶段特征分析[J]. 菏泽学院学报（5）：16-20.

ANDERSON P, TUSHMAN M L, 1990. Technological discontinuities and dominant designs: a cyclical model of technological change[J]. Administrative science quarterly, 35(4):604-633.

BEN R M, 1995. Foresight in science and technology[J]. Technology analysis & strategic management, 7(2):139-168.

COOK C N, et al, 2014. Strategic foresight: how planning for the unpredictable can improve environmental decision-making[J]. Trends in ecology & evolution, 29(9): 531-541.

DADDARIO E Q, 1968. The management of the environment[J]. Journal of occupational medicine official publication of the industrial medical association, 10(9):437.

FOSTER R N, 1986. Working the s-curve: assessing technological threats[J]. Research management, 29(4):17-20.

GOLDBECK W, WATERS L H, 2014. Foresight education: when students meet the futures[J]. Futurist, 48(5):30.

HARVEY M G, 1984. Application of technology life cycles to technology transfers[J]. Journal of business strategy, 5(2):51-58.

KING K, 2014. Foresight in middle school: teaching the future for the future[J]. Futurist, 48 (5):41-42.

LINSTONE H A, 2011. Three eras of technology foresight[J]. Technovation, 31(2/3): 69-76.

LINTONEN T, et al., 2014. Drugs foresight 2020: a delphi expert panel study[J]. Substance abuse treatment, prevention and policy, 9(1):18.

MICHAEL E P, 1990. The competitive advantage of nations[M]. New York: The Free Press.

MOORE G A, 1998. Crossing the chasm[M].New York: Harper Collins.

PORTER M E, 1998. Clusters and the new economics of competition[J]. Harvard business review, 76(6): 77-90.

SAATY T L, 1994. How to make a decision: the analytic hierarchy process [J]. Interfaces, 48(1):9-26.

SCHUMPETER J A, 1934. The theory of economics development [J]. Journal of political economy, 1(2):170-172.

VOLLENBROEK F A, 2002. Sustainable development and the challenge of innovation [J].Journal of cleaner production, 10(3):215-223.

WEINBERGER N, JORISSEN J, SCHIPPL J, 2012. Foresight on environmental technologies: options for the prioritisation of future research funding – lessons learned from the project "Roadmap Environmental Technologies 2020+" [J]. Journal of cleaner production, 27: 32-41.

第3章　我国信息产业技术发展状况及存在的问题

自 20 世纪 90 年代中期以来，随着信息产业技术的不断发展，特别是互联网的迅猛发展，美国政府率先提出建设"信息高速公路"的政策，各国的信息化进程急剧加快。我国的信息化热潮也随之日益高涨，有关电子政务、电子商务乃至电子军务的探讨不断增多。信息产业技术和网络空间，为各国的经济、科技、文化、教育和管理等方面注入了新的活力。人们在享受信息化带来的众多好处的同时，也面临着日益突出的信息安全与保密问题。由于信息产业技术固有的敏感性和特殊性，信息产业技术是否安全、专用的信息安全产品及由这些产品构成的网络系统是否可靠等问题成为国家、企业和社会迫切需要解决的焦点。为此，各国政府纷纷采取颁布标准、测评和认证等方式，对信息安全产品的研制、生产、销售、使用和进出口等实行严格的管理。美国将信息安全列为其国家安全的重要内容之一，由美国国家安全局（National Security Agency，NSA）在美国国家标准与技术研究院（National Institute of Standards and Technology，NIST①）的支持下，负责信息安全产品的测评、认证工作。西方国家纷纷效仿这一做法，使信息安全的测评与认证成为信息化建设中的一个重要领域，并受到理论界与实务界的广泛关注。

3.1　我国信息产业技术概况

信息产业是关系国民经济和社会发展全局的基础性、战略性和先导性产业，具有技术更新快、产品附加值高、应用领域广、渗透能力强、资源消耗低、人力资源利用充分等突出特点，对我国经济社会的可持续发展具有重要的支撑和引领作用。目前，我国以信息产业技术与制造业融合创新为主要特征的新一轮科技革命和产业变革正在孕育兴起，发展具有国际竞争力、安全可控的现代信息产业体系，是国家"十三五"规划引领信息产业持续健康发展的重要策略，也为信息产业技术的发展提供了有利的政策环境。

3.1.1　我国信息产业发展概况

我国信息产业技术借助 20 世纪 70 年代以来世界新科技革命的浪潮，加快了发展的速度。置身于信息化、网络化的新时代，面临着发达国家主导信息产业的巨大压力与国内工业化、现代化的强劲需求，中国信息产业的长足发展呈现出勃勃生机。

---

① NIST 直属美国商务部，在国际上享有很高的声誉，主要提供标准、标准参考数据及有关服务。

1. 信息产业已成为国民经济的重要支柱

工业和信息化部网站的数据显示，我国信息产业已成为国民经济的重要支柱。以电子信息产业为例，2017 年，我国规模以上电子信息制造业每百元资产实现的主营业务收入为 131.4 元，比 2016 年增加 7.3 元；人均实现主营业务收入为 119.8 万元，比 2016 年增加 11.2 万元；我国规模以上电子信息制造业累计完成主营业务收入为 136 597 亿元，同比增长 13.2%。2016 年，规模以上电子信息制造业实现收入 51 305 亿元，同比增长 8.4%；利润增长 12.8%；出口交货值达 7 811 亿美元，同比下降 1.1%；软件业务收入为 43 249 亿元，同比增长 16.6%。

2017 年，我国电子信息产业主要指标情况如表 3.1 所示；2013～2017 年，电子信息主要行业销售产值增速对比如图 3.1 所示。从图 3.1 可以看出 2013～2017 年不同细分信息产业的增长情况：第一，通信设备行业实现销售产值同比下降了 21.6%，在 2014 年和 2017 年下降幅度较大，比上一年分别下降了 6.6% 和 11.7%；第二，家用视听行业的销售产值同比下降了 6.7%，在 2016 年和 2017 年分别出现了增速最高点和最低点；第三，电子元件行业实现销售产值同比增长 7.9%，与其他行业相比增速较快，在 2017 年增速达 17.8%；第四，电子计算机行业实现销售产值同比增长 1.3%，但在 2016 年有一次较大幅度的下降，而 2017 年出现较大幅度的增速回升，行业销售状况的稳定性较弱；第五，电子器件行业实现销售产值同比增长 7%，但在 2016 年增速幅度较大，增速为 9%。

表 3.1 2017 年我国电子信息产业主要指标情况

项目		单位	全年完成额	增速/%
规模以上电子信息制造业	主营业务收入	亿元	136 597	13.2
	利润总额	亿元	7 766	22.9
	固定资产投资额	亿元	19 987	25.3
	电子信息产品进出口总额	亿美元	19 260	−1.1
	其中：出口额	亿美元	8 831	14.2
	进口额	亿美元	10 429	−15.3
软件和信息技术服务业	软件业务收入	亿元	55 000	13.9
主要产品产量	手机	万部	190 000	1.6
	其中：智能手机	万部	140 000	0.7
	微型计算机	万台	30 678	6.8
	其中：笔记本电脑	万台	17 244	7.0
	平板电脑	万台	8 628	4.4
	彩色电视机	万台	17 233	1.6
	其中：液晶电视机	万台	16 901	6.9
	智能电视	万台	10 931	6.9
	集成电路	亿块	1 565	18.2

数据来源：中华人民共和国工业和信息化部官网。

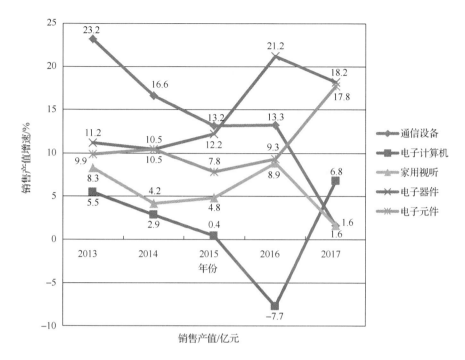

图 3.1　电子信息主要行业销售产值增速对比（2013～2017 年）

（资料来源：中华人民共和国工业和信息化部官网。）

2. 信息化工程成效显著

"十一五"规划明确提出"坚持以信息化带动工业化"发展战略，按照"政府推进，企业主体，行业突破，区域展开"的方针，结合国家创新系统及区域创新系统的建设，有效实施了"企业信息化工程"。我国在"十三五"期间顺应信息产业技术创新发展大势，正确认识、运用新技术和新模式，抓住信息革命机遇，顺势而为、乘势而上、相向而行，构建符合新时代发展要求的信息化体系，以信息化推进国家治理体系和治理能力现代化。通过信息产业技术的嫁接与网络环境的建设，加速传统产业改造升级。以制造业为例，由于信息化及其他因素的综合作用，2017 年规模以上电子信息制造业利润达到了 7 766 亿元，同比增长了 22.9%，新产品创新能力提高，取得了明显的经济效益。许多企业建立了企业资源计划（enterprise resource planning，ERP[①]）、客户关系管理等信息管理系统，大大提升了企业管理水平与运营绩效。与此同时，金桥、金卡、金税等"金"系列信息化工程的实施，电子商务、电子政务等方面的系统开发，也有力地推动了我国信息化建设的进程。

3. 软件业与通信业成为信息产业增长最快的领域

2017 年我国软件业保持快速增长的态势，累计完成软件业务收入 55 000 亿元，同

---

① ERP 是由美国计算机技术咨询和评估集团（Gartner Group Inc.）于 1990 年提出的一种供应链管理思想，是将企业所有资源进行整合集成管理，即将企业的物流、资金流、信息流进行全面一体化管理的管理信息系统。

比增长 13.9%。在软件业各类收入中，软件产品与信息技术服务是主要构成部分，其增长迅猛，如图 3.2 所示。

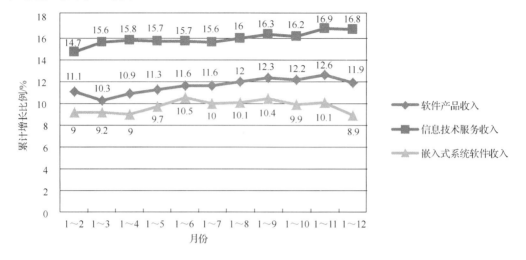

图 3.2　2017 年软件分类收入增长情况

　　2017 年 1～12 月累计完成软件产品收入 17 241 亿元，占软件产业总收入的 31.3%，增长 11.9%；完成信息技术服务收入 29 318 亿元，同比增长 16.8%，增速比全行业高 6.9 个百分点，所占比重达 53.26%。2018 年第一季度，我国软件和信息技术服务业完成软件业务收入 13 099 亿元，同比增长 14%，增速同比提高 1.1 个百分点。其中，3 月增长 15.1%，比 1～2 月平均增速 1.8 个百分点。全行业实现利润总额 1 576 亿元，同比增长 10.8%，增速同比提高 1.2 个百分点，比 1～2 月增速提高 3.5 个百分点。软件业实现出口 125.7 亿美元，同比增长 4.7%，增速同比提高 4.2 个百分点，比 1～2 月提高 3.4 个百分点。其中，外包服务出口增长 11.3%，比 1～2 月提高 4.9 个百分点；嵌入式系统软件出口扭转下滑局面，同比增长 1.9%。

　　与此同时，全行业实现软件产品收入 3 999 亿元，同比增长 12.1%，增速同比提高 1.8 个百分点，比 1～2 月提高 0.4 个百分点。其中，工业软件产品收入增长 14.3%，信息安全产品增长 15.3%。2017 年第一季度信息技术服务收入 7 101 亿元，同比增长 17%，增速同比提高 1.4 个百分点，在全行业收入的占比提高到 54.2%。其中，运营相关服务收入增长 23.1%，同比提高 0.8 个百分点；电子商务平台技术服务收入增长 18.9%；集成电路设计收入增长 7.9%。

　　其他信息技术服务包括信息技术咨询设计服务、系统集成、运维服务、数据服务等，该项收入增长 14.3%，同比提高 2.7 个百分点。随着国内企业信息化基础设施的普及，通用型系统集成业务正在萎缩，中小系统集成企业竞争激烈。另外，受益于 4G 建设加快、电子政务稳定增长、金融业扩张等方面，一些规模大、管理较好的大型企业系统集成业务增长稳定。2017 年第一季度，实现嵌入式系统软件收入 1 999 亿元，同比增长 7.7%，增速同比回落 1.5 个百分点，比 1～2 月提高 0.2 个百分点。2017 年，软件产业收入构成情况如图 3.3 所示。

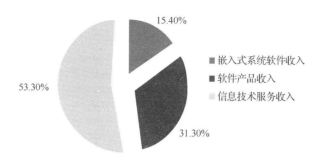

图 3.3 2017 年软件产业收入构成情况

从图 3.2 和图 3.3 可以看出，2017 年，我国软件和信息技术服务业继续呈现稳中向好的运行态势，收入和效益同步快速增长；出口有所恢复，吸纳就业人数平稳增加，创新能力不断提升，产业结构持续调整优化，服务和支撑保障能力显著增强。2018 年上半年累计完成电信业务总量 25 570 亿元，同比增长 132.7%；实现电信主营业务收入 6 720亿元，同比增长 4.1%。

3.1.2 国内外信息产业技术投入与产出情况

依靠科技进步实现经济发展是发达国家成功的经验。没有信息产业技术的进步与发展，就不能快速实现经济与社会的进步与发展。科学技术是第一生产力，是经济发展的动力和社会进步的基础。近年来，中国实力有所增强，国际地位也有了很大的提高，同时信息产业技术有了巨大的进步和发展。然而，我国信息产业和国民经济的发展与发达国家相比仍存在很大的差距。

1. 中国科技投入的国际比较

科研经费，特别是科技经费中研发（R&D）经费的多少，不仅反映了一个国家或地区的科技实力，也体现了政府及全社会对科技事业的支持程度。科技投入是各国信息产业技术创新的关键驱动因素之一，我国 2010～2016 年的研发经费与 GDP（gross domestic product，国内生产总值）支出如表 3.2 所示。

表 3.2 我国研发经费与 GDP 支出（2010～2016 年）

项目	2010 年	2011 年	2012 年	2013 年	2014 年	2015 年	2016 年
研发经费支出/亿元	3 710.2	4 616.0	5 802.1	7 062.6	8 687.0	14 169.8	15 676.7
研发经费支出占 GDP 的比例/%	1.71	1.78	1.91	1.99	2.02	2.06	2.11

资料来源：中国科技统计官网。

从表 3.2 可以看出，我国研发经费支出占 GDP 的比例在逐年上升，由 2010 年的 1.71%上升到 2016 年的 2.11%。我国的科技投入水平虽然比其他发展中国家高，但与发达国家之间还存在很大差距。从图 3.4 可以看出，发达国家的研发经费占 GDP 的比例一般在2%以上，且逐渐向 3%甚至更高投入发展。以色列的研发经费投入比例是世界上最高的，

2016 年达到了 4.25%；而我国 2016 年研发经费占 GDP 的比例仅为 2.11%。

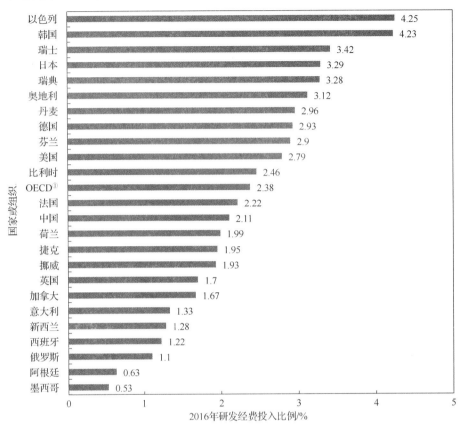

图 3.4 世界主要国家或组织的研发经费投入比例

2. 信息产业技术产出的国际比较

由于信息产业对其他产业及国民经济具有较大的推动作用，各主要国家都竞相发展本国的信息产业。

（1）申请专利的国际比较

2018 年 4 月 10 日在深圳举行的中国电子信息产业知识产权高峰论坛暨第 18 届信息技术领域专利态势发布会的报告显示，截至 2017 年 12 月 31 日，我国信息技术专利申请总量共计 398.6 万件，增长 10.2%，其中，"互联网＋"、电子商务、智能制造等信息产业技术的兴起，推动了技术领域专利继续保持高速增长。《集成电路专利态势报告（2018 版）》指出，截至 2017 年 12 月 31 日，集成电路领域全球公开专利申请 209.7 万件，授权 144.5 万件；中国申请 46.4 万件，授权 27.8 万件。《国家集成电路产业发展推进纲要》等全国及地方各层面战略新兴产业规划的相继出台，极大地推动了中国集成电路领域跨越式发展，营造了良好的信息产业技术发展环境，带动了信息产业链的协同效

---

① OECD，即经济合作与发展组织（Organization for Economic Co-operation and Development）。

应,激发了信息产业及相关企业的活力和创造力。

另外,《移动智能终端知识产权报告（2018 版）》显示,截至 2017 年 12 月 31 日,无线通信网络领域全球公开专利申请 70 万余件,授权 30 万余件,其中,中国申请 10 万余件,授权 6 万余件。目前,中国的专利排名位居全球第二。华为公司、中兴通讯公司分别占据了该领域全球主要申请人第二名、第三名的位置。同时,无线充电技术领域全球公开专利申请 3 万余件,授权 1 万余件;中国地区申请 1 万余件,占比 47.06%,处于领先地位。然而,我国信息产业在知识产权方面与发达国家相比仍然存在较大差距,国内专利申请质量和国外专利申请质量相比,差距比较明显。

从发明专利统计结果看,我国在技术竞争力方面与国外发达国家相比还存在较大差距。国外申请的专利技术含量比较高,依靠专利形成的竞争优势不可小觑。例如,在人工智能的研究方面体现出我国与美国的差距。2018 年,世界智能大会智能科技产业发展 CXO 论坛圆桌对话环节,北京人工智能专利产业创新中心总经理刘翰伦指出,某一国际组织曾调研了全球前 24 家人工智能芯片企业的排名,这些企业中有 7 家是中国企业。然而,国外 17 家人工智能芯片企业在全球范围内拥有 40 万件专利,国内 7 家人工智能芯片企业拥有的专利数量总数仅为 5.5 万件。

（2）信息产业竞争主体的国际比较

2017 年,第 31 届中国电子信息百强企业主营业务收入超过 30 000 亿元,同比增长 12.9%;总资产合计近 40 000 亿元,同比增长 22.8%。与国外公司相比尚存在一定差距。例如,西门子公司 2017 年的营业收入约为 6 495.8 亿元,华为公司与之相差约 459.8 亿元人民币。我国电子信息百强企业前 5 名的效益情况如表 3.3 所示。

表 3.3　2017 年我国电子信息百强企业前 5 名的效益情况

企业名称	华为公司	联想集团	青岛海尔公司	TCL 集团	中兴通讯公司
营业收入/亿元	6 036	2 897	1 592.54	1 115.8	1 088.15
营业利润率/%	7.87	0.85	6.35	3.69	6.21

从表 3.3 可以看出,我国电子信息百强营业利润率最高的是华为公司,其 2017 年的营业利润率达到 7.87%。百强电子企业的平均销售利润率从 2006 年的 1.6% 上升到 2016 年的 6.2%,高于平均行业水平 0.9 个百分比。联想集团是我国电子信息百强的龙头企业,该集团 2017 年的营业收入是 2 897 亿元,按规模比较超过了财富 500 强的底线,但在 2018 年 7 月 20 日《财富》发布的世界 500 强亏损榜上出现,排名后退 14 名。由此可以看出,尽管我国电子信息骨干企业的规模不断壮大,然而,与全球一流跨国公司相比,盈利能力较低,国际竞争力较弱。

此外,对我国电子信息百强企业前 5 名进行纵向比较,发现除了联想集团在 2017 年亏损外,其他公司都有较好的发展;但如果与国外主要电子信息企业横向比较,除了华为公司外,其他四大企业中的营业收入最低的,甚至不及西门子公司、三星公司的 1/5（图 3.5）。分析结果显示,我国信息产业技术虽然取得了很大的进步,但与国外相比尚存在较大的差距,国际竞争力较弱。

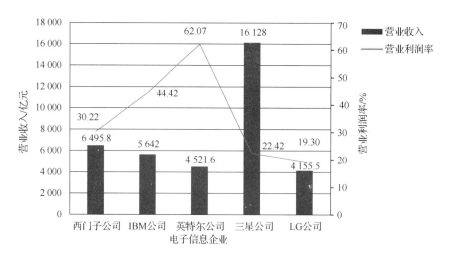

图 3.5　2017 年国外主要电子信息企业效益情况

3.2　我国信息产业技术发展概况

　　近年来，随着信息产业技术的革新与发展，无论是发达国家，还是发展中国家，信息产业都已演变为各国经济发展的基础性、支柱性及战略性产业。从创新能力来看，信息产业生产技术水平不断提高，技术自主创新能力也显著增强。在涉及国家核心利益的信息产业敏感技术领域，对于信息产业技术定密范围界定更加完善，信息产业技术在我国经济发展和经济转型中发挥着举足轻重的作用。近年来，特别是我国加入 WTO 后，信息产业技术发展的环境不断改善，我国的电子信息制造业和信息服务业得到了持续、快速的发展。信息产业技术对不同产业发展的支撑作用显著提升，广泛渗透到经济和社会的各个领域，知识产权保护、信息安全、技术标准、政策法规等工作不断加强。

3.2.1　我国信息产业技术自主创新能力情况

　　信息产业日益成为我国实现制造强国、网络强国的重要支撑。《中国制造 2025》明确提出以加快新一代信息技术与制造业深度融合为主线，以推进智能制造为主攻方向。在加速向制造强国迈进的过程中，需要在集成电路、信息通信设备、操作系统等新一代信息技术领域实现突破。"互联网＋"行动指导意见的持续推进，要求我们密切关注信息产业技术的变革趋势，积极发展新技术、新模式、新业态，构建以互联网为基础的融合型产业生态体系。国家信息安全战略和网络强国战略的实施，需要尽快攻破芯片、整机、操作系统等核心技术，大力加强网络信息安全技术能力体系建设，增强信息安全保障能力和网络空间治理能力。新时代我国信息产业必须把握产业发展新趋势，树立新思路、采取新举措、突破新技术、拓展新市场，提供新产品与新服务，加快产业发展方式转变，强化信息产业竞争力。

新一代信息产业技术自主创新能力与自主研发活动能力、创新成果的科研产出能力和商业产出能力之间有显著的相关性，如图 3.6 所示。在自主研发活动能力方面，科研活动发展经费对于信息产业自主创新能力具有显著的影响。在创新成果的科研产出能力方面，企业的发明专利占专利申请数比重指标与发明专利授权量指标能够衡量新一代信息产业技术自主创新能力的水平。在创新成果的商业产出能力方面，新产品产值占工业总产值比重的提高，反映了企业自主创新能力的提高。

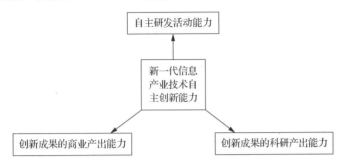

图 3.6　新一代信息产业技术自主创新能力

3.2.2　我国信息产业技术定密范围的界定情况

2015 年 11 月 16 日科学技术部、国家保密局发布的《科学技术保密规定》，以及 2018 年 8 月 8 日科学技术部制定的《国家科学技术秘密定密管理办法》，均将国家科学技术秘密的密级定为绝密级、机密级和秘密级。

1）机关、单位定密应当坚持专业化、最小化、精准化、动态化原则，做到权责明确、依据充分、程序规范、及时准确，既确保国家科学技术秘密安全，又促进科学技术发展。

2）中央国家机关可以在主管业务工作范围内做出授予绝密级、机密级和秘密级国家科学技术秘密定密权的决定。省级机关可以在主管业务工作范围内或者本行政区域内做出授予绝密级、机密级和秘密级国家科学技术秘密定密权的决定。

3）定密时所依据科学技术秘密事项范围发生变化的，机关、单位应当在原定保密期限届满前对所确定国家科学技术秘密事项的密级、保密期限、保密要点、知悉范围及时做出变更。

2002 年 2 月，科学技术部发布《科学技术部 863 计划保密规定》。863 计划是我国为发展高科技、研究解决事关国家长远发展和国家安全的战略性、前沿性和前瞻性高技术问题的科技发展计划。《科学技术部 863 计划保密规定》适用于 863 计划中的信息技术、生物和现代农业技术、新材料技术、先进制造与自动化技术、能源技术、资源环境技术 6 个领域。科学技术部根据科学技术发展状况和科学技术保密的要求制定《863 计划保密技术指导目录》。《科学技术部 863 计划保密规定》提出，立项时课题申请单位、主题专家组等依据《863 计划保密技术指导目录》，提出拟订密级及保密期限建议，填写 863 计划保密课题审定表，交由领域办公室报主管业务司，确定密级及保密期限，并将密级定为绝密级、机密级和秘密级。《科学技术部 863 计划保密规定》对项目涉及的文件、资料的定密管理，要求根据不同密级实行分类管理，并要求以下涉密文件、资料应当依照法定程序确定其密级：①863 计划纲要（包括草案）；②涉及敏感技术范围的年度计划、经费预算和统计数据；③涉及敏感技术范围的文件、立项报告、工作方案等资料和档案；④涉及敏感技术范围的重要会议内容；⑤记载上述内容的国家秘密载体，如纸介质、磁介质、光盘、计算机硬盘、软盘、录音、录像等；⑥其他保密事项。

工业和信息化部于 2007 年 1 月为贯彻落实《国家中长期科学和技术发展规划纲要（2006—2020 年）》，掌握装备制造业和信息产业核心技术的自主知识产权，攻克一批事关国家战略利益的信息产业关键技术，研制了一批具有自主知识产权的重大装备和关键产品，实现我国信息产业自主创新与跨越发展。2006 年 12 月，根据国务院发布的《规划纲要（2006—2020 年）》的要求，工业和信息化部、科学技术部、国家发改委共同制定了《我国信息产业拥有自主知识产权的关键技术和重要产品目录》（以下简称《目录》），《目录》的编制以《规划纲要（2006—2020 年）》中涉及信息产业的重点任务为基础，结合《信息产业科技发展"十一五"规划和 2020 年中长期规划（纲要）》《信息产业"十一五"规划》确定的指导思想、发展目标和重点任务，凝练出重点技术领域，包括集成电路、软件、电子元器件和材料，显示器件、光电器件和材料，电子专用装备及仪器，计算机及设备，互联网与通信，新一代宽带无线移动通信，数字音视频，网络和信息安全，导航、遥测、遥控、遥感等信息技术应用。同时，工业和信息化部会根据信息产业技术发展趋势，充分结合我国信息产业发展的需求，对关键技术不断进行适时更新。2007年 1 月，工业和信息化部公布了《我国信息产业拥有自主知识产权的关键技术和重要产品目录》，具体列出了 13 类信息产业关键技术和产品，包括液晶、等离子等平板电视显示器件，AVS、TD-SCDMA、新一代宽带无线移动通信等重要技术，也包括 P2P（Peer to peer，个人对个人）、IPTV（internet protocol TV，交互式网络电视）、IMS（IP multimedia subsystem，IP 多媒体子系统）等备受关注的关键技术。

2008 年修订后的《国家敏感技术指导目录》继续沿用了原来的"技术领域→技术类别→技术子类→敏感技术"的层次结构，但其内容有较大的变化。原《国家敏感技术指导目录》（2003 年发布）中关于信息产业技术的敏感技术条目有 61 条，修订后的条目有110 条。在新增的 51 项条目中，有些是对原条目的细化，如"网络技术"；原《国家敏感技术指导目录》中只有 3 项敏感技术条目，修订后的敏感技术条目增加到 8 项；有些是新增的条目，如"技术子类"条目新增 7 项，由此延伸出来的敏感技术也是新增加的。为了提高《国家敏感技术指导目录》的可操作性和便于使用单位对敏感技术的了解，2008年的修订中还增加了各项敏感技术的敏感点 300 多个。根据国家科技保密办公室的要求和信息技术的发展特点，并参照国外关键技术的分类方法，修订后的《国家敏感技术指导目录》分为 5 个层次。第一个层次是技术领域，按照国家科技保密办公室的分类，由"信息领域""生物与医药技术""农林业""新材料""先进制造""能源""环境""空间技术" 8 个部分组成。第二个层次是技术类别，即各技术领域涵盖的各专业领域，"信息领域"共确定 8 个技术类别，包括通信技术、网络技术、多媒体通信处理等。第三个层次是技术子项，指各技术子项中具有相同功能的技术群。修订后的《国家敏感技术指导目录》共确定了 31 项技术子类，包括传输技术、声呐技术、移动通信技术、卫星通信技术等。第四个层次是敏感技术，指技术子类中具有国家秘密技术特征并可导致国家秘密技术产生的有关产品、技术、工艺及其应用的集合；共确定了 110 项敏感技术，包括全光网、光时分复用、单信道等。第五个层次是确定敏感点，共有 362 个敏感点，如光子通信技术、量子通信技术、光交换技术等。这 5 个层次的具体划分情况如图 3.7 所示。

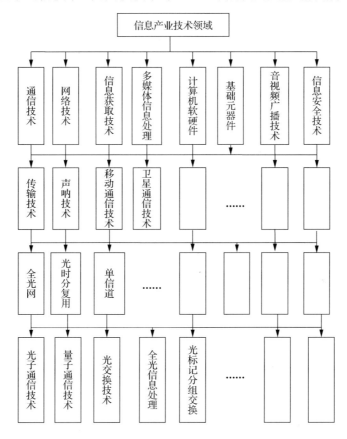

图 3.7　信息产业敏感技术的层次结构

《科学技术保密规定》适用于涉及国家科学技术秘密的国家机关、单位及个人开展保守国家科学技术秘密的工作，主要涉及以下 6 个方面：一是不宜公开的国家科学技术发展战略、方针、政策和专项计划；二是涉密项目研制目标、路线和过程；三是敏感领域资源、物种、物品、数据和信息；四是关键技术诀窍、参数和工艺；五是科学技术成果涉密应用方向；六是其他泄露后会损害国家安全和利益的核心信息。2018 年 8 月 8 日，科学技术部印发了《国家科学技术秘密定密管理办法》，国家科学技术秘密的保密要点增加了两个，即民用技术应用于国防、军事、国家安全和治安等，国家间有特别约定的国际科学技术合作等。

3.3　我国信息产业技术发展存在的问题

在全球信息化的驱动下，世界各国的信息产业快速发展，众多的信息技术企业纷纷成立。目前，我国信息产业技术发展在相关法律法规、信息产业安全标准化体系、信息产业技术专利质量、研究与试验发展经费投入、定密的准确性等方面存在突出问题。这些问题的解决有助于突破信息产业技术发展瓶颈，为建设信息化网络强国打下坚实的基础。

3.3.1　相关法律法规不够完善

目前，我国信息安全的法律体系已初步形成，但还不成熟。在这一体系中，部门规章、地方法规及规章等占了绝大多数，而与信息安全直接相关的法律、法规仅占到 12% 左右。部门规章、地方法规等效力层级较低，适用范围有限，相互之间可能产生冲突，不能作为法院裁判的依据，直接影响了实施效果。目前，我国信息安全法包括《网络安全法》《中华人民共和国密码法》等，这些都是确定信息安全的基本原则、基本制度及核心内容的法律。我国的信息安全法律体系虽然有了主干，但是其分支还不够全面，在健全信息安全法律体系的同时，与信息安全相关的其他法律、法规的出台与完善也非常必要。例如，《中华人民共和国电信法》《个人信息保护法》（正在制定）等法律法规与信息安全法律体系共同构成了我国信息安全的法律环境，并互为支撑、缺一不可。国外出台了类似的法律，如德国 2013 年修订的《联邦信息安全管理法》、美国 2015 年的《网络安全法》、越南 2015 年 11 月的《网络信息安全法》、2017 年俄罗斯第三次审议通过的《关键信息基础设施安全法案》等。

3.3.2　信息产业技术安全标准化体系不健全

信息产业技术安全标准是我国信息产业保障体系的重要组成部分，是政府进行宏观管理的重要依据。从国家战略上看，信息产业技术安全标准化关系着国家安全及其经济利益，标准化往往成为保护国家利益、促进信息产业技术发展的重要手段。从 20 世纪 80 年代开始，在全国信息技术标准化技术委员会、信息安全分技术委员会和各部门的努力下，本着积极采用国际标准的原则，我国转化了一批国际信息安全基础技术标准，为我国信息产业技术安全标准化体系建设做出了很大贡献。信息产业技术安全标准化体系建设是一项艰巨、长期的基础性工作。目前，我国信息产业安全标准化建设仍存在以下问题。

1）缺乏对信息产业技术安全标准的基础研究，对信息产业技术安全的影响机理、关键影响因素、相关案例等方面的研究成果匮乏。

2）缺乏信息产业技术安全预警机制。以计量、检验、检测、认证为代表的标准化服务应当成为信息产业技术安全预警机制的重要内容。我国缺乏以标准化为切入点，系统、全面的信息产业技术安全预警机制，导致国内信息产业、相关企业在与国外跨国企业的竞争中存在技术安全风险，政府、行业协会、技术联盟、企业无法及时、准确掌握信息产业技术安全状况，无法制定有针对性的应对策略。

3.3.3　信息产业技术专利质量有待提高

信息产业技术专利申请量反映了信息产业技术研发活动的开展情况及实际结果，发明专利授权量反映了信息产业技术专利的质量。在保持专利持有量增长的基础上，我国信息产业及相关企业应当注重提高信息产业技术专利质量。高质量的专利有利于形成信息产业核心竞争力，进而促进整个产业自主创新能力的提升。增加新一代信息产业技术的发明专利申请数，使信息产业拥有更多的知识产权，也使相关企业拥有更多的科研产出成果。重视信息产业技术专利授权率，加强信息产业技术含量、市场价值等，从而有效提高新一代信息产业技术专利质量。

3.3.4　研究与试验发展经费投入不足

研究与试验发展经费投入是开展信息产业技术自主创新活动的基本保障。增加新一代信息产业技术中研究与试验的发展经费投入，可以吸引更多高素质人才，更好地开展自主创新活动，从而提高其自主创新能力，取得更有价值的研究与收益成果。在新一代信息产业技术的研发活动中，对于部分经营收入不足以覆盖投资成本的自主科研创新项目，可以考虑采用政府补贴资金或者资源、政府授予特许经营权、附加项目投资补助或者直接参股等方式，进一步增加对新一代信息产业技术的研究与试验发展经费投入。

3.3.5　定密的准确性亟待提升

从信息产业技术保密实践来看，科技定密的范围、方法还存在一些不足，导致产生单位定密的准确率仍然较低，平均在 10%左右。也就是说，产生单位按照国家规定的科技保密范围、密级条件、法定程序，确定的国家秘密项目中仍有 80%～90%达不到国家秘密标准，大部分属于商业秘密。另外，有些单位在文件资料定密上把握得不够准确，该定密的不定密，不该定密的却定密了。对信息产业技术保密工作认识不足，一些员工网络信息安全意识淡薄，造成违规上网、无意泄密等问题。

另外，我国《科学技术保密规定》的保密范围和密级条件属于内涵式规定，缺少量化的具体标准；使用模糊语言区分密级，如"特别重大影响""重大影响""较大影响"等。划分界限不清，缺乏具体操作性。有些定密专家的知识结构不合理，不熟悉该项信息产业技术及其产品在国内的经济、社会效益和国际贸易前景、国外需要程度；也有些定密专家知识老化，对于高新技术、交叉学科成果的了解较少等。

主要参考文献

孙金录，2018．知识型员工保密管理工作重点及策略[J]．保密科学技术（2）：61．

谢小可，等，2017．标准化维护我国电子信息产业安全存在的问题及对策研究[J]．标准科学（6）：13-17．

邢纪红，龚惠群，2017．我国新一代信息技术产业自主创新能力评价研究[J]．华东经济管理，31（3）：100-104．

张亚东，2014．信息化和信息产业发展的国际比较[D]．上海：上海社会科学院．

第4章 国外关键技术对我国信息产业技术发展的启示

人类社会已进入信息化时代，现代信息技术的高速发展使信息产业迅速崛起，并成为世界性的支柱产业，信息产业的发展水平也已成为衡量一个国家或地区综合实力的标准。在信息产业技术与国家关键技术的共性分析结果基础上，基于国家关键技术的研究成果更丰富，因而比较分析各国关键技术的发展，可以对我国信息产业技术更快速、更高效发展提供有益的启示。

4.1 信息产业技术与国家关键技术的共性分析

国家关键技术选择计划起源于20世纪90年代初。从时间顺序看，美国率先提出，随后各国相继提出，但各国的国家关键技术构想与发展战略初衷不尽相同。各国普遍认识到，制定国家关键技术选择计划，发展适合本国国情的关键技术，能够实现"科技强国"，力求与全球化进程同步；也只有这样，才能在相互联系空前复杂、互动极其频繁的环境中保持主动，有效地维护国家安全。从不同的视角看，国家关键技术主要具有以下6个特性。

1）战略性。国家关键技术是超越技术本身，从国家经济、社会、科技、军事、公众需要的全局出发，打破了科技和经济的界限，可以说是从国家对技术的全面需求中进行筛选的。这些技术的突破、创新和应用，对于促进国民经济持续增长、提高国家竞争力、改善人民生活质量、保证国家强盛具有决定性的作用。

2）基础性。国家关键技术是产业技术创新的基础，也是产业技术创新应用于多个领域的前提。国家关键技术既能促进新产业发展，也能促进传统产业的装备和工艺升级，抑或引发产业结构的深刻变革。

3）实用性。国家关键技术除了本身具有潜在、广阔的市场前景和商业价值外，还具备技术可行性、技术承载力和经济承受力等特点。一般将关键技术的实用化与商业化时期限制在10~15年。

4）优势性。国家关键技术是产业技术创新的有效手段，它的遴选要以本国在国际上有竞争力的产业为基础，优先选择那些能够在较长时期内对本国的国家竞争力发挥重要作用的，具有良好的市场需求和广泛的应用前景的，世界上最先进的技术和产品进行研究与开发。

5）动态性。国家关键技术在不同国家、不同时期的表现各不相同，这主要取决于不同国家对不同时期战略需求的理解和认知。它可视为对国家利益内涵的调整与补充。随着时间的推移、产业技术的发展，以及国情和国际环境的变化，国家关键技术的内容也必然会做出相应的调整和变更。

6）通用性。国家关键技术具有通用性，适用于多个产业部门和技术领域，能够极大地促进多个产业的发展，带动多项产业技术的进步和变革。

基于国家关键技术与信息产业技术的特征分析，我们对二者进行比较，结果如表4.1所示。

表 4.1　信息产业技术与国家关键技术的特征比较

信息产业技术	国家关键技术
重要性	基础性
战略性	战略性
先进性	实用性
通用性	通用性
先导性	优势性
利益性	动态性
竞争性和专业性	

从表4.1可以看出，信息产业技术与国家关键技术具有很多的共性，二者都是增强国家综合国力的重要途径，能够将技术与传统产业进行融合，孕育新兴产业，促进生产力水平快速提升。各国信息产业技术的资料相对匮乏，国家关键技术的特性与信息产业技术具有一定的相近性，因此，我们借鉴美国、欧洲联盟（以下简称欧盟）国家、日本的国家关键技术发展状况，提出我国信息产业技术进一步发展的相关启示。

4.2　美国关键技术的发展及启示

美国作为信息化水平一直处于世界领先地位的大国，其信息产业的发展令世界各国瞩目，其关键技术水平也一直处于领先地位。因此，我们首先对美国关键技术的发展情况进行总结与探讨。

4.2.1　美国关键技术的发展

1. 美国的关键技术计划

20世纪80年代，美国的科技战略重点是以军事应用为主要目标，美国战略防御计划[①]就是体现美国和苏联高技术领域争夺战的典型代表。进入20世纪90年代，美国的科技发展战略重点由军事对抗转向了经济竞争。1989年后，美国政府有关部门提出了关键技术计划。例如，美国商务部出台的含12个技术领域的《新兴技术》，成为后来制定先

---

① 战略防御计划（strategic defense initiative，SDI），亦称星球大战计划，由美国政府在1985年1月4日立项开发，1994年开始部署，是一项综合而全面的国家总体战略。通过实施该计划，旨在带动一大批美国高技术群的发展，以保持美国在经济、军事、科学技术等方面的领先地位。

进技术计划（advanced technology program，ATP）（包含关键技术范畴）的主要基础。

根据 1990 财年国防部授权法（公法 101—189），美国于 1990 年 4 月成立了国家关键技术委员会。该委员会由 13 人组成，由白宫科学和技术政策办公室主任牵头。委员中有 9 名系政府指定，其中包括 3 名政府官员、3 名私人企业的技术专家和 3 名大学或研究所的专家；另外 4 名是国防部、能源部、商务部和国家航空航天局指定的代表。根据立法要求，相关的委员会在 2000 年之前每两年向总统和国会提交一次有关国家关键技术的双年度报告，并明确这些技术应是对美国长期国家安全和经济发展至关重要的技术领域。

1991 年，美国竞争力委员会提出《赢得新优势：未来技术发展的优先领域》，包含五大类 23 个关键技术。1991 年 3 月，美国白宫科学和技术政策办公室发布了《国家关键技术》报告。1992 年底，克林顿执政后开始着手实施支持产业技术发展的具体行动，于 1993 年 2 月发表了《促进美国经济增长的技术：增强经济实力的新方向》，该报告提出了技术发展的 6 个方向：①增强美国产业的竞争力和创造就业机会；②建立一个有利于技术创新、促进对新的设想进行投资的商业环境；③保证政府各部门对技术管理的协调；④在产业界、联邦政府和地方政府、大学之间建立更加密切的"产学官"合作关系；⑤将国家发展重点转向信息与通信、柔性制造系统和环境技术等，与商业和经济增长密切相关的关键技术；⑥继续保证对作为技术进步基础研究的支持。

美国 1993 年度的研究预算，重点突出了关于竞争力、技术转让等项目的资助；减少国防研究开发经费，强调发展两用技术；加强基础研究与产业的联系。随后，美国陆续以技术发展计划为契机，着力推进 ATP、信息高速公路计划（national information infrastructure，NII）、"军转民"计划、生物技术计划（人类基因组计划）和环境保护技术计划（清洁能源和清洁车辆计划）等的制定与实施。

美国产业界、大学和政府都积极推行新战略。1995 年，美国竞争力委员会再次推出《1995 年国家关键技术》报告，调查了美国"产学官"三方对提高劳动生产率、促进创新和增强竞争力所做的各项努力；该报告依据 1991 年的国家关键技术报告，分类评价了美国关键技术的国际竞争地位的变化。

《工业和信息化蓝皮书：世界信息技术产业发展报告（2016—2017）》指出，20 世纪 80～90 年代初期，美国积极推动计算机、互联网技术进步，实施信息高速公路计划、因特网-II、下一代互联网计划等国家战略计划，通过信息技术革命引领了第二次世界大战以来最长时期的经济繁荣。随着 21 世纪初"互联网泡沫"的破灭，人们对信息技术革命的热潮有所降温，但信息技术创新仍沿着其内在规律不断演进。经过十多年的曲折发展，以移动互联网、云计算、大数据、物联网为代表的新一轮信息技术革命蓬勃兴起，对美国经济社会结构、生产体系带来深刻影响。美国的关键技术计划演进如表 4.2 所示。

表 4.2 美国的关键技术计划演进

时间	计划名称	特点	战略重点
20 世纪 80 年代	美国战略防御计划	体现美苏高技术领域争夺战的典型代表	以军事应用为主要目标
20 世纪 90 年代	《新兴技术》	含 12 个技术领域	由军事对抗转向经济竞争
	ATP	先进技术计划的主要基础	
1991 年	《赢得新优势：未来技术发展的优先领域》	包含五大类 23 个关键技术	
	《国家关键技术》	—	
1993 年	《促进美国经济增长的技术：增强经济实力的新方向》	提出了技术发展的 6 个方向	实施支持产业技术发展的具体行动
	"军转民"计划、生物技术计划、环境保护技术计划	—	突出关于竞争力、技术转让等项目的资助；减少国防研究开发经费；加强基础研究与产业的联系
1995 年	《1995 年国家关键技术》	调查了美国"产学官"三方对提高劳动生产率、促进创新和增强竞争力所做的各项努力	—
20 世纪 80 年代~90 年代初期	信息高速公路计划	持续进行信息技术创新	积极推动计算机与互联网技术进步
	因特网-II		
	下一代互联网计划		

2. 美国的信息技术

美国是全球网络信息产业技术的发源地。近半个世纪以来，美国企业、政府、科研机构相互携手，主导着全球网络信息技术的发展进程。关于新一轮信息技术革命演进的时间阶段划分，可以从信息技术对劳动生产率的贡献、重大技术集群式创新等不同角度进行分析。2012 年，OECD 将《信息技术与通讯产业展望》年度报告更名为《互联网经济展望》，认为移动互联网、物联网、云计算、大数据等理念正在引领着第二次互联网革命。

自 2002 年底互联网指数触底反弹以来，美国进入新一轮信息技术和产业变革期。起始阶段为 2002 年底到 2008 年金融危机爆发。调整阶段为 2008~2013 年。经过该调整期，信息技术企业的盈利模式不断成熟，互联网指数增长加速，2014 年以来已接近"互联网泡沫"时期的最高点，新一轮信息技术革命进入高速发展阶段。2016 年 5 月 3 日，美国白宫科技政策办公室在国家科技委员会成立分委员会，即机器学习与人工智能分委员会（Subcommittee on Machine Learning and Artificial Intelligence，MLAI）。该委员会通过跨部门协调工作，负责就人工智能的相关问题提供技术和政策咨询与建议，监督各行业、研究机构及联邦政府人工智能技术的研发。2016 年 10 月 12 日，MLAI 发布了《为人工智能的未来做好准备》报告，为联邦机构和其他相关者在人工智能领域的下一步行动提供具体建议。另外，为了进一步指导人工智能研发的整体方向，由 MLAI 委托网络与信息技术研发分委员会（Subcommittee on Net-working and Information Technology

Research and Development，NITRD）编写的《国家人工智能研发战略规划》也一并发布。《为人工智能的未来做好准备》和《国家人工智能研发战略规划》是目前全球范围内最具权威的有关人工智能方面的研究报告。这两份报告认为人工智能自出现以来，经历了以"基于规则的专家系统"为焦点的第一次热潮、以"机器学习"为特征的第二次热潮，而致力于"解释性和通用人工智能技术"的第三次热潮即将来临。为了促使人工智能领域实现新的突破，《为人工智能的未来做好准备》报告从 7 个方面提出了 23 条具体建议，《国家人工智能研发战略规划》提出了七大战略规划，其中既包括基础研发战略（basic R&D），也包括跨领域的研发基础战略（cross-cutting R&D foundations）。

2017 年，美国国防先期研究计划局（Defense Advanced Research Projects Agency，DARPA）研究表明，随着新能源技术的不断发展，未来四旋翼无人机的动力技术与飞行控制技术将得到很好的发展。四旋翼无人机以其独特的优点，在美国的民用和军用领域受到越来越多的重视，军地研究人员开始对其展开较深入的研究。随着动力技术、飞行控制技术、协同控制技术等国家关键技术的发展，四旋翼无人机将向实用化、高效化、多功能化发展，在未来的社会生活和实际作战中也将发挥不可替代的作用。美国信息技术沿革如图 4.1 所示。

图 4.1　美国信息技术沿革

此外，依据美国 2018 年 2 月制定的《为海上安全战略而实现海域感知的国家规划》《海军的海域感知概念》《国家的海域感知作战概念》等相关文件，我们可以了解到美国的另一个关键技术，即海域感知（maritime domain awareness，MDA）。MDA 体系是基于美国国防部门提出的网络中心概念，依据 IT 行业面向服务的信息系统技术体制，以跨企业信息共享为目标，以决策支持为目的，以不同保密等级信息流转和多形态信息共享为重点的体系，适应 MDA 跨机构、跨领域和跨区域特点，符合维护美国海上安全和利益的使命与需求。

3. 美国关键技术的评估工作

美国政府一直很重视对关键技术的评估工作，通常每两年进行一次定期评估。美国兰德公司的科技政策研究所曾接受总统科技政策办公室的委托，对美国关键技术的现状进行调研，并做出分析评估。参与技术评估的多是政府官员、大学教授和研究人员，几乎没有来自产业界的人士，因此评估的结果仅反映了政府和学术界的观点，较少体现产业界的看法。专家们认为这些评估存在两个明显缺陷：一是评估意见带有较多的主观性；二是评估报告没有充分反映产业界的意见。

事实上，产业界对于国家关键技术的评估很有兴趣。美国国内一些专家认为，评估工作应当有产业界代表的直接参与，并且以过程而不是以结果为导向，要建立一种经常性的对话机制，使评估结果及时得到反馈。利用网络，易于组成以产业技术或各类项目为内容的讨论小组。这使评估工作不再只是出一份阶段性的报告，而是成为一个连续性的交流过程。1997 年，美国关键技术的评估突出了产业界的参与，主要围绕图 4.2 中的问题展开。

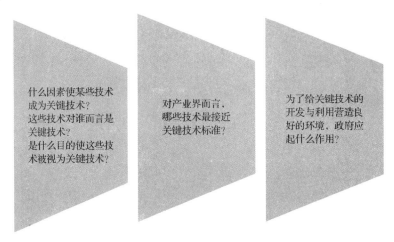

图 4.2　美国关键技术评估

美国关键技术的评估结果显示，产业界对关键技术的选择目的明确，他们往往把"能给我们带来竞争优势"作为关键技术选择的根本目的。美国政府在选择国家关键技术时，特别侧重创新产品及其生产工艺，并认为尽管技术本身并不能保证经济繁荣和国家安全，但能保持美国强大的科学基础。美国产业界对国家关键技术的认识包括以下 3 层含义。

1）基础技术：能使一家公司在业界立足的技术秘密（know-how）。

2）先进技术：能使企业在竞争中领先的重要技术。

3）全新技术：能使企业在业界与众不同的领先技术。

另外，国家关键技术具有一定的稀有性，即如果同行中只有一两家公司能够掌握某项技术，则该项技术就被认为是关键技术。

4. 美国关键技术的划分

美国政府和产业界对国家关键技术的认识，随着时间的推移也在不断调整。一般认为关键技术大致可分为两类，即服务于国家利益的关键技术和服务于企业利益的关键技术。同时，对这两类国家关键技术的认识也在不断调整之中。

（1）服务于国家利益的关键技术

服务于国家利益的关键技术又可细分为以下 5 类。

1）与国防有关的技术。用于国防的技术对任何国家而言都是十分重要的。随着冷战的结束，美国政府对军用技术的预算大大缩减，因而国防技术的研究开发开始从"军转民”向“民转军”变化，用于国防的技术越来越依赖于民用技术市场。例如，传统上是国防部推动美国卫星技术的发展，但现在是由商业部门推动军民两用卫星技术的发展，这是因为商业部门能够以更快的速度、更低廉的成本进行军民两用技术的开发。

2）与关键资源相关的技术。以往美国能源大部分依靠进口，尤其对进口石油和天然气的依赖程度很高。因此与能源有关的技术也被列为与国家经济安全有关的关键技术。能源技术中主要是节能技术和储能技术。

3）与医疗健康有关的技术。与人体健康有关的生物医学、医药和医疗设备、食品与营养等技术，关系到人民的生活质量与寿命，因此也被认为是国家关键技术。同时，这些技术及其产品也是美国出口贸易中的重点领域。这类技术主要包括基因技术、预防医学与诊断技术、医学图像处理技术及其他信息技术、食品与营养技术、医疗设备植入及人体组织工程技术等。

4）与环境保护有关的技术。环境保护对一个国家的经济和社会发展具有至关重要的影响，因而环保技术也归属于国家关键技术。该类技术包括“三废（废水、废气、废渣）”处理技术、有利于生态保护的技术等。

5）促进经济增长的技术。国家安全是以经济安全为基础的，因而使经济持续、健康地增长是保证国家安全的前提。该类技术包括对保持国家的经济领先地位、提高国家竞争力、增加良好就业机会等方面有所贡献的技术。技术领先是美国继续保持在经济上领先的根本要素，使美国企业在国际市场上始终具有竞争优势。

发达国家在发展关键技术的同时，纷纷发布了标准化战略规划。美国国家标准学会[①]提出的《美国国家标准化战略》指出，符合美国需要的技术被排斥在国际标准之外，将对美国的竞争力造成重大冲击。当竞争者致力于将自己的技术和方法纳入标准时，我们将失去市场份额。同样重要的是，标准是保护健康、安全和环境的基础，如果我们在这些领域的标准不能被其他地方接受，我们将全部失败。美国判断关键技术的标准是：如果美国在该技术领域失去领先地位，是否会影响美国人民的就业机会。他们认为如果在技术上美国人不能领先，美国的高生产率、高报酬的工作机会就会被国外的劳动力夺走。这些国家关键技术主要包括：①先进制造技术和提高产业劳动生产率的技术，如机器人、计算机、传感器等；②能加速技术商品化的技术，如计算机辅助生产技术、流通技术等；③信息技术和软件技术；④新材料加工；⑤高速集成电路；⑥光纤入户；⑦自然语言与语音处理；⑧能降低医学诊断和治疗成本的技术；⑨能促进能源独立的技术，如使美国不受燃料价格波动影响的技术。

（2）服务于企业利益的关键技术

由于技术的迅速发展，实施技术的规模和复杂性大大增加，对进入市场的时间与要求也越来越高。从产业界角度来看，技术已不是一个孤立的固定不变的事物，而是一个动态的过程。在他们看来，技术等同于功能性（functionality），技术只是为了达到某一特定目的而需要具备的功能，而国家关键技术是达成这一目的的关键。以往美国谈论的

---

① 美国国家标准学会（American National Standards Institute，ANSI）成立于 1918 年，是非营利民间标准化团体。它已成为美国国家标准化中心，协调并指导美国的标准化活动，给标准制定、研究和使用单位以帮助，提供国内外标准化情报。

"关键技术"都是从国家的战略高度出发的,现在人们开始提出"对一个公司或企业来说,什么是关键技术"的问题,即美国产业界普遍关心的"服务于企业利益的关键技术"。

兰德公司的专家认为"服务于企业利益的关键技术"可由以下 3 类技术构成:第一类是各产业部门均普遍关心、兴趣最大的技术;第二类是由现有技术的高度综合和交叉形成的独立技术领域;第三类是具有未来发展前景的技术。具体而言,属于第一类的技术包括软件、微电子和电信技术,先进制造和新材料技术,传感器和图像处理技术;属于第二类的技术包括分离技术(separation technologies)、检测与维修技术(overhaul and repair technologies)、复杂产品系统协调技术(complex-product system coordination);属于第三类的技术有生物技术等。

5. 美国国家关键技术的开发和应用

在确定关键技术领域后,要解决的问题就是谁来推动国家关键技术的开发和应用。在美国,围绕关键技术的推动力存在两种争论:一是来自政府的关键技术应占多大比例;二是这些关键技术的进一步完善是主要来自大学的基础性研究,还是主要来自产业界的研究与开发。兰德公司的专家认为,美国关键技术的推动力已不仅仅存在于政府与大学中,企业也已成为主力军,其原因主要是关键技术的发展模式已从"技术推动"转变为"市场推动"。

由于技术进步空前迅速,市场竞争十分激烈,国家关键技术的开发者必须通过与客户进行更多的互动来了解市场需求,而企业在这方面占有优势。然而,这并不是说产业界不希望政府参与。恰恰相反,企业家们更希望政府参与,同时要求政府更多地资助教育培训和基础研究。他们认为在开发国家关键技术的计划中,政府的作用很重要,包括指导产业发展方向,支持基础研究和高风险研究,确保营造有利于创新的经济、法律法规环境等。因此,产业界特别希望政府在技术尚未进入竞争阶段时,能出面组织有关讨论,制定发展框架(侧重标准问题),这样才有可能提高技术推广应用的成功率。产业界特别赞同政府实施的"政府与企业共同负担研究与开发费用"的投资模式,他们认为这是平衡国有部门和私营企业的风险和资金投入的良好方法,如 ATP 就是一个范例。1990 年,ATP 是美国政府开始实施的一项旨在推动高技术成果商品化的"官产"共同投入的合作计划,也是体现美国推行关键技术发展战略的重要计划。美国 ATP 的战略定位如图 4.3 所示。

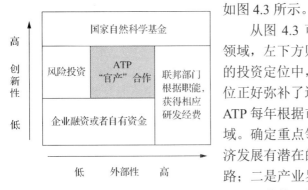

图 4.3　美国 ATP 的战略定位

从图 4.3 可以看出,右侧属于政府部门的投资领域,左下方则属于私营部门的投资领域。在传统的投资定位中,存在一块灰色地带,ATP 的投资定位正好弥补了这块空白。从 1994 财政年度开始,ATP 每年根据市场需求确定若干予以重点支持的领域。确定重点领域的原则主要包括:一是对美国经济发展有潜在的重大影响领域、技术设想和新颖思路;二是产业界有迫切需求,并愿意分担经费;三是不与其他计划的项目重复;四是可加速相关研究工作。ATP 对经济的长期影响表现在以下 5 个方面：①创造新型产业或增加新的生产能力；②降低制造成本、提高产品质量与缩短上市时间；③增加美国产品在世界市场上的占有率；④创造就业机会；⑤提高企业和社会的投资回报率。

1990～1998 年，ATP 共立项 431 个项目，总投入 28 亿美元。截至 2007 年，ATP 共支持了 824 个项目，资助总额达 24 亿美元，涉及参与商、转承包商共 1 581 家。项目分布在先进材料及化学、信息技术、电子通信、生物技术 4 个领域。其中，一半以上由产业界投入，大大提高了美国产业界依靠科技创造经济效益的能力。

2007 年，美国国会通过了《美国竞争法》，以 TIP（technology innovation program，技术创新计划）替代 ATP。2008 年，NIST 发布了关于实施 TIP 的规则，作为后续 TIP。2008 年 1 月～2010 年 1 月，共资助 250 个项目，其中的 11 个项目由外资企业或外方研究机构承担。从 ATP 到 TIP，美国政府无论以"市场失灵"，还是以"国家关键需求"作为干预技术研发的理由，目的都是促进美国的产业发展，提升国际竞争力。在坚持这一目标的前提下，政府在介入条件、方式及程度上，可依据理论认识和实践发展的变化而随时做出调整。

另外，美国的政府、大学与产业界在开发和应用关键技术的过程中也起着非常重要的作用。政府的作用主要包括：①向大学和产业界提供基本的物质资本和智力资本；②对社会公众和产业界具有引导作用，确保社会公众对企业研究开发的支持；③让社会公众了解科技对经济繁荣和国家安全所起的重大作用；④营造一个有利于创新的经济、法律法规环境；⑤鼓励产业界开发关键技术，支持高风险的研究开发；⑥沟通企业之间的信息；⑦投资科技基础设施，为产业界提供良好的环境以减少大型研究项目的风险；⑧保护知识产权；⑨协助制定和维护产品标准；⑩投资教育和培训；⑪采取加速高技术资本的折旧、低息贷款、培训优惠等措施，降低对关键技术投资的成本。

大学的作用是向技术生产者型企业提供技术或技术支持，并培训企业所需的研究人员、工程师等。有的企业还与大学签订了长期研发项目的合同。不过，企业与大学之间也存在一定的矛盾。例如，知识产权问题，有的大学企图拥有全部知识产权或把知识产权资本化。

产业界的主要作用是负责面向产品的技术开发，其范围包括"用中学"活动，以及产品开发、制造、营销、配送、服务和产品升级等环节。一般情况下，企业分为 3 类：技术生产者、技术采用者与技术集成者。技术生产者型企业把营业收入的 4%～10%以上投入研发，这类企业中有许多是创新型小企业；技术采用者型企业只做极少量研发投入，但按市场需求采用或应用新技术，这类企业大都在从事服务行业；技术集成者型企业处于两者之间，这类公司对研发有一些投入，但不是探索性的基础研究，它们有计划地寻找和跟踪新技术，或寻找研发的合作对象或购买其技术。

6. 美国关键技术的国产化

关键技术的国产化问题是指政府是否要保证关键技术来自美国国内的供应商或要求是美国公司独立研制的。美国企业家认为美国没有必要在所有技术领域中都处于领先地位；不少企业家认为好的创意并非只在美国产生，他们要在全世界范围内寻找新技术和新产品；也有一些企业家认为，既然经济已经全球化，技术是否"国产化"已不再是企业界要考虑的首要问题。然而，大多数企业家认为美国应当关心能否确保开发更多的关键技术，并能及时投入实际应用。他们考虑的不仅仅是短期利益（产品上市时间），更要考虑长期利益（是否会丧失与战略伙伴结成联盟的能力）。他们最担心的是，如果不能掌握关键技术，未来就有可能丧失创新能力。人们普遍认为，一个国家的创新能力越强，则越容易形成有利于创新的环境。

美国企业家普遍认识到，当前世界经济的发展已趋于全球化，因而美国政府冒着风险投资来确保一项技术的国产化，是与美国产业界市场自由化的原则相违背的。那些希望一项技术被打上"国产化"标签的想法甚至有些荒谬。然而，关键技术的国产化也是政府应关注的问题。技术源自何处、谁控制知识产权及国家利益等问题仍然存在，因为这些问题对于美国的国家安全和国家研究机构的健康发展有着重要意义。

2018 年 6 月 27 日，美国总统特朗普发表声明说，他支持通过落实目前美国国会审议的一项法案来限制外国实体收购美国关键技术。这个声明意味着美国政府暂时不会单独出台限制外国投资的额外行政措施。美国国会参众两院均已通过各自版本的《外国投资风险评估现代化法案》，接下来需要弥合两个版本之间的分歧形成最终版本，由参众两院通过后再递交特朗普签署成为法律。此外，国外技术在美国国内的应用时间会受影响，同时也存在无法获取的危险。不同企业在这个问题上的态度各不相同。技术采用者型企业不太在乎关键技术源自何处，它们只要求技术好用就行；技术集成者型企业认为国家应当保证许多关键技术在美国国内开发和利用；技术生产者型企业则认为如果自己不开发和使用关键技术，公司未来进行下一代重大技术创新的能力就会受到影响。从长远看，如果一家企业没有独立的知识产权，或没有共享的重要技术的知识产权，那么该公司在与战略伙伴结成联盟或进行贸易谈判时，就会失去主动权。由于创新过程涉及上下游（即供应商与客户）的关系，如果一家企业不掌握知识产权或技术秘密（know-how），就会影响整个创新过程。事实上，是否掌握关键技术也会影响是否能顺利开发下一代技术，即"马太效应"在起作用。

4.2.2　美国关键技术对我国信息产业技术发展的启示

从美国技术发展可以看出，美国在关键技术的选择和实施各种计划推动技术发展的过程中，形成了独具特色的技术发展战略。

1. 以立法形式确定，保证了关键技术计划的持续性

美国的关键技术计划是以 1990 财年国防授权法（公法 101—189）为依据的，并设立了由经济科学家和工程领域的专家组成的国家关键技术委员会，规定自 1991 年到 2000 年，每两年向国会和总统提交一份《国家关键技术》报告。这项规定不仅突出了美国国家关键技术计划的法律效力，也保证了该计划的连续性与规范性。

2. 美国关键技术计划立足国家利益，兼顾企业利益

美国政府和产业界认为国家关键技术具有一定的稀有性，将其划分为服务于国家利

益和企业利益的关键技术。其中，服务于国家利益的关键技术涉及国防安全、环境保护等领域；服务于企业利益的关键技术涉及产业部门普遍关心、可能形成独立领域且具有未来发展前景的软件技术、复杂产品系统协调技术、生物技术、先进制造和新材料技术等。这些关键技术从美国国家战略高度出发，立足于国家整体利益且兼顾企业利益，并随着时间的推移适时、动态调整。

3. 政府牵头，企业参与

在国家关键技术计划的制定与实施过程中，美国采取政府牵头、企业参与的方式。这种方式有利于避免技术与产品、研究部门与生产部门的脱节。企业是技术开发的主体，因此关键技术计划以企业为主加以实施。然而，美国关键技术计划实施初期，过分强调了政府牵头的一面，忽视了以企业为主这一重要原则，参与国家关键技术计划的单位大多为大学和研究院所。后来通过评估发现了这个问题，并逐步进行纠正。例如，美国国家关键技术计划的评估工作初期，也仅局限于政府官员和专家学者参与，大多数意见来自联邦政府机构，没有充分吸取产业界的意见。随后在年度评估工作中，这一问题逐步得到了解决。

4. 计划周密且落实到位

美国的国家关键技术计划兼顾了国家与企业的双重利益，因此该计划既有一定的宏观性和系统性，又有具体的技术细节。1995 年，美国提出七大类 27 个关键技术领域，描述了每个技术领域的状况及美国在世界上的竞争地位，并且详细列举了 90 个子领域中 290 项关键技术的技术细节和市场前景。为了保证计划的实施，美国在执行过程中将国家关键技术计划分解成若干专门计划加以落实。例如，在信息和通信领域，美国陆续以几个大型技术发展计划分步实施国家关键技术选择计划，如国防部军事关键技术计划、美国国家教育技术计划、反电子系统高功率微波先进导弹计划、材料基因组计划、高性能计算和通信计划、加速战略计算倡议、信息高速公路计划、下一代互联网计划和面向 21 世纪的信息技术发展战略计划等。

然而，美国的关键技术计划也存在明显的缺陷，最突出的就是没有对计划实施情况进行全面、有效的评价。此外，该计划与其他部门的一些计划存在重复、交叉现象，容易造成不必要的浪费。

4.3　欧盟关键技术的发展及启示

在关键技术发展中，欧盟除了独具特色的"尤里卡"计划外，2013 年率先提出关键使能技术（key enabling technology），并制定出一套较系统的发展战略，而后者也成为"欧洲 2020 战略"、欧盟推进"再工业化"战略的重要内容。除了顺应世界技术与产业发展潮流外，欧盟重视关键使能技术也综合考虑了经济、社会、环境等方面的影响，对我国信息产业技术的进一步发展具有借鉴意义。

4.3.1　欧盟关键技术的发展

　　欧盟一直面临着同美国、日本等经济发达国家之间的激烈竞争。欧洲是现代科学技术的发源地，具有坚实的科学研究基础，科研投入量也比较可观。然而，欧盟国家的科技优势并没有转化为竞争优势，这就暴露出欧洲国家在创新科技体制方面存在一定的缺陷，如科研与技术创新脱节、科研成果不能迅速地转化为生产力等。因此，欧盟在制定关键技术选择的战略时，将其原则定为促进经济增长、提高竞争力和增加就业机会，随后增加了可持续发展原则。可见，欧盟确定关键技术的原则反映了欧盟各国在全球化日益增强的竞争趋势下的深刻思考。

　　为了确定国家关键技术，欧盟开展了一系列技术预测工作；并通过这些技术预测活动，动员各领域相关人员参与关键技术选择。欧盟的优势在于由许多发达国家组成，可以发挥一体化的力量，提出一系列科技联合发展计划。欧盟联合欧洲各国的科技力量，致力于推动各项关键技术的发展，增强欧洲企业的国际竞争力。1998 年，欧盟在制定第五个科研总体规划框架时，强调欧盟对于关键技术选择的认识，突出强调"欧洲的附加价值"，提出欧盟必须具有超出成员国的眼界，不必面面俱到地选择关键技术，而要做成员国不能独立做到的事情。同时，欧盟也强调要利用其网络化的人才优势、跨学科的研究开发能力，制定欧盟统一的技术标准；将"技术领先"适时地转化为商业竞争力，为欧洲企业打造"欧洲工业平台"，与世界经济技术大国（包括美国和日本）分庭抗礼。这样就形成了欧盟在国家关键技术选择和技术发展战略方面的鲜明特色。欧盟及西欧主要国家为了推动国家关键技术的发展，出台了一系列的科技政策，取得了良好的效果，如表 4.3 所示。

表 4.3　欧盟关键技术发展

时间	名称	目标定位	作用
1985 年	"尤里卡"计划	实施先进民用技术的合作研究与开发，促进欧洲工业界之间的联合，以及它们与市场、高技术和风险资金的结合	对推动欧洲关键技术的发展，增强欧洲的技术创新能力和工业竞争力发挥重要作用
1983～1998 年	欧洲信息产业技术研究和开发战略计划	强调工业界和研究界的合作	欧盟各种科研计划中非常成功的计划之一，在促进欧洲信息产业技术的发展方面起到了很好的作用
2016 年	"数字化欧洲工业"计划	强化物联网、大数据和人工智能对欧洲工业的影响	提供数字时代的基础设施，提升各个行业的创新能力
2014～2020 年	"地平线"计划	跨越技术研发与市场化应用之间的鸿沟	明确联合发展 6 项关键使能技术和向支持市场化应用倾斜的新思路

　　1. "尤里卡"计划

　　欧洲为推动关键技术的发展而采取的措施中有一个独具特色的活动，即"尤里卡"

计划[①]。该计划的目标定位十分清楚,即通过实施先进民用技术的合作研究与开发,促进欧洲工业界之间的联合,以及它们与市场、高技术和风险资金的结合,提高欧洲工业的生产率和创新能力、增强欧洲工业的竞争力。"尤里卡"计划的指导思想可归纳为以下 4 个方面。

1)工业的进步必须依靠高技术,而高技术只有通过研究与开发才能获得。

2)强调技术开发的市场驱动作用,使研究与开发有明确的目标。

3)全球经济发展的竞争性越来越激烈,科技研发的费用也越来越高,欧洲企业必须集中自身的财力资源以应对全球竞争。

4)欧洲企业有能力参与世界经济的竞争,但与这些竞争对手相比,欧洲企业存在语言障碍及文化、法律等方面的差异,必须帮助欧洲工业界克服这些障碍和消除这些差异,从而保持欧洲的国际竞争力。

根据上述指导方针,"尤里卡"计划提出了具体执行的 5 条原则:一是提高欧洲的竞争力;二是促进市场驱动机制下的合作项目;三是加强泛欧的工业界、研究机构和大学的大联合;四是采用最先进的技术;五是开发适合民用的具有创新性的新技术、新工艺和新服务。

"尤里卡"计划实施的结果证明它为推动欧洲关键技术的发展、增强欧洲的技术创新能力和工业竞争力发挥了重要的作用。该计划取得成功的决定性因素(图 4.4),主要包括发现和抓住市场机遇,确定明确的目标,技术创新战略要突出重点,选择合适的合作伙伴,实施灵活有效的项目管理,具备必要的财力、技术和人力资源,及时签订完整和具有法律效力的合作协议。

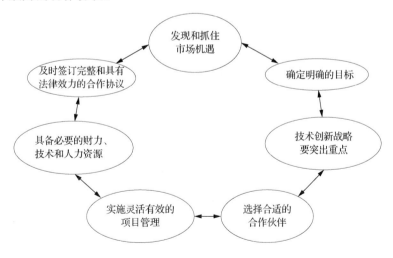

图 4.4　"尤里卡"计划成功的因素

"尤里卡"计划目前面临新的挑战。全球经济一体化进程的加快使企业间的竞争日趋激烈,并打破了国家和地域的界限。市场概念的扩大和竞争压力的增加使企业普遍产

---

① "尤里卡"计划是在法国前总统密特朗提议下,1985 年 4 月 17 日在德国汉诺威发起的一个泛欧的、跨国界、以企业为中心的合作研究开发计划。

生以争夺市场为目的的短期行为。信息产业技术和网络技术的发展使产业结构发生了新的变化，在深层次上改变着人们的生活方式和思维方式；同时也使企业广泛的外部联系成为影响其竞争能力的关键因素。网络经济的出现使企业创新形式发生新的变化，企业之间的研究与开发方面的合作，脱离了地理位置概念，知识生产地区和占主导地位的市场可以摆脱空间概念而广泛地结合。与此同时，"尤里卡"计划和欧盟科技发展框架计划的关系错综复杂，表现在该计划与欧盟科技框架计划在参与的国家、企业上有许多交叉重复，在研究领域上也有交叉重复。第五个科技框架计划突出强调了经济和社会目标，更加接近市场需求。这些都对"尤里卡"计划造成了直接挑战。"尤里卡"计划虽然为中小企业的创新提供了机会，但大企业作用的削弱也反过来降低了该计划的影响力，导致该计划的国际影响力下降。因此，"尤里卡"计划亟须在新的挑战下进行结构调整，实现新的振兴。

2. 欧洲信息技术研究与开发战略计划

随着信息产业技术的迅猛发展，欧盟认识到技术在促进就业、带动高技术乃至整个欧盟经济发展方面的重要作用，也认识到与其他国家相比，自身在信息产业技术方面存在的差距。欧盟为推动信息产业技术的发展，开展了许多计划，其中最具影响力的是欧洲信息技术研究与开发战略（European strategic programme for research and development in information technology，ESPRIT）计划。该计划于 1983 年启动，1998 年结束，产生了巨大的成效和影响。15 年来，该计划共实施了 1 000 多个研究开发项目和 900 多项辅助行动，产生了数千项成果，有些已经广泛地应用于各行各业。ESPRIT 计划的一个显著特点是强调工业界和研究界的合作，是"产研"合作的推进器和催化剂。通过研发领域和项目的选择、推广和示范，促进了技术市场化和产业化。另外，该项计划管理方面的创新措施，也使研发机构、工业企业及用户都能参与和获益。该计划是欧盟各种科研计划中非常成功的计划之一，对促进欧洲信息产业技术发展起到了很好的作用。

ESPRIT 计划获得成功的一个重要原因是强调项目的市场前景，强调技术的前沿性、创新性和提高欧盟工业的竞争力。从这一指导思想出发，欧盟将 ESPRIT 计划分为长期研究、基础技术和集成技术 3 个方向。

1）长期研究是储备下一次工业创新浪潮的潜力、欧洲最需要的信息产业技术领域研发专业技能。

2）基础技术涉及软件技术、多媒体系统等。

3）集成技术包括微处理器系统、高性能计算和网络、电子商务、信息存取、与用户友好的界面等。

ESPRIT 计划获得成功的另一个原因是鼓励工业界参与研发。欧洲工业界包括一些著名的大型企业和众多的中小企业，它们广泛参与了 ESPRIT 计划。该计划中 65% 的参与单位是企业，中小企业占一半左右，这个比例较高。一般而言，中小企业、大型企业和科研所、大学各占 1/3，这是欧盟科研计划中少见的理想的"产学研"组合。ESPRIT 计划还发起了一些很有特色的行动，从而多途径、多方式地促进了技术成果的转让和应用，也极大地促进了技术成果的产业化。其中，技术转让和应用的投入约占 ESPRIT 计划经费的 20%。

3．"数字化欧洲工业"计划

随着全球开始对先进制造、工业互联网等代表第四次工业革命的概念予以关注，欧盟也开始系统地梳理其成员国的新工业计划，包括德国的"工业 4.0（Industry 4.0）"、法国的"新工业法国（Nouvelle France Industrielle）"、斯洛伐克的"智能工业（Smart Industry）"等，期望通过一个概念来把它们整合起来，这个概念就是"数字化欧洲工业（Digital European Industry，DEI）"。为了提升欧洲国家及地区的制造业计划，"工业 4.0""新工业法国""智能工业"之间缺乏协同，这就导致整个欧洲的竞争力受到影响。为了推进欧洲范围的数字化进程，2016 年欧盟提出了"数字化欧洲工业"计划。总体而言，该计划主要强化了 3 种技术对欧洲工业的影响，它们分别是物联网（internet of things，IOT）、大数据（big data）和人工智能（artificial intelligence，AI），具体如图 4.5 所示。

从欧盟实际推动的"数字化欧洲工业"计划内容看，主要是强化数字创新中心（Digital Innovation Hubs，DIH），即通过遍布欧盟成员国的数字创新中心，可以提供数字时代的基础设施，提升各个行业的创新能力。与美国强调互联网计算（以分布式计算为核心）不同，欧盟在推动云计算、大数据等

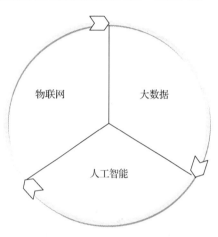

图 4.5　影响欧洲工业的三大技术

技术时，比较强调高性能计算（high performance computing，HPC）和量子计算（quantum computing）。

另外，欧盟也把 5 个方面的标准化工作（包括 5G、云计算、物联网、数据技术和网络安全）作为重点，这也许是因为国际上不少标准化组织设在欧洲，所以欧盟将此作为重点工作来推进。

4．"地平线"计划

在关键使能技术发展战略中，欧盟确定的首要任务是跨越技术研发与市场化应用之间的鸿沟，并强调如无法跨越这一鸿沟，其他的政策势必继续造成公共资源的浪费，导致事倍功半。为此，欧盟专门设计了一个包含 3 根支柱的战略框架：一是技术研究；二是产品示范；三是有竞争力的制造活动。这 3 根支柱并重，明确体现了欧盟将在技术成果的市场化试验，乃至最终在生产上加大支持力度的决心。为推进上述战略，欧盟确定了一个以支持技术研发与应用为主并辅以必要配套措施的实施框架。支持研发与应用的主要渠道包括以下 3 个方面。

1）在 2014～2020 年财政框架的"地平线"计划下，欧盟专门指定 66.63 亿欧元用于关键使能技术的开发与工业应用，尤其注重支持试制生产线（pilot lines）和示范项目（demonstration projects），支持 6 项关键使能技术的联合应用。

2）利用凝聚基金、借助"灵巧（智慧）专业化"对地区发展的支持，促进关键使能技术的应用。

3）通过欧洲投资银行（European Investment Bank，EIB）贷款，带动其他公共与私人投资（尤其是创新型中小企业），加大对关键使能技术研发与应用（主要通过示范项目）的投入。

总体而言，上述战略为欧盟发展关键使能技术确定了大方向，使欧盟层面的支持更加系统，尤其是明确了联合发展 6 项关键使能技术、向支持市场化应用倾斜的新思路等。

4.3.2　欧盟关键技术对我国信息产业技术发展的启示

从欧盟关键技术发展可以看出，欧盟及其成员国在发挥欧洲一体化形成的竞争优势、促进科研成果转化为生产力及重视教育和培训等方面对我国信息产业技术发展具有一定的启示。

1. 充分发挥欧洲一体化形成的竞争优势

欧洲一体化的进程在加速前进，欧盟的单一市场和欧元的启动，以及欧盟所建立的整个政治、经济和社会框架，使欧洲企业获益很多，大大提升了欧洲企业的竞争力。欧盟在促进欧洲技术标准化、协调税收税制和统一电信政策、放松管制等方面起到了很好的作用。例如，欧洲移动电话技术的发展与欧洲很早制定了 GSM（global system for mobile communication，全球移动通信系统）技术标准有很大关系。过去几年，欧盟相继在电力、天然气和电信行业制定的放松管制政策有力地促进了这些领域的发展。原来垄断行业市场的开放，不仅降低了费用和提高了服务质量，而且鼓励企业参与全球范围内的竞争。欧盟推行的科技发展框架计划、"尤里卡"计划等都起到了很好的作用。

2. 发展"产学研"合作，促进科研成果转化为生产力

发展"产学研"合作，加强研究者、使用者与产业界的合作，从而改进科研系统的管理。在有限的社会和经济目标下，提高研发收益，促进科技成果转化；提高企业吸收技术的能力，从资金和技术上支持创新型高技术中小企业的创业，促进风险资本的发展，开发欧盟的科研成果。进一步加强欧盟科学研究计划和成员国科技发展计划的协调，加强知识产权的保护，促进专利制度的现代化和统一欧洲的专利申请制度，推动欧洲企业进入全球市场。

3. 重视教育和培训

为劳动者提供终生提高技能和重新学习的机会，扩大信息产业技术的使用和推广，使个人工作具有更大的灵活性、自主性和创造性。鼓励并创造机会，让在校学生能够更多地接触企业文化，提高创新能力。

4. 其他方面

营造一种鼓励投资、促进信息产业技术创新、提高企业竞争能力的环境和商业氛围；加大技术研究与开发的投入，充分重视和发挥互联网的积极作用。欧盟已建立了"优秀研究中心"网络、人才网络、高速科研网络等，在促进技术开发和国际合作方面发挥了积极的作用。

4.4　日本关键技术的发展及启示

日本关键技术起源于 20 世纪 60 年代，日本政府实施相关计划不断推动关键技术的发展，成效显著，形成了独特的发展模式。日本关键技术的发展路径可以为我国信息产业技术的发展提供新的思路。

4.4.1　日本关键技术的发展

从美国对"关键技术"的定义和发展动机看，日本实际上早已在技术发展中实行"关键技术"战略，而正是这种战略，使日本在较短时间内，在某些技术领域超过了美国、欧洲等一些发达国家，成为它们强大的竞争对手。

1. 日本关键技术的起源

日本关键技术可以追溯到 20 世纪 60 年代开始的产业技术预测活动。1963 年，通产省的一个顾问委员会（即产业结构研究委员会）提出了日本第一个比较全面的产业发展预测报告，该报告系统地预测了日本进入高速发展时期产业发展的方向。

进入 20 世纪 70 年代，日本的技术预测得到了进一步发展，不仅通产省在继续进行技术预测工作，经济企划厅、科技厅和邮电省也积极地开展了技术预测工作。尤其是科技厅，采用美国兰德公司首创的德尔菲法，在日本开始了 5 年一次的较大规模的技术预测调查。

20 世纪 80 年代，日本的技术水平和技术实力均有很大的提升，引进西方科技成果再进行商品化开发对日本已变得越来越困难，日本此时提出了"技术立国"战略。这一时期的日本技术预测对高技术和基础研究给予了较大的关注，日本政府也因此推出了"第五代计算机"等高技术计划。这些计划的支持领域与国家关键技术十分接近。

20 世纪 90 年代是日本技术发展的一个新的转折点，面对美国、欧洲的挑战，日本的关键技术战略也变得更加迫切。1990 年，日本通产省进行的预测强调了日本产业技术发展面临的新挑战，并以此为基础提出了"下一代产业基础研究计划"。1993 年，为整合资源促进国家关键技术发展，日本将通产省支持的 6 个国家研究开发计划合并为两个综合性计划，即"产业科学技术前沿计划"和"新日光计划"。此外，日本经济企划厅从 1990 年开始，组织了 2010 年技术预测研究会，调研并分析了日本的各项技术预测。

1990～2019 年，日本开展了材料工艺、信息电子、生命科学、宇宙开发、基本粒子、海洋地球、健康、农林水产、食品和生物技术等多个领域的技术预测调查活动。日本关键技术的起源如表 4.4 所示。

表 4.4　日本关键技术的起源

时间	内容
20 世纪 60 年代	系统地预测了日本进入高速发展时期产业发展的方向
20 世纪 70 年代	日本科技厅和邮电省积极开展了技术预测工作
20 世纪 80 年代	日本提出了"技术立国"战略
1991 年	开展材料工艺、信息电子、生命科学、宇宙开发、基本粒子、海洋地球等 1 149 个项目的技术预测调查
1996 年	对材料、电子、信息、能源和环境、农林水产等 13 个领域、1 072 个项目进行技术预测调查
2000 年	技术预测范围主要涉及材料与加工、信息与通信、电子技术、资源与能源、生命科学、医疗保健、交通运输、农业、海洋与地球等 17 个领域
2005 年	确定了 12 个领域的技术预测调查
2008 年	组织 2010 年技术预测研究会
2015 年	开展 8 个领域、932 个科学技术主题的技术预测调查
2019 年	对健康、医疗和生命科学领域及农林水产、食品和生物技术领域等 702 个项目开展技术预测

2. 日本关键技术的内容与特征

日本关键技术战略在 20 世纪 90 年代面临着美国、欧洲等国家的强大挑战，在关键技术目标、内容的调整上发生冲突。日本在 20 世纪 90 年代的技术调查显示，日本公众最大关注点已不再是财富的创造，而是生活质量的提高、环境保护、健康等问题。因此，日本的关键技术不得不把重心转向基础研究，以及解决环境保护、健康等方面的问题。然而，面对欧美强大的科技实力和将目标更多地锁定于技术商品化的关键技术计划，日本又深恐丧失这方面的竞争能力，因而也想把重心继续放在支持技术的商品化上。随后，日本经济企划厅在选择的九大领域 100 项关键技术中特别强调了技术的商品化、国防竞争力和未来的经济效益。为此，日本经济企划厅还专门就各项技术对日本、美国和欧洲的技术水平进行对比，设计了模糊评价指标，提出日本各项关键技术的应用时间，大部分技术在 2010 年前后完成开发并投入使用。

1) 日本关键技术的内容在不同发展阶段的变化十分明显。20 世纪 60～70 年代，日本的关键技术战略已基本形成，这段时期的技术较落后，奉行的是追赶战略；而一些发达国家，如美国强调政府注重支持基础研究，对一些技术（不仅包括新兴的电子技术，也包括汽车、钢铁、船舶等传统产业技术）不干预，日本政府则对重要产业技术的发展给予强有力支持。支持的重心主要是技术的商品化，特别是对引进技术的消化、吸收和创新。在 20 世纪 70 年代末 80 年代初，日本许多产业的技术水平已赶超了欧美国家，总体实力跃居世界第二位。这一变化使日本不得不迅速改变"追赶时期"的技术发展方式，而加强基础研究和应用研究，为产业技术发展建立自己的科学基础。继而提出了"创造性科学技术立国"的口号，并强调政府在科学技术发展方面的先导性基础作用。随后，在 20 世纪 80 年代末 90 年代初，当美国和欧洲各国的关键技术计划将目标更多集中于技术商品化时，日本关键技术计划则更多侧重基础研究及环境保护、健康等社会公众关注的问题。进入 21 世纪，日本强调高新技术的发展，致力于创造安定而富足的社会生活的科学技术。日本关键技术的内容如表 4.5 所示。

表 4.5　日本关键技术的内容

时间	内容
20 世纪 60～70 年代	技术较落后，奉行追赶战略
20 世纪 70 年代末 80 年代初	总体实力跃居世界第二位，加强基础研究和应用研究
20 世纪 80 年代末 90 年代初	侧重基础研究和环境保护、健康等问题
21 世纪	发展高新技术，创造安定而富足的社会生活的科学技术

2）日本关键技术的发展具有一定的分散性和模糊性。日本内阁科学技术会议提出 3 个方面、16 个重点推进领域的发展纲领，要求政府各部门据此提出具体的发展项目。随后，日本通产省、科技厅和经济企划厅相继于 1988 年、1991 年和 1992 年提出了"工业基础技术""九个重点研究领域""2010 年百项重大科技项目"3 个重点技术体系，从不同角度对日本近期、中期、长期的国家关键技术需求进行诠释。就分类结构而言，日本的重点技术体系同美国的一样，也强调基础性和先导性；对材料、信息、生物和制造等技术领域划分得更为细致，将一些跨领域的技术单独划分为新的领域，如生物材料、生物电子等。此外，日本也强调汽车、船舶、飞机、能源、空间、海洋开发和环境等综合性技术应用领域。1992 年，日本内阁会议审议通过的科学技术政策大纲影响了当时日本科学技术发展的方向。进入 21 世纪，日本在注重人类与地球协调共存的同时，不断加强基础研究、扩大知识储备，广泛开展高新技术领域的国际合作。

3. 日本关键技术的实施

从 20 世纪 70 年代开始，日本实施了一系列旨在推动国家关键技术发展的计划，如表 4.6 所示。

表 4.6　日本关键技术发展的计划

时间	计划名称	主要目标或特点
20 世纪 70 年代末	大规模集成电路计划	研制下一代半导体，为研制更可靠、更有效、功率更大、体积更小的计算器、计算机及其他电子产品打下坚实的基础，从而在日本实现世界一流的创新能力
1959 年	研究信息流通新干线	建立联结全国国立研究所和大学的大规模信息网络
1982 年	"五代机"计划	建立可处理知识信息的、打破现有计算机技术局限的、创新型的计算机技术体系
20 世纪 90 年代初	COE①计划	建成相关研究组织的密切网络，培养高水平的研究基地
1993 年	东北高智力区域发展构想	在 9 个行政区域有计划地建立一大批高技术工业园区，形成众多新兴的城市和乡村

———————

① COE（Center of Excellence）译为"卓越研究基地"，2002 年正式启动。该计划是日本文部省鉴于本国科技发展缓慢及高等教育大众化后的总体发展态势，为推进科技创新、创建世界一流大学而实施的卓越研究基地建设资助计划。该计划先后经历了"COE 基地建设计划""21 世纪 COE 计划""全球 COE 计划"3 个阶段。

续表

时间	计划名称	主要目标或特点
1996 年	《科学技术基本计划》	实现"科技创新立国"
	大型战略性研究开发计划	具体包括地球科学研究综合计划、超级钢铁材料开发计划、脑科学计划、辐射光科研计划
1999 年	《新事业创出促进法》《产业活力再生特别措施法》、信息通讯政策大纲、核燃料循环开发机构中长期事业计划、P1015 级计算机计划等	在加强独创性技术开发的基础上，重点发展生物、信息、材料、能源、电子、航空航天、环保、医疗技术等 16 个高速增长的领域
2012 年	《综合战略》	在规划地位上虽仅次于《科学技术基本计划》，但更能体现日本政府推动科技创新的具体思路和改革举措
2016 年	《第五期科学技术基本计划（2016—2020 年)》	实现超级智能社会

1）大规模集成电路计划。该计划始于 20 世纪 70 年代末，是日本发展电子关键技术的重要计划。这一计划是在日本通产省的主持下，通产省电子技术综合研究所与东芝公司、日立公司、三菱电机公司、日本电气公司、富士通公司 5 家日本计算机企业，组成了超大规模集成电路研究组合；以该组合为基础，开展了对大规模集成电路基础技术研究的"大会战"。该计划设立由互相竞争的企业组成的共同研究组合，这在日本关键技术发展史上是一个创举。经过 4 年多的努力，日本在超大规模集成电路基础技术研究方面取得了丰硕的成果。例如，日本实现了突破微米加工精度大关的目标，使制造一百万位存储器成为可能。

日本以"组合"的共同研究开发为背景，在超大规模集成电路研制方面进展迅速。例如存储器技术，美国率先于 1970 年、1972 年研制出 1K 位和 4K 位；16K 位是美国、日本同时在 1976 研制出来的；日本 1977 年研制出 64K 位，比美国早两年；1980 年研制出 256K 位，比美国早两年；一百万位也是日本于 1984 年首先研制成功的。日本的存储器产品大举进入美国市场，在美国的市场占有率很高，如 16K 位、64K 位和 256K 位在美国的市场占有率分别达到 40%、50%和 95%。这一计划的成功实施在国际上引起了广泛的关注，人们对日本的形象也开始迅速改变，即日本已不再是一个模仿能力极强的国家，而蜕变成为具有高度创新能力的国家。

2）"五代机"计划。该计划于 1982 年开始，1995 年结束，历时 13 年之久。"五代机"计划是日本发展新一代计算机技术的计划，也是一个向信息产业技术领域全面出击的计划，内容涉及人工智能、机器人、软件工程等具有重要战略意义的领域。该计划耗资巨大，1982～1994 年共投入资金约 596 亿日元。

然而，关于"五代机"计划的进展，日本国内的评价存在着很大差异。相当一部分人批评"五代机"计划是失败的计划，因为它没有像超大规模集成电路计划那样成功地实现产品化。日本通产省商业研究所则持另一种看法，他们认为"五代机"计划的目标本身就是一种创新，将"五代机"计划的目标与超大规模集成电路计划目标相提并论的看法是不恰当的。通产省商业研究所强调"五代机"计划主要定位于基础研究，并未设置产品化目标，并且是作为日本的国际贡献推出的。通产省商业研究所的评价结果也指出，通常被人们称赞的成功计划，创新性大多较低，但很快就能进入应用开发和产品开发阶段；而那些创新性很高，不能及时接续应用研究的计划项目往往受到指责。然而，那些耗费时间较多、风险较高的研究开发计划才是政府应该予以积极支持的。通产省商业研究所还指出，虽然"五代机"计划项目没有明确的产品化目标，但产生了许多具有应用价值的研究成果。

3）加强基础设施建设，兴建高技术园区。1993 年，日本政府提出新的综合经济对策，即要求将改善日本大学和国立科研机构的研究设施作为重点。文部省、科技厅、通产省都大大增加了这方面的预算。在 20 世纪 90 年代初，日本政府提出 COE 计划，于 1992 年设置有关 COE 动议，即为积极推进高水平的学术研究，必须在全面建设的同时，对特定研究组织进行重点建设，以形成研究的制高点；在适当情况下有必要建成相关研究组织的密切网络，培养高水平的研究基地（COE）。1993 年底，我国国家科学技术委员会组团赴日本考察了"新干线"，发现"新干线"是高速铁路客运系统的整体概念，它试图将东京—大阪的行车时间由 8 小时缩短为 4 小时。这种设想是 1939 年提出的，到 1959 年形成一个决议案。这意味着政府有关部门开始建立"研究信息流通新干线"，目的在于建立联结全国国立研究所和大学的大规模信息网络。1993 年，日本政府正式宣布"东北高智力区域发展构想"，其目标是在 9 个行政区域有计划地建立一大批高技术工业园区，并以这些高技术工业区为细胞核，形成众多新兴的城市和乡村。

4）制定一系列科学技术研究计划。日本科学技术会议 1996 年通过了《科学技术基本计划》。这是日本为迈向 21 世纪实现"科技创新立国"而制定的行动计划。该计划确定的几大重点领域：一是向社会经济需要的尚未开展研究的科技领域挑战；二是促进独创性的基础研究，建立与完善新型的研究开发体系；三是促进与国民生活密切相关的科技研发；四是确保能源稳定发展；五是鼓励科技为国际社会做贡献。

1996 年，日本科技厅推出大型战略性研究开发计划。日本政府的有关省厅、大学和企业从 1997 年开始共同实施这些研究计划，主要包括地球科学研究综合计划、超级钢铁材料开发计划、脑科学计划和辐射光科研计划。

1999 年，日本政府推出一系列促进科技和产业发展的法规和政策，如鼓励技术创新和产业发展的《新事业创出促进法》、《产业活力再生特别措施法》、产业再生计划，以及瞄准大科学、高技术前沿和高技术产业的宇宙开发计划、浮海地幔钻探计划、海洋开发推进计划、信息通讯政策大纲、发展生物技术与产业的基本方针、核燃料循环开发机构中长期事业计划和 P1015 级计算机计划。日本围绕这些计划，加大科技基础设施建设和鼓励技术创新的力度，开拓风险事业和培育新产业，调整产业结构和经济结构，增加就业并恢复日本的经济增长。

2000 年 4 月，日本的国家产业技术战略（national strategies for industrial technology）提出，标准化是将最新开发的技术投入市场的重要工具，并要求积极开展标准化活动，以使技术发展成果实现应用、扩散最大化。自 2012 年日本第二届安倍内阁成立以来，《综合战略》成为国家科技创新发展战略中的重要分支并予以推行。可以说，《综合战略》

在规划地位上仅次于《科学技术基本计划》，但更能体现日本政府推动科技创新的具体思路和改革举措。

2016 年 1 月，日本公布《第五期科学技术基本计划（2016—2020 年)》。随后，内阁会议于 5 月通过《综合战略 2016》，并于 2017 年 6 月通过了《综合战略 2017》。《第五期科学技术基本计划（2016—2020 年)》中提到的超级智能社会 5.0 是继狩猎社会、农耕社会、工业社会、信息社会之后的一种新型经济社会形态，即"通过最大限度地活用信息通信技术、融合网络世界和现实世界，将为每个人带来富足生活的'超级智能社会'作为未来社会形态，并使之成为人们的共同奋斗目标，通过深入实施一系列举措，强力推进超级智能社会 5.0，把日本建成世界领先的'超级智能社会'。"2016～2017 年，日本的《综合战略》均围绕这一核心目标设计具体的改革举措，针对超级智能社会 5.0 制定的重要举措主要包括以下 3 个方面：①在全民参与基础上推进"官产学"一体化，重点激发年轻研究人员、风投企业的积极参与；②加强基础技术、推进实施"关联产业"等相关措施，实现各部委措施从基础研究到产业化的一体化贯彻实施，通过"战略创新创造项目"协调各部委措施的方向并逐步推进；③向全世界宣传、分享超级智能社会 5.0 理念，构建大数据平台支撑的知识型社会。

4.4.2　日本关键技术对我国信息产业技术发展的启示

国家关键技术战略的有效实施，使日本从一个技术落后的国家迅速成为技术大国，取得了很大的成功。

1. 坚持不懈的技术预测

技术预测是日本持续实施国家关键技术战略的重要基础。日本的技术预测从 20 世纪 70 年代开始一直未曾间断，其时间之长、范围之广、规模之大、参与部门和人员之多，都是世界上罕见的。此外，日本的技术预测是由政府和民间（企业）共同进行的，技术预测的结果可以形成政府和企业共同接受的产业技术开发政策和计划。这些技术预测通常不是对未来图景的一般性描述，而是可以具体实施的蓝图；不是孤立进行的系统，而是与国家技术政策、信息产业政策密切关联的，其沟通的未来是预测的未来、可能的未来和优先的未来的统一体。

2. 强大的科技投入

科技投入是发展国家关键技术的基本保证。自 20 世纪 70 年代以来，日本研究开发经费投入一直保持较大的增长幅度。20 世纪 80 年代，日本的研发经费投入占 GDP 的比例已位居世界前列。在日本实施的一系列科技计划中，经费投入充足。例如，超大规模集成电路计划在 1976～1980 年的 4 年间共投资 2.9 亿美元，年均 7 000 多万美元；与美国等其他国家相比，属于中上水平。日本科学技术基本计划经费投入趋势如图 4.6 所示。

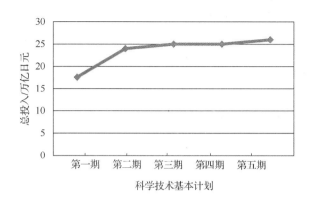

图 4.6　日本科学技术基本计划经费投入趋势

　　从图 4.6 可以看出，日本第一期科学技术基本计划是在 1996～2000 年，总投入为 17.6 万亿日元，是上一个五年计划的 1.5 倍，年增长率为 12.5%；2001 年制定了 2001～2005 年的第二期科学技术基本计划，政府为此投入 24 万亿日元，是第一期科学技术基本计划的 1.36 倍；2006 年日本研发经费投入为 1 485 亿美元，仅次于美国的 3 437 亿美元，位列世界第二位。2006 年 3 月，日本发布了《第三期科学技术基本计划（2006—2010 年）》，总投入为 25 万亿日元，强调将研发投资重点从"物"转移到"人"上，增加科技振兴基础投入；《第四期科学技术基本计划（2011—2015 年）》于 2011 年 8 月发布，其总投入保持在 25 万亿日元。2011 年，日本发生了大地震及福岛核电站泄漏事故，《第四期科学技术基本计划（2011—2015）》明确了亟待解决的问题，制定了相应的科技战略，以实现日本灾后复兴及未来可持续性发展。

　　《第五期科学技术基本计划（2016—2020 年）》于 2016 年 1 月发布，由日本最高科技决策咨询机构——日本综合科学技术创新会议重组后首次制定和执行。该计划确定研发投入 26 万亿日元，占 GDP 的 4%以上；其中，政府研发投入占 GDP 的比例达到 1%。

　　3. 良好的技术环境

　　日本通产省在产业技术的发展中一直起着重要的支持作用。20 世纪 90 年代，日本创建了集"产学官"于一体的科学技术会议，颁布了《科学技术基本法》《新事业创出促进法》《产业技术力量强化法》《科技成果转化法》等一系列配套完备的法规，强有力的国家推进体制为技术的成长、发育和转化营造了有利的环境。

　　4. 企业参与研发机制

　　日本企业在研发活动中一直扮演着重要的角色，企业研发投入占全国研发投入的比例高达 70%。在超大规模集成电路计划中，电子技术综合研究所与 5 家大型生产计算机的公司相结合，组成 100 多位研究人员参加的"大规模集成电路技术研究组合"，既从事通用技术和基础技术的研究，又进行商品化开发，形成最终产业，为日本集体产业的发展奠定了坚实基础。在该计划中，企业投入的费用约占 60%，政府投入占 40%。为了进一步加强"产学官"密切配合，日本《第五期科学技术基本计划（2016—2020 年）》

提出，2025 年企业对大学等科研机构的研发投入将达到目前的 3 倍。《日本经济新闻》汇总并比较了 247 家企业在 2017 年的实际研发投资额，预计 2025 年将达到约 37 万亿日元，超过了 OECD 成员国的平均水平。

4.5　我国信息产业技术发展的借鉴

在党中央、国务院的高度重视下，我国信息产业技术连续多年保持平稳增长。手机、微型计算机、网络通信设备、彩电等主要电子信息产品的产量位居全球第一，技术创新能力大幅提升，龙头企业实力显著增强，生态体系进一步完善，信息产业技术对经济社会发展的引领作用全面凸显。近年来，在世界经济快速增长、国内经济转型升级的背景下，我国信息产业技术的发展形势有了新的变化，各国关键技术对我国制定信息产业发展计划具有重要的借鉴意义。

4.5.1　体现国家发展战略目标

第二次世界大战以后，美国、苏联成为当时世界上的超级大国，形成两极争霸的政治格局，世界进入冷战时期。两个超级大国以"世界警察"自居，扩军备战，将发展军事技术摆在首要地位。苏联解体后，美国多次宣称要使"21 世纪成为美国的世纪"，其科技发展就是为实现这一战略目标而服务的。因此，美国的关键技术选择工作，最初是从军事领域开始的。1990 年，美国国防部提出一份国防关键技术报告，选出 22 项作为保证美国武器系统长期处于优先地位的关键技术。1991 年，美国白宫发表的《国家关键技术报告》也明确指出："技术优势是军事能力的基本因素。海湾战争提醒我们，先进技术在保障国家安全中起着多么重要的作用。在国防经费减少而技术革新速度加快的今天，美国工业界能够将技术成果转化为经济上可承受的高质量高性能的军事系统，依然是一个重要的国家优先任务。"

美国国会于 2000 年批准了《2000—2010 年国防科学技术计划》，注重调动一切可以利用的民用科研力量，通过军民融合大力推动国防科技创新。2011 年，美国国家科技委员会发布《可信网络空间：联邦网络安全研发战略规划》，协调军兵种、国防部和能源部等开展军民融合网络信息系统研发。2015 年 10 月，白宫科技政策办公室发布《国家创新战略》，指出未来科技创新的九大领域。特朗普政府也注重国防科技创新的军民融合。例如，美国国防部发布的《军事关键技术清单》指出，太空技术的 95%具有军民两用性。特朗普的太空政策顾问罗伯特·沃克（Robert Work）表示，美国政府的太空政策不仅将关注技术的商业化，还将注重其军事应用价值。由此可见，美国的关键技术选择，自始至终是为了保持美国的军事技术的世界领先地位这一首要目标，也为经济发展带来了新的动力。军事实力是以经济实力为基础的，只有保持经济持续、稳定的增长，才能保证国家安全。美国是世界第一大经济体，与其他国家相比具有显著的优势。确保美国在经济、技术等领域处于世界领先地位是其国家关键技术选择的目标。正如美国国家关键技术委员会在报告中所指出的,由本委员会选定的关键技术,对于经济繁荣和国防安全是至关重要的;同样,它们在国际竞争中也具有决定性的作用。

日本从 20 世纪 70 年代开始就拟定了产业技术上的追赶战略,具体目标是要使若干重要的产业技术迅速赶上西方先进国家。日本通产省作为实施这一战略的政府部门,积极推进大型工业研究开发计划,通过关键技术选择和有关措施,促进"产学官"合作,扶持企业开发和利用新技术,从而在电子技术、机电一体化和先进制造技术等领域获得成功,使日本的产业技术水平和实力有了很大提高,成为仅次于美国的世界经济大国。

韩国的关键技术选择工作,始于 1992 年制定"高度先进国家计划(以下简称 G7 计划)",这是一项旨在通过增强科技能力来提高韩国工业竞争力的计划。韩国在制定 G7 计划时,采用了"自上而下"的方法,即首先确定国家战略目标,然后根据国家战略目标确定需要优先发展的关键技术,进而制定有利于开发和应用这些技术的相关政策。

综上可以看出,我国信息产业技术发展战略不能单纯地仅从技术发展层面考虑,而应紧紧围绕国家战略目标的需要而开展。对于已经确定的信息产业技术,需要根据国家发展目标和国际竞争格局进行动态的修正和调整。

4.5.2 立足世界信息产业技术发展趋势

当今世界,信息产业技术成为人类社会发展的巨大推动力。准确地把握国际科技发展的大趋势,是各国政府正确选择国家关键技术、制定信息产业技术发展战略的前提。日本曾由于对技术发展的新阶段估计错误,技术投入大大落后于美国,从而与美国在技术方面的差距越来越大。因此,我国信息产业技术发展应紧跟世界技术创新趋势,推动以信息科学和生命科技为核心的现代科学技术的迅猛发展和产业化,通过重大科学发现和信息产业技术突破实现跨越式发展。

目前,不少国家将信息产业技术预测作为政府的一项系统、长期的工作。例如,日本、英国、德国等国家基本上每 5 年开展一次规模较大的技术预测活动,每一次都在评价前次技术预测结果的基础上提出新的想法,不断改进技术预测方法和内容。可以说,日本的一些企业能够较早地将信息产业技术领域的一些新技术应用于自动化、柔性制造等领域,并在较短时间内赶超美国、欧洲等一些发达国家,均得益于日本政府坚持不懈地开展技术预测活动。特别值得关注的是,西方国家的技术预测工作正在发生重大变化,即技术发展预测与市场发展预测相结合、重视对竞争对手的预测等。我国在制定信息产业技术战略时,应进一步重视信息产业技术的评估与预测工作,从而对信息产业技术发展方向形成科学、可靠的判断,避免走弯路。

4.5.3 考虑本国实际国情

国家关键技术选择是为实现国家战略目标服务的,而国家战略目标的制定,必须以本国的实际国情为依据。因此,一个国家的信息产业技术选择也应以本国的实际国情为基础,关注那些对本国经济发展、社会进步和国家安全至关重要的信息产业技术。

美国是世界上消费能源最多的国家，也是世界上进口石油和天然气最多的国家。如何减少美国对进口石油的依赖程度，保证能源供应的安全，成为美国政府与社会公众十分关注的问题。在美国关键技术项目中，自然而然地包括了能源技术，特别是节能、储能技术的研究与开发。另外，美国由于地理位置的特点及称霸世界的野心，强大的空中运输和攻击能力对美国至关重要。美国为了保持在世界商用航空市场的领导地位和军事上的空中优势，航空与航天技术的研究与开发，从来都是政府不遗余力的资助项目，也是关键技术的重要组成部分。另外，美国是世界上公路交通最发达和汽车保有量最多的国家，因而缓解公路交通拥挤状况、改善行车安全、提高燃料利用效率、减轻大气污染等研究，也列入了国家关键技术项目之中。

日本是世界上天然资源极为匮乏的国家之一。日本消耗的铁、铜、铝、镍等重要矿产品，进口率高达99%，石油大部分依赖进口。从国家发展战略看，这种状况对日本极为不利，一旦国际形势发生突变，资源供应中断，整个经济将陷入瘫痪状态。为此，日本通产省在推进关键技术计划的实施中，以加快产业结构调整为主要目标，由资源消耗多的资本密集型产业向节约资源、附加值高的知识密集型产业转变。20世纪90年代以来，日本不断压缩钢铁、重化工等产业的生产规模，大力发展微电子、信息、生物工程、新材料等高技术产业。

我国是发展中国家，必须结合实际国情，科学地制定信息产业技术发展战略，如此才能取得良好的实施效果。信息产业是新兴产业，它对国民经济其他产业的发展、国家整体战略的实施都有难以估量的作用。

4.5.4　注重技术与经济相结合

美国国家关键技术委员会在提交总统的报告中特别强调，"本委员会在选择国家关键技术时，应侧重创造新产品及其生产工艺"。该报告指出，在全球竞争加剧的环境中，技术的推广应用正成为国际市场竞争的焦点。在市场环境中，成功的企业不一定是最新信息产业技术革新的发明者和研制者，而是能够将有关产品迅速投入市场的强者。该报告要求美国的研究机构和企业必须更加重视新技术的推广应用。特别值得强调的是，美国《国家关键技术报告》的开始部分引用了时任美国总统布什的一段话："倘若美国打算保持和加强自己在市场竞争中的地位，就必须不断发展新技术，而且必须不断学会将这些技术更有效地转变成商品。"

从美国关键技术选择工作看，它不同于以往的技术发展优先领域或重点项目的选定，也不同于一般技术发展方向的引导，而更侧重于技术的近期实际应用和推动多个技术领域的发展。具体而言，国家关键技术选择强调必须在一定时期依靠本国的技术能力或产业基础，实现商品化和产业化，从而产生经济效益和社会效益。因此，国家关键技术选择应着眼于技术与经济的结合，注重研究、开发、应用的一体化。正因为如此，开展国家关键技术选择工作，不仅需要从事科学研究工作的科学家、技术专家参与，还需要生产部门的企业家、工程师和管理专家，以及市场预测与研究专家的积极参加。

我国"产学官"合作的概念提出较早，但参与的专家绝大部分来自科研机构、高等学校和科技管理部门，而来自生产部门、企业界的专家为数极少。因此，研究结果不可避免地偏重于纯粹的信息产业技术导向，与生产和市场发展趋势缺乏紧密的联系，以致未能产生广泛的应用效果和影响。为此，我们必须认识到，企业是科技与经济的接合点，是信息产业技术转化为生产力的桥梁。只有企业成为研究与开发活动的主力军，信息产业技术发展和创新才能充满活力。国外的经验表明，企业的积极参与和良好的"产学官"合作，在促进信息产业技术的研究开发和产业的发展中起着积极的作用。我国政府部门应作为信息产业技术发展的组织者和推动者发挥作用，而不是作为直接行为者参与或直接干预信息产业技术活动。信息产业技术发展战略对于企业来说，不仅仅是一个"公告牌"。政府部门必须通过制定政策、优化环境、完善社会支撑体系，为研究机构与企业提供一个有利于竞争、合作与发展的空间，从而引导信息产业及相关企业朝着既定的方向发展。

4.5.5　由政府主导

发展信息产业技术必须把握国际科技发展的大趋势，跨越部门与学科的界限，在信息产业技术与经济的最佳接合点上，选择对经济、社会发展及国家安全具有战略意义的信息产业技术，充分利用相关部门、各行业的技术力量。各国经验表明，只有由政府有关部门负责信息产业技术战略的制定与实施，才能有效实现战略目标。

美国的第一个国家关键技术计划，是由美国白宫科技政策办公室指定的国家关键技术委员会向总统提交的美国《国家关键技术》报告。这是一项从国家利益层面考虑的关键技术选择计划，从而成为指导美国政府部门、企业界和大学的研究与发展行动的战略思想。日本的关键技术战略是通过一系列大型技术计划的推动而逐步得到实施的。例如，大规模集成电路计划、"五代机"计划等，这些计划都是由通产省主导实施的。韩国的G7 计划，是韩国科学技术部 1992 年开始组织的第一个跨部门的大型科技计划，其目标是发展本国的特长工业技术，增强国家的竞争力，在 21 世纪初达到世界先进国家的水平。下一代增长动力产业技术发展计划（2003 年制定，2004 年起正式实施）、新增长动力计划（2009 年）与未来增长动力计划（2014 年），促使韩国发展了主力产业并培育了大量新兴产业。这些计划制定前的大规模技术预测工作，也是由政府部门负责组织，由韩国科技研究院所属的科技政策研究所负责开展的。

借鉴不同国家技术发展经验，发展信息产业技术必须着眼于未来 10 年或更长时期的发展，选择那些对经济增长、社会发展和国防安全具有战略意义的信息产业技术予以关注、推广和应用。

4.5.6　强化合规管理

从 2008 年开始，国家保密局为应对国际风云变幻的保密形势，推动了一场 20 年来罕见的保密检查，被称为"保密风暴"。在检查中发现，多起泄密案件的发生是基于计算机网络，尤其是内网与外网的互联串通所致。因此，各级政府部门都把涉密信息系统的建设、使用和运行维护的合规性与保密性提到重要地位。随后，国家保密局于 2007 年发布了《涉及国家秘密的信息系统分级保护管理规范》（BMB 20—2007）。

随着经济全球化迅速发展，传统跨国公司成长为全球性公司，信息产业内各企业的竞争从过去单个企业间的竞争上升到全球价值链的竞争，企业的竞争方式也随之发生了重大变化。与此同时，随着各国政府监管加强和国际组织的推动，越来越多的企业开始强化信息技术的合规管理，合规竞争成为全球化企业新的竞争规则。例如，2018 年发生的中兴通讯公司事件，美国商务部网站在 2018 年 4 月 16 日公告，7 年内禁止美国企业与中国的中兴通讯公司有任何业务往来。该公告声称中兴通讯公司违反了 2017 年与美国政府达成的和解协议，美国政府由此指控中兴通讯公司非法向伊朗和朝鲜出口。早在 2012 年，美国政府就对中兴通讯公司立案调查，但直到 2016 年美国商务部工业与安全局（Bureau of Industry and Security，BIS）才正式将中兴通讯公司及其 3 家关联公司列入"实体名单"并采取具体管制措施。在随后的时间里，中兴通讯公司在应对美国政府调查过程中出现不少失误，这就造成在中兴通讯公司 2017 年 3 月支付了 8.9 亿美元的刑事和民事罚金。"中兴事件"暴露了我国信息产业内的相关企业管控合规风险的能力相对滞后，也反映了我国企业合规管理体系存在重大缺陷。因此，我国政府应进一步加强企业合规管控体系的建设，进而推动我国信息产业技术的科学、有序发展。

主要参考文献

国际技术经济研究所课题组，2002. 国家关键技术发展战略（一）[J]. 科技决策（3）：48-56.

韩元建，陈强，2015. 美国政府支持共性技术研发的政策演进及启示：理论、制度和实践的不同视角[J]. 中国软科学（5）：160-172.

李博，李小民，杨森，2018. 美国四旋翼无人机研究现状与关键技术[J]. 飞航导弹（2）：25-30.

邱丹逸，袁永，2018. 日本科技创新战略与政策分析及其对我国的启示[J]. 科技管理研究，38（12）：59-66.

孙彦红，2014. 欧盟关键使能技术发展战略及其启示[J]. 德国研究，29（3）：71-80，142.

唐良富，等，2009. 全球经济对中国关键技术标准发展的影响[J]. 科技管理研究，29（8）：529-531，517.

王建华，夏良，2013. 美国 ATP/TIP 计划对外资企业的开放及启示[J]. 对外经贸实务（1）：24-26.

王永春，王秀东，2010. 日本科技投入现状及其发展趋势[J]. 科技进步与对策，27（13）：21-23.

许维明，尉飞新，2011. 涉密信息系统运维管理及相关服务外包的合规性分析与研究[J]. 保密科学技术（5）：69-72.

闫志明，等，2017. 教育人工智能（EAI）的内涵、关键技术与应用趋势：美国《为人工智能的未来做好准备》和《国家人工智能研发战略规划》报告解析[J]. 远程教育杂志，35（1）：26-35.

翟启江，2014. 美国先进技术计划绩效评估实践及对中国 863 计划绩效评估的启示[J]. 科技进步与对策，31（15）：118-122.

詹武，等，2018. 美国海域感知（MDA）关键技术需求[J]. 指挥信息系统与技术，9（1）：18-22.

张秉福，1994. 国外考察：日本新干线[J]. 中国科技产业（3）：52-53.

张永谦，田天恩，1995. "尤里卡"计划为跨国合作提供了成功的范例[J]. 中国科技论坛，24（9）：58-60.

赵俊芳，姜检平，2013. 日本"COE 计划"的阶段演进及制度实践[J]. 清华大学教育研究，34（6）：97-103.

第5章 基于推断统计分析的信息产业技术评价

经济全球化使国家之间的经济交往更加密切，各国的利益结构随之发生新的变化，实力较量、利益争夺等以新的形式表现出来。科技对经济社会发展的推动作用越来越明显，信息产业技术竞争成为新一轮国际竞争的焦点。科技领域的窃密和反窃密斗争越来越激烈，特别是 2006 年以后，我国在更深层次和更广泛的领域参与国际经济和科技交流，信息产业技术保密面临着前所未有的复杂形势，新时代的发展对科技保密提出更新的要求。本章基于信息产业技术的概念与特征，提出评价体系的设计原则并构建评价体系；运用推断统计方法对信息产业技术进行科学评价，旨在为我国信息产业技术的可持续发展提供支撑。

5.1 信息产业技术评价体系的设计原则

信息产业以高新技术行业为主，对涉及国家安全的技术应予以重点监控。不同国家会采取不同的处理方法，通常有两种做法：一是颁发保密命令，中止专利授权程序，使发明创造的专利申请处于保密状态。在保密命令被解除之前，禁止对该发明创造授予专利权。这种制度被称为发明保密制度，美国、英国和法国等国家均采用该制度。二是授予保密专利权，使发明创造一直处于保密状态。这种制度被称为保密专利制度，俄罗斯、德国和我国采用该制度。不管是发明保密制度还是保密专利制度，都要求涉及国防利益的发明创造处于保密状态。涉及国防利益和国家安全的发明创造应当依法保密，但是不能过度地扩大保密范围。过度保密不仅可能影响授权专利的质量，而且将阻碍创新性技术的应用和扩散。美国学者马顿斯（Martens）在深入分析苏联保密专利过度保密后指出，授予过多的保密专利，不仅会增加潜在的保密成本，而且将对非保密专利申请产生不可预测的影响，甚至影响一个国家的创新能力。如何平衡保密与公开之间的冲突，是世界各国在实施保密发明或者保密专利制度过程中必须解决的关键问题。

2016 年 7 月 21 日，中共中央、国务院、中央军委联合发布了《关于经济建设和国防建设融合发展的意见》，明确提出了军民融合战略。2017 年 1 月，中共中央政治局决定设立军民融合发展委员会，推进军民深度融合发展。2017 年 3 月，为了实施军民融合发展战略，军委装备发展部、国防知识产权局首次发布 2 346 件解密国防专利信息。因此，我们在分析信息产业技术预测、技术预见及技术负效应理论的基础上，提出评价信息产业技术应遵循需求性、利益性、发展性、安全性、创新性等原则，如图 5.1 所示。

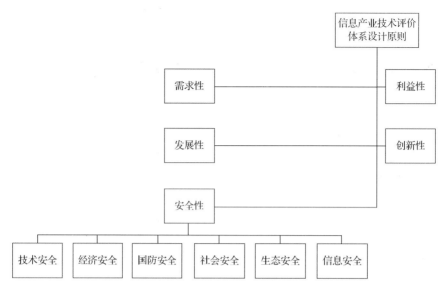

图 5.1　信息产业技术评价体系设计原则

5.1.1　需求性原则

信息产业技术的确定不仅要考虑技术本身的发展，还要综合考虑国家经济发展目标、科技创新能力、产业发展战略等，从而对信息产业领域相关技术的需求加以确定。近年来，软件和信息技术服务业产生了大量新兴技术，如用户界面、信息无障碍、IT 服务、SOA（service-oriented architecture，面向服务的架构）、云计算、大数据等。此外，我国软件和信息技术服务业呈现从软件技术向集成应用、综合服务发展的趋势。未来企业的竞争力取决于是否能够不断获得新的知识，并应用这些知识去实现产品或工艺的创新。信息产业技术应当充分考虑产业发展的需要和国家科技战略，综合国家经济发展目标、国家技术创新能力、产业发展基础、国际科技发展主流动向、产业国际竞争的态势和国际分工等，以满足我国运用信息产业技术的工业领域发展、竞争和创新需求。

5.1.2　利益性原则

信息产业技术应立足于国家利益，兼顾企业利益。从长远利益看，满足国防需求和实现经济利益，会使信息产业成为最大的受益者，在提高产业及相关企业竞争力的同时，也会大大提高国家在世界经济中的竞争力。利益性原则主要包括以下 3 个原则。

1）效益性原则。该项信息产业技术的推广与应用，能节约成本、提高质量并改进投入与产出效率。

2）经济可承受原则。国家或企业、科研机构的财力能够承受从研发到生产阶段所需的全部投入。

3）实用性原则。该项信息产业技术能形成产品、系统或工艺，并且在预期时间内投入使用，实现期望的经济利益。

5.1.3　发展性原则

随着国内外科技进步的加快，信息产业技术也不断发展与更新，信息领域技术发展、更新速度在所有技术领域堪称之最。因此，在确定信息产业技术时，应充分考虑这一特点，实行动态管理，及时定密与解密，既要保证国家安全，又要充分发挥我国信息产业的竞争优势，从而推动整个社会生产力的发展。经过数十年的发展，我国信息产业所依托的基础软硬件技术和产业取得了很大进展，初步形成了较完整的产业链。未来 10 年，受益于我国政策规划的红利效应、新一代信息技术驱动下的产业结构升级效应、数据资源禀赋效应、中国模式的国际扩散效应等，我国信息产业技术将迎来飞速发展。然而，目前我国依然存在信息产业生态尚未成型、核心技术突破受到严重制约、高端信息技术人才不足等诸多问题，核心信息产业技术的进一步发展与突破迫在眉睫。

5.1.4　安全性原则

安全性原则是信息产业技术确定的基本原则，具体包括技术安全原则、经济安全原则、国防安全原则、社会安全原则、生态安全原则和信息安全原则。

1. 技术安全原则

技术安全原则主要考虑信息产业技术的先进性及独有性。

1）先进性原则。强调该项信息产业技术具有自主知识产权，并居于国际领先水平。信息产业技术从应用角度分为两类，一类是基础类技术，一类为应用性技术。先进的基础技术具有先导性，是多项信息产业技术的基础，但尚未进入产业化应用阶段。有些技术属于高度专业化领域的高尖端技术，非常重要但无须产业化，如应用于"神七"航天员的舱外航天服及返回舱回收伞中所用的原材料生产技术。有些信息产业的基础技术因产业化成本过高，技术上先进但经济上不可行。这类技术随着工艺技术的突破将具有巨大的产业化前景和利益空间。在竞争空前激烈的今天，市场就是战场，时间就是战机。因此，如果国外有该类较成熟的工艺技术，在开展技术贸易与技术许可时，既要考虑技术安全，又要考虑经济安全；同时还应考虑就业、医疗等社会安全问题，对引进工艺技术及基础技术出口是否符合国家利益进行评价。

先进应用技术以先进基础技术为先导，将基础技术与工艺水平、先进制造相结合，具有产业化成本较低、经济效益显著的优势。可见，信息产业技术安全应综合考虑国防安全、经济安全、社会安全等因素，从多维度进行综合评价。从领先程度来划分，信息产业技术可以分为突破性技术和渐进性技术。前者建立在一整套不同的工程和科学原理上，依赖于基础科学的重大发现或突破，在技术上能突破传统技术瓶颈，实现不连续性技术创新。这些创新往往是新企业成功进入市场的基础，并可能导致整个信息产业的重新洗牌。近代和现代的开创性信息产业技术发明大都以科学原理的突破为条件，自觉地应用新的科学原理来解决技术问题。历史经验表明，科学上的许多重大突破将会导致技术上的开创性发明。渐进性技术创新是相对于突破性技术创新而言的，即在基本原理不变的情况下，对已有工艺、技术进行不同程度的改变和补充，强调信息技术的渐进性和连续性。无论是突破性技术还是渐进性技术，都会使企业在整个信息产业竞争中居于领先位置。

2）独有性原则。该项信息产业技术一般被称为非交易性战略技术。在现代国际信息产业竞争中，技术竞争与技术控制一直处于核心地位。一些决定信息产业国际实力的技术，通常是买不来的，或技术领先国故意抬高价格，使信息产业技术引入国必须支付高昂的成本。我国发展潜力巨大，更容易受到某些发达国家的技术封锁，因而必须有自己相对独立的战略产业和战略技术，在相当长的时期内保持相对独立的信息产业技术创新体系。虽然信息产业的全球趋势日益加强，技术融合步伐不断加快，但信息产业体系和技术的相对独立性，对改变一个国家信息产业技术的国际地位、提高本国在国际贸易中的谈判能力、增强国际竞争中的信息产业技术威慑力等，均具有非常显著的作用。

2. 经济安全原则

经济安全原则从经济角度评价我国信息产业技术的安全问题，主要包括经济竞争力和经济易损性两个原则。经济竞争力原则关注能提高我国经济的综合竞争力，有利于占领国际市场的信息产业技术。经济易损性原则关注一旦泄露，会造成重大经济损失的信息产业技术。

3. 国防安全原则

信息产业技术涉及军事、国防等领域。国防安全原则具体包括 3 个原则：一是军事需求原则。该项信息产业技术能满足基于军事威慑、作战能力和作战效果的军事需求。二是有效性原则。该项信息产业技术的应用能够明显提高武器装备的作战能力、防御能力和抗击打能力。三是竞争性原则。采用该项信息产业技术使武器装备质量提高、性能提升、生产成本降低，从而极大地提高国防工业的国际竞争力。

4. 社会安全原则

关系国家安全和国计民生的信息产业技术一旦泄露，可能会影响社会安定和公众安全。因此，国家相关组织或机构应当对相关信息产业技术和服务进行安全审查。社会安全原则具体包括社会安定原则和公众安全原则。

1）社会安定原则。该原则强调新的技术突破或具有竞争优势的技术能对劳动力市场和社会结构产生积极影响，如显著增加我国公民的就业机会，或显著提高人民生活质量，进而促进社会安定。

2）公众安全原则。该原则关注该项信息产业技术对社会公众的安全具有保障作用。具体包括以下两个方面：一是对医疗健康事业有促进性的技术，即与人类健康有关的信息产业技术，这类技术主要包括基因技术、预防医学与诊断技术、医学图像处理技术及其他信息产业技术；二是保障社会治安水平的技术，这类技术关系人们正常的工作、生产、生活和社会秩序，直接影响着社会稳定。

信息产业技术的介入使我国的社会治安防控体系不断完善，相关的硬件、软件及信息处理技术的应用，可以大大提高我国社会治安防控水平。2007 年 12 月 23 日，《纽约时报》曾刊文介绍美国厂家对从北京奥运安保技术市场"分一杯羹的热情"，以及由此引发的美国国内对先进安保技术泄露给中国的担心，从另一个侧面也反映出涉及社会治安的高技术领域的敏感性。

随着全球信息化的高速发展，信息网络进一步加强了人们之间的联系，使地球上分散的个体紧密联系起来，模糊了时空界限，方便了人类活动，但也给社会安全带来了新的挑战和威胁。例如，计算机信息犯罪案件屡有发生，这不仅严重侵犯了个人经济财产安全，而且严重干扰着整个社会的稳定与安宁。网络环境下的信息安全体系是保证信息安全的关键，包括计算机安全操作系统、各种安全协议、安全机制（包括数字签名、信息认证、数据加密等）及安全系统，其中的任何一个安全漏洞都可能威胁全局的安全性。

5. 生态安全原则

生态安全原则强调国家生存和发展所需的生态环境处于不受破坏和威胁的状态。信息产业技术一旦泄露可能会造成重大生态环境破坏，影响经济的可持续发展和公众的身体健康。因此，在评价信息产业技术时，应遵循生态安全原则。

6. 信息安全原则

信息安全原则侧重通信安全、网络及信息产业技术安全。通信安全自从有战争以来就受到高度重视，随着计算机网络技术的发展，国防通信系统正在迅速地与公共网络融合，通信安全也延伸到固定电话网、世界性的移动通信网和国际互联网。我国信息设备（包括军用信息设备）的核心 CPU 大部分由美国和我国台湾地区制造，操作系统普遍来自境外。这些系统大都存在漏洞，极易留下嵌入式病毒、隐形通道和可恢复密钥的密码等安全隐患。因此，我国信息产业技术在该领域有极大的需求和发展空间。

5.1.5　创新性原则

创新性原则强调能对信息产业结构调整、产业升级具有关键性影响，能打破产业升级技术障碍，代表信息产业发展方向，蕴藏巨大产业机会的信息产业技术。随着传统产业转型升级步伐加快，信息产业技术发展愈来愈迅猛，维持产业技术持续创新所需的研发资金越来越多。作为与我国未来经济发展密切相关的战略新兴产业，面对全球巨大的市场需求及持续增长的国内经济，在现有基础上如何提高技术创新能力，带动信息产业整体发展成为当前我国亟须解决的重要问题。

5.2　构建信息产业技术评价体系与方法选择

科学的评价指标体系是科学、合理、公正评价信息产业技术的重要保证。对信息产业技术进行评价时，应当设计科学、完整、容易操作的评价指标。

5.2.1　信息产业技术评价体系的构建

基于信息产业技术的特点和评价体系设计原则，我们构建了我国信息产业技术评价体系，如表 5.1 所示。

表 5.1　我国信息产业技术评价体系

一级评价指标	二级评价指标	三级评价指标
技术安全	先进性	信息产业技术领先程度
		是否形成以核心专利为代表的自主知识产权
		信息产业技术与科学的关联程度
	独有性	只有我国掌握或世界上少数几个国家掌握
	异议性	涉及伦理道德而存在争议
经济安全	战略性	与关键资源相关性程度
		对提高国际竞争力的作用
	先导性	与各个信息产业部门的联系程度
		对高新技术产业的作用
		对改造和提升传统产业的作用
	可行性	产业化前景
		产业化成本
		实现产业化时间
国防安全	国防科研生产能力	国防科研能力
		国防生产能力
	作战能力	攻击能力
		防御能力
	作战模拟能力	能够提高作战模拟能力的程度
社会安全	对失业问题的影响	使我国就业人口扩大
		使我国就业人口萎缩
	对医疗健康事业的促进性	能提高医学诊断和治疗水平的信息产业技术
		能降低医学诊断和治疗成本的信息产业技术
	社会治安水平	能够提高社会治安效率的信息产业技术
		能够降低社会治安成本的信息产业技术
	社会保险	对提升社会保险系统运作效率的贡献
		对降低社会保险系统运作成本的贡献
生态安全	对环境保护的作用	对防治"三废"的作用
		对防止由建设和开发活动引起的环境破坏的作用
		对保护特殊自然环境的作用
	对资源和能源综合开发利用的贡献度	对资源综合开发利用的贡献度
		对能源综合开发利用的贡献度
信息安全	真实性	信息来源的真实性
		虚拟环境下信息主体的责任确认能力
	保密性	防窃听能力
		防译码能力
	完整性	一致性能力
		可用性能力
	可控性	控制能力
		可审查性

5.2.2　选用推断统计方法

处理专家评分结果的常用方法是综合指数法。该方法能够最终给出各项指标的确定性得分,其结果能够在一定程度上代表专家的意见,但是代表性仍较弱。综合指数法采用的原始数据是定性数据,经过加工后形成定量数据。此外,综合指数法在本质上是点估计,其代表性没有数据的分布规律保证,所以得出的结果只能说明被选择专家的意见。事实上,由于研究经费和精力的限制,许多具备发言能力,但没有参加评价活动的专家意见不能通过这种方法得以表达。因此,我们采用推断统计方法,基于推断结果给出一定置信度下的专家意见得分区间,以期更准确地反映全体专家的意见。

5.2.3　设定指标权重及相关分析

在信息产业技术评价体系中,指标权重体现了该指标在评价体系中的价值、评价者对该指标地位的理解程度等,直接影响评价结果,反映评价的目标。信息产业技术评价体系中各指标权重合理与否,直接关系着评价结果的客观性、公平性和合理性。

1. 权重设定的原则

权重设定的原则主要包括客观性、范围性、层次性、相关性及比较性等原则。

1）客观性。权重应该真实地反映信息产业技术评价体系中各指标对综合指标值的贡献。权重应当是多人公认的、相对稳定的数值,不能只反映某一个或某几个人的认知,即应该是多人稳定的认知。人的大脑对某个指标相对于整个信息产业技术评价体系重要程度的数值表示,遵循幂律。随着认识的不断深入,这一数值是不断改变的,直至该数值最终稳定下来,不再改变。可以看出,信息产业技术评价指标权重的确定是一个确定者改变认知→给出指标权重数值→再改变认知→给出权重数值的循环往复的过程。

2）范围性。只要信息产业技术评价指标是客观的、合理的,各指标的权重就应该在特定的范围内。一般而言,指标的权重不宜特别大或特别小。如果某个或某几个指标的权重特别大,可以忽略其他指标对综合指标的贡献;如果某个或某几个指标的权重特别小,可以忽略其对综合指标的贡献,需要据此进一步调整信息产业技术评价体系的指标权重设置。

3）层次性。在确定权重的过程中,应根据信息产业技术评价指标的层次性,先确定较高一级评价指标的权重,然后依据这一权重值来确定或分解下一级指标权重。层次性原则要求在确定信息产业技术评价指标权重时,遵循从高级到低级、从宏观到微观的次序。

4）相关性。确定同一层次信息产业技术评价指标的权重时,需要坚持相关性原则,即从考虑评价指标与评价目标的相关性出发,确定各指标的权重值。一般而言,信息产业技术评价指标与评价目标的相关性越大,且它们之间的因果关系越直接越明显,则评价指标所获得的权重值就会越大。

5）比较性。该原则要求同一层次任意两个或几个评价指标的权重值具有可比性,且比较结果符合逻辑判断。对信息产业技术评价指标权重值两两比较,是常用的一种检验权重确定结果的方法。通过指标间权重值的相互比较,可以提高信息产业技术评价指标权重值的合理性。

2. 信息产业技术评价指标赋权

在信息产业技术评价指标赋权中，一级指标应当保持其独立性。技术安全、经济安全、国防安全、社会安全和生态安全是信息产业技术评价需要关注的主要方面。因此，信息产业技术评价将在每一个一级指标内独立展开。信息产业技术评价指标代码划分如表 5.2 所示。

表 5.2 信息产业技术评价指标代码划分

一级指标	二级指标	三级指标
技术安全（A_1）	先进性（B_{11}）	信息产业技术领先程度（C_{111}）
		是否形成以核心专利为代表的自主知识产权（C_{112}）
		信息产业技术与科学的关联程度（C_{113}）
	独有性（B_{12}）	
	异议性（B_{13}）	
经济安全（A_2）	战略性（B_{21}）	与关键资源相关性程度（C_{211}）
		对提高国际竞争力的作用（C_{212}）
	先导性（B_{22}）	与各个信息产业部门的联系程度（C_{221}）
		对高新技术产业的作用（C_{222}）
		对改造和提升传统产业的作用（C_{223}）
	可行性（B_{23}）	产业化前景（C_{231}）
		产业化成本（C_{232}）
		实现产业化时间（C_{233}）
国防安全（A_3）	国防科研生产能力（B_{31}）	国防科研能力（C_{311}）
		国防生产能力（C_{312}）
	作战能力（B_{32}）	攻击能力（C_{321}）
		防御能力（C_{322}）
	作战模拟能力（B_{33}）	
社会安全（A_4）	对失业问题的影响（B_{41}）	使我国就业人口扩大（C_{411}）
		使我国就业人口萎缩（C_{412}）
	对医疗健康事业的促进性（B_{42}）	能提高医学诊断和治疗水平（C_{421}）
		能降低医学诊断和治疗成本（C_{422}）
	社会治安水平（B_{43}）	能够提高社会治安效率（C_{431}）
		能够降低社会治安成本（C_{432}）
	社会保险（B_{44}）	对提升社会保险系统运作效率的贡献（C_{441}）
		对降低社会保险系统运作成本的贡献（C_{442}）
生态安全（A_5）	对环境保护的作用（B_{51}）	对防治"三废"的作用（C_{511}）
		对防止由建设和开发活动引起的环境破坏的作用（C_{512}）
		对保护特殊自然环境的作用（C_{513}）
	对资源和能源综合开发利用的贡献度（B_{52}）	对资源综合开发利用的贡献度（C_{521}）
		对能源综合开发利用的贡献度（C_{522}）

续表

一级指标	二级指标	三级指标
信息安全 （A_6）	真实性（B_{61}）	信息来源的真实性（C_{611}）
		虚拟环境下信息主体的责任确认能力（C_{612}）
	保密性（B_{62}）	防窃听能力（C_{621}）
		防译码能力（C_{622}）
	完整性（B_{63}）	一致性能力（C_{631}）
		可用性能力（C_{632}）
	可控制性（B_{64}）	控制能力（C_{641}）
		可审查性（C_{642}）

三级指标的权重可以通过 AHP 进行赋权。考虑到信息产业技术的选择具有时效性，必须紧跟国家技术发展前沿，同时还要考虑我国现阶段的国家战略。因此，赋权工作需要借助德尔菲法，具体可分为 3 个步骤：①让专家明确信息产业技术发展和国家战略的宏观背景；②由专家自行确定不同信息产业技术评价指标对于我国发展战略的重要性程度；③运用统计方法确定最终的权重，综合多位专家意见形成判断矩阵。

以先导性为例，综合多位专家意见形成判断矩阵，如表 5.3 所示。其中，C_{221} 代表与各个信息产业部门的联系程度；C_{222} 代表对高新技术产业的作用；C_{223} 代表对改造和提升传统产业的作用。

表 5.3　先导性评价指标的判断矩阵

指标代码	C_{221}	C_{222}	C_{223}
C_{221}	1	3/7	2/8
C_{222}	7/3	1	4/6
C_{223}	8/2	6/4	1

假定 CI=0.000 8，RI=0.169 0，CR=0.004 7<0.1，即通过一致性检验，权重 W=（0.137 6，0.335 8，0.526 6）。[注：CI（consistency index）代表一致性指标，RI（random index）代表平均随机一致性指标，CR（consistency ratio）代表一致性比率。]

如果出现争议较大的指标权重，则需要再次组织德尔菲评价，把不同观点的说明性文件匿名分发给专家，通过二次德尔菲法，甚至三次、四次等多次德尔菲法确定各个二级指标的权重。在此期间，如果有相当数量的专家对于二级指标的代表性或完备性存在异议，立即组织专家对专门问题进行德尔菲调查，尽快解决这一问题。

在二级指标的内容及其权重得到最终确定后，再确定三级指标的权重。重复运用二级指标权重确定的工作方法，直到最终确定各个三级指标的权重。采用类似的方法，可以得到各层级指标的权重情况，如表 5.4 所示。

表 5.4　信息产业技术评价指标权重赋值

一级指标及其权重		二级指标及其权重		三级指标及其权重		最终权重（A·B·C）
（A_1）	0.181 1	（B_{11}）	0.453 6	（C_{111}）	0.255 9	0.021 0
				（C_{112}）	0.670 8	0.055 1
				（C_{113}）	0.073 3	0.006 0
		（B_{12}）	0.386 2			0.069 9
		（B_{13}）	0.160 2			0.029 0
（A_2）	0.175 3	（B_{21}）	0.476 2	（C_{211}）	0.600 0	0.050 1
				（C_{212}）	0.400 0	0.033 4
		（B_{22}）	0.335 9	（C_{221}）	0.137 6	0.008 1
				（C_{222}）	0.335 8	0.019 8
				（C_{223}）	0.526 6	0.031 0
		（B_{23}）	0.187 9	（C_{231}）	0.658 7	0.021 7
				（C_{232}）	0.156 2	0.005 1
				（C_{233}）	0.185 1	0.006 1
（A_3）	0.153 8	（B_{31}）	0.603 5	（C_{311}）	0.300 0	0.027 8
				（C_{312}）	0.700 0	0.065 0
		（B_{32}）	0.291 4	（C_{321}）	0.600 0	0.026 9
				（C_{322}）	0.400 0	0.017 9
		（B_{33}）	0.105 1			0.016 2
（A_4）	0.165 6	（B_{41}）	0.295 2	（C_{411}）	0.450 0	0.022 0
				（C_{412}）	0.550 0	0.026 9
		（B_{42}）	0.239 3	（C_{421}）	0.600 0	0.023 8
				（C_{422}）	0.400 0	0.015 9
		（B_{43}）	0.324 9	（C_{431}）	0.700 0	0.037 7
				（C_{432}）	0.300 0	0.016 1
		（B_{44}）	0.140 6	（C_{441}）	0.600 0	0.014 0
				（C_{442}）	0.400 0	0.009 3
（A_5）	0.153 1	（B_{51}）	0.524 7	（C_{511}）	0.126 6	0.010 2
				（C_{512}）	0.337 6	0.027 1
				（C_{513}）	0.535 8	0.043 0
		（B_{52}）	0.301 2	（C_{521}）	0.550 0	0.025 4
				（C_{522}）	0.450 0	0.020 8
（A_6）	0.171 1	（B_{61}）	0.294 9	（C_{611}）	0.450 0	0.022 7
				（C_{612}）	0.550 0	0.027 8
		（B_{62}）	0.230 6	（C_{621}）	0.650 0	0.025 6
				（C_{622}）	0.350 0	0.013 8
		（B_{63}）	0.325 2	（C_{631}）	0.540 0	0.030 0
				（C_{632}）	0.460 0	0.025 6
		（B_{64}）	0.149 3	（C_{641}）	0.690 0	0.017 6
				（C_{642}）	0.310 0	0.007 9

分级是信息产业技术评价工作的重要一环。分级主要是指某项信息产业技术采用具体指标进行评价时，大致可以分为几个层级，以及每个层级相应的分值范围。具体的赋分工作可以借鉴 AHP 中的标度方法，共分为 9 个级别，如表 5.5 所示。

表 5.5　信息产业技术评价的分级

分值	含义
90～100	某项信息产业技术对某项具体评价指标的贡献为重大
70～80	某项信息产业技术对某项具体评价指标的贡献为很大
50～60	某项信息产业技术对某项具体评价指标的贡献为较大
30～40	某项信息产业技术对某项具体评价指标的贡献为略大
10～20	某项信息产业技术对某项具体评价指标没有贡献
80～90	为以上相邻贡献程度之间的中间状态的对应分值
60～70	
40～50	
0～30	

可以看出，分级的关键在于准确描述表 5.5 提及的 5 种贡献度，分别为重大、很大、较大、略大和没有。以下将对信息产业技术评价体系中的技术安全（A_1）、经济安全（A_2）、国防安全（A_3）、社会安全（A_4）、生态安全（A_5）和信息安全（A_6）的各项具体评价指标的贡献度进行分析。

3. 各项具体评价指标贡献度分析

（1）技术安全

技术安全主要分为 3 类，它们关注的对象层次、内容及侧重点存在较大差异。第一类研究仅局限在技术管理的具体操作方面，是微观层面相关技术的安全研究，如实验室技术与生产技术可能对人身安全造成伤害，信息产业技术可能对个人财产、个人隐私造成危害等。第二类研究侧重技术的社会影响，主要关注技术安全立法及技术安全性带来的伦理问题。第三类技术安全研究派生于国家安全的技术安全（也称科技安全），关注科技系统（包括科技成果、科技人才、科研活动和科技体制）本身、科技与国家安全之间的关系。该类主要集中在对科技系统的保护与技术所有权的控制，探究影响技术安全的国内外因素，对技术安全可能产生的影响，尤其是对经济安全的影响并没有进行深入分析。它是与技术经济安全交叉的一个重要方面，应当以技术安全研究为前提。

1）先进性。先进性主要反映具备较高的附加值和技术含量的高技术产业、新兴产业、电子产业、先进设备制造业等在制造业结构中的占比。技术先进性的核心在于技术的创新性，只有持续的创新才能保证所开发的技术成果具有先进水平。是否具有创新性是信息产业技术开发选择与成果评价的重要依据。

① 信息产业技术领先程度。信息产业国际化的最终目的是形成领先的国际竞争力。根据核心能力理论和全球价值链理论，信息产业的国际竞争力就是其他国家竞争性产业并不拥有也不能轻易模仿的、在研发创新方面可以实现规模经济和范围经济的、能够使

信息产业形成持续竞争优势的核心能力。随着国际分工的实践探索和全球价值链理论的日益深化，一个国家优势产业的国际竞争力就是能够改善该产业在全球价值链上所处的位置，巩固和提高该产业的价值增量，从而实现并扩大产业自身竞争优势的核心能力。

- ➤ 重大：国际领先，即具有自主知识产权的重大技术首创，处于国际领先水平。
- ➤ 很大：国际先进，与国外相比在主要技术方面具有优势，接近国际领先水平。
- ➤ 较大：国内领先，属于国内首创或对引进技术有重大创新，接近国际先进水平。
- ➤ 略大：国内先进，即有较大技术改进和创新，具有国内先进水平。
- ➤ 没有：没有领先国际水平，甚至落后于国际领先水平。

② 是否形成以核心专利为代表的自主知识产权。当前，我国在知识产权创造方面仍显欠缺，表现为自主创新能力不强、专利市场化水平不高、专利构成结构失衡、知识产权国际化程度低等问题。此外，企业尤其是中小企业普遍存在知识产权拥有数量少、核心竞争力不足、信息检索资源利用率较低等问题。因此，以专利质量提升为抓手，增强我国知识产权的核心创造能力，必须作为当前及今后我国创新驱动发展战略实施的关键环节。对信息产业技术评价时，主要侧重对是否具有核心专利与非核心专利、剩余专利保护时间等方面进行评价。

- ➤ 重大：具有核心专利和非核心专利，剩余专利保护时间较长。
- ➤ 很大：具有核心专利和非核心专利，剩余专利保护时间较短。
- ➤ 较大：具有核心专利，剩余专利保护时间较短。
- ➤ 略大：仅具有非核心专利，剩余专利保护时间较短。
- ➤ 没有：没有专利。

③ 信息产业技术与科学的关联程度。在信息化背景下，运用信息产业技术评价指标，分析信息产业技术与科学的关联程度，研究内容是否属于基础科学范畴，并对研究所、高校等科研资源的依赖性等方面进行评价。

- ➤ 重大：与科学有很强的关联程度，其研究内容属于基础科学范畴，在研究过程中对研究所、高校等科研资源的依赖性很强。
- ➤ 很大：与科学有较强的关联程度，其研究内容大部分属于基础科学范畴，在研究过程中对研究所、高校等科研资源的利用非常充分。
- ➤ 较大：与科学有较强的关联程度，其部分研究内容属于基础科学范畴，在研究过程中对研究所、高校等科研资源的利用较充分。
- ➤ 略大：与科学有一定的关联程度，少部分研究内容属于基础科学范畴，在研究过程中对研究所、高校等科研资源有一定的依赖性。
- ➤ 没有：与科学没有关联程度，属于企业的技术改造或者工艺创新等。

2）独有性。独有性是指信息产业技术仅我国掌握，任何其他国家和地区均不掌握；国外有重大需求的工艺和技术；我国独有或者只有少数国家能够掌握的技术；或者是国际上买不到或购买成本特别高、必须自主开发的信息产业技术。

- ➤ 重大：我国独有，即世界上仅我国掌握，其他国家和地区均不掌握，且国外有重大需求的工艺和技术。
- ➤ 很大：个别国家独有，即除我国外，有一个国家或地区掌握，且国外有一定需求的工艺和技术。

> 较大：除我国外，还有两三个国家或地区掌握，且国外有一定需求的工艺和技术。

> 略大：大部分国家拥有，国际上没有对该项技术的明显需求。

> 没有：许多国家拥有，世界上许多国家或地区掌握的工艺和技术，国际上没有对该项技术的需求。

3）异议性。异议性主要强调在科学或观念上有重大争议的信息产业技术，涉及伦理道德问题，可能对社会有较大负面影响。

> 重大：争议重大，即该项信息产业技术的开发争议很大，涉及伦理道德问题，对社会有难以估量的负面影响。

> 很大：争议大，即该项信息产业技术的开发争议大，涉及伦理道德问题，对社会有不可忽视的负面影响。

> 较大：争议较大，即信息产业技术的开发有较大争议，涉及伦理道德问题，可能对社会有一定的负面影响。

> 略大：争议较小，该项信息产业技术的开发可能涉及伦理道德问题，但对社会发展的负面影响较小。

> 没有：该项信息产业技术的开发不涉及伦理道德问题，对社会没用负面影响。

（2）经济安全

在政治和国际关系领域，经济安全指一个国家根据制定的政策，以其希望的方式发展国家经济的能力。也就是说，一个国家在经济发展过程中能够消除和化解潜在风险、抗拒外来冲击，以确保国民经济持续、快速、健康发展，确保国家经济主权不受分割的一种经济状态。在信息产业技术评价过程中，主要考虑战略性、先导性及可行性等方面。

1）战略性。战略性强调在信息产业技术发展总体上能够起重要作用。战略一般是总的制胜概念，有战略性意义，即对信息产业技术发展有关键性或方向性的指导意义。

① 与关键资源相关性程度。该指标主要是指能够提高关键资源的使用效率、获取关键资源的能力和效率。

> 重大：能够显著提高关键资源的使用效率和获取能力。

> 很大：能够提高关键资源的使用效率或者获取能力。

> 较大：能够部分提高关键资源的使用效率和获取能力。

> 略大：能够少部分提高关键资源的使用效率或者获取能力。

> 没有：对提高关键资源的使用效率和获取能力没有帮助。

② 对提高国际竞争力的作用。信息产业的国际化呈现出内向国际化和外向国际化，应该充分利用后发优势，在短时间内缩短与发达国家的技术差距。评价的主要方面包括：是否能够直接提升信息产业国际竞争力，扩大国际市场份额，或产生新的出口增长点等。只有不断开展信息产业技术创新，我国信息产业的核心竞争优势才可能赶超发达国家。

> 重大：能够直接提升信息产业国际竞争力，扩大国际市场份额，或产生新的出口增长点。

> 很大：能够比较直接提升信息产业国际竞争力，扩大国际市场份额，或产生新

的出口增长点。

➤ 较大：对信息产业国际竞争力的提高有一定促进作用。

➤ 略大：能够较少程度提高信息产业国际竞争力。

➤ 没有：不能提高信息产业国际竞争力。

2）先导性。先导性是指该项信息产业在国民经济体系中具有重要的战略地位，并在国民经济规划中先行发展，以引导其他产业朝着某一战略目标方向发展的产业或产业群。它们对国民经济未来发展起方向性的引导作用，代表着技术发展和产业结构演进的方向，对国民经济发展具有全局性和长远性作用。

① 与各个信息产业部门的联系程度。强调该项信息产业技术的通用性，该技术在多个产业的部门得到应用，属于基础性或者支撑性技术，一旦该技术得到改进与提高，对国民经济的影响面较大，波及范围广泛。

➤ 重大：能够在多个重要产业部门得到应用。

➤ 很大：能够在少数重要产业部门得到应用。

➤ 较大：能够在多个一般性产业部门得到应用。

➤ 略大：能够在少数一般性产业部门得到应用。

➤ 没有：不能在一般性产业部门进行应用。

② 对高新技术产业的作用。在数字经济时代，以高新技术为基础的知识密集、人才密集、资金密集的现代信息产业，信息产业技术对信息产业、国家经济发展都将起着重要的作用。

➤ 重大：能够产生新的高新技术产业或破解产业发展瓶颈的重大核心技术。

➤ 很大：能够破解高新技术产业发展瓶颈的一些重大技术。

➤ 较大：能够对现行技术进行改造和创新，并较大幅度改进高新技术产业的生产效率。

➤ 略大：对其他高新技术的应用和推广提供支持。

➤ 没有：对高新技术产业的发展贡献很小。

③ 对改造和提升传统产业的作用。传统产业是相对于技术密集型的高新技术产业而言的，具体可分为劳动密集型和资本密集型，主要包括食品加工业、纺织服装业、农林牧业、机械设备工业、汽车工业、冶金工业、建筑业及部分服务业。目前，我国正处于工业化进程中，传统产业仍然居于主导产业。过去几十年，我国产业特别是传统产业一直以消耗大量资源、牺牲环境为代价获得快速发展，这种粗放式增长模式已直接影响了我国经济的可持续发展。我国经济在今后一段时间对传统产业的依赖性仍然很大，信息产业技术的创新有利于改造和提升传统产业。

➤ 重大：能显著提升传统产业的技术和效率，达到世界领先水平，并形成很强的竞争优势。

➤ 很大：能很大程度提升传统产业的技术和效率，达到世界领先水平，并形成同等竞争优势。

➤ 较大：能部分提升传统产业的技术和效率，接近世界领先水平，并形成局部地区的竞争优势。

> 略大：能部分提升传统产业的技术和效率，缩小与世界领先水平的差距，并形成局部地区的同等竞争优势。
> 没有：对提升传统产业的技术和效率没有帮助。

3）可行性。可行性是信息产业技术发展的基础和前提条件。在进行相关评价时，主要考虑产业化前景、产业化成本及实现产业化时间等方面。

① 产业化前景。信息产业技术的重要性在于它的应用及其对经济社会的发展能产生多大的贡献。一项技术只有应用于产业并集成到产品中，才能实现其经济价值。因此，通过对技术产业化前景的分析，才能确定在短期与长期需要重点关注的信息产业技术。

> 重大：该项信息产业技术有潜在的重大市场需求并能创造市场需求，其技术突破或创新对提高产业水平和装备水平具有决定性作用。
> 很大：该项信息产业技术具有较大市场需求，能形成产业发展中的一些核心技术，促进该产业的发展。
> 较大：该项信息产业技术有一定的市场需求，能对产业发展中的技术进行改造和改进，提高生产效率。
> 略大：该项信息产业技术处于研发阶段，在近期内有可能处于产业化初期。
> 没有：该项信息产业技术处于研究阶段，近期内不能实行产业化。

② 产业化成本。产业化成本是决定信息产业技术最终能否产业化的重要指标。因此我们将成本效益比作为各项信息产业技术的一个评价指标，便于进一步确定信息产业技术。不过，有些信息产业技术的投入与产出很难用定量数据去衡量。这时就需要借助定性分析，即主要依靠各位专家根据自己的经验进行估量。

> 重大：投入小，产出大。
> 很大：投入较大，产出较大。
> 较大：投入较小，产出较小。
> 略大：投入较大，产出较小。
> 没有：投入大，产出小。

③ 实现产业化时间。这是一个比较难以衡量却又非常重要的指标。信息产业技术更新速度非常快，对专家的能力要求很高。实现产业化的时间越短，意味着信息产业技术的可行性越高。

> 重大：不到 1 年实现产业化。
> 很大：1～2 年实现产业化。
> 较大：2～5 年实现产业化。
> 略大：5～10 年实现产业化。
> 没有：10 年以后可能无法实现产业化。

（3）国防安全

在国防科学技术的发展进程中，客观存在着这样一些信息产业技术，它们对提高武器装备、航天系统的性能，对形成新的军事能力、增强威慑能力及提高研制工作的效率等都有特别重要的作用；同时，也对国防科学技术以至整个国家科学技术水平的提高有极大的带动作用。

1）国防科研生产能力。武器的研制、使用和维护能力是国防力量的有机组成部分，是一种软能力，也是任何一个国防力量可持续发展所必不可少的能力。在国防科学技术的发展进程中，客观存在着这样一些信息产业技术，它们对提高国防科研生产能力、作战能力都有特别重要的作用。

国防科研生产能力是以经济作为支撑的，现代化的国防更是如此。采用信息产业技术内部嵌入法来改造老装备，通常可节省 1/3～1/2 的费用，研制时间可缩短一半以上，具有较高的效费比。例如，美军的制导炸弹就是利用激光制导装置对常规无制导炸弹进行改装的结果，在价格上仅为空地导弹价格的 1/5、巡航导弹价格的 1/10，但精度却相差无几，命中率高达 90%。据统计，在发达国家军队中，用高技术改装和改进的武器装备，一般占现役武器装备总数的 40%～50%。21 世纪后的数次战争无不显示出战争对资源消耗的敏感性，因此，降低与国防建设相关的任何成本是一个非常重要的指标。在虚拟现实技术创造的"人工合成环境"中，利用仿真演示系统，对信息化武器装备的设计方案和战技性能进行检验。信息化武器装备是一个复杂系统，传统的设计方法往往耗时费力，而且许多指标无法进行检测。采用仿真演示法能有效地解决上述问题，减少投资风险，节约研制费和试验费。美国国防部和各军种部先后组建了 19 个作战实验室，可以在逼真的虚拟现实环境中，对信息化武器装备进行仿真演示，评估和检测武器装备的战技性能，并据此改进了设计方案。

① 国防科研能力。国防科研能力是在一定条件下和一定时期内研制、设计、开发武器装备的能力。

> 　重大：能够显著提高国防科研能力。
> 　很大：能够很大程度提高国防科研能力。
> 　较大：能够较大程度提高国防科研能力。
> 　略大：能够部分程度提高国防科研能力。
> 　没有：不能提高国防科研能力。

② 国防生产能力。国防生产能力是在一定条件下和一定时期内生产武器装备能力和国防科学技术发展水平的统称。具体可分为 3 种情况：一是平时能力和战时能力；二是表现能力和实际能力；三是综合能力和单项能力。

> 　重大：能够显著提高国防生产能力。
> 　很大：能够很大程度提高国防生产能力。
> 　较大：能够较大程度提高国防生产能力。
> 　略大：能够部分程度提高国防生产能力。
> 　没有：不能提高国防生产能力。

2）作战能力。武器性能的提高是一个国家武装国防力量增强的重要考核指标，信息产业技术在国防武器系统的广泛应用是未来军事力量发展的必然趋势。通过嵌入、融合信息技术或附加信息装置，大幅度提高单件武器装备的作战效能。例如，美国对武器实施信息化改造后，其 M1A1 坦克的进攻能力提高了 54%，毁伤概率提高了 1 倍；AH-64 攻击直升机的杀伤力提高了 4.2 倍，抗毁性提高了 7.2 倍，总体作战能力增长了 16 倍。

通过相关领域专家的定性分析，可以在一定程度上得出有关信息产业技术在该指标方面的情况。

另外，需要改变以往只从纵向上研制新一代武器的思路，从横向上对现有武器系统进行信息化改装或改进，使其具备通用性和联动性，提高武器装备和作战系统的整体效能。数据分析表明，当战斗机加装 Link-16 数据链后，其杀伤力将是原来的 3 倍。如果用信息技术改造导弹部队，其导弹发射单元不但具备自身火力分布数据，还能共享上级预警雷达获得的综合情报数据、发射区数据和杀伤区数据。这些态势数据即使当时不能用于指挥引导，也可以与引导指令兼容，从而充分发挥战场情报作用。外部集成法通常有两种形式：一是将普通武器装备纳入信息化武器装备系统中。例如，B-52 轰炸机早在 1962 年 10 月就已正式宣布不再生产，但在高技术武器装备整体效应的作用下，其作战能力得以跃升。二是通过信息产业技术将原本分立的武器装备进行综合集成，提高武器装备群的信息化能力，弹炮结合的防空武器系统就是典型的案例。

① 攻击能力。攻击基础设施是指攻击者在攻击过程中使用的后端组件，这其中可能包括域名、重定向器、攻击载荷托管服务器、命令控制服务器、数据文件转存服务器等。做好攻击基础设施每一个环节上的安全、隐蔽、秘密等，是实现攻击后最终全身而退的重要保障。攻击基础设施的完善程度决定了其攻击能力的提升程度。

➢　重大：能够显著提升攻击能力。

➢　很大：能够很大程度提升攻击能力。

➢　较大：能够较大程度提升攻击能力。

➢　略大：能够部分程度提升攻击能力。

➢　没有：不能提升攻击能力。

② 防御能力。防御措施是指活动测控装备在机动转移、任务准备和任务实施 3 个阶段采取的一系列防御手段。这些手段无外乎 PDRR（protect-detect-react-restore），即保护-检测-反应-恢复安全保障体系，做好防御措施是提升防御能力的基础。

➢　重大：能够显著提升防御能力。

➢　很大：能够很大程度提升防御能力。

➢　较大：能够较大程度提升防御能力。

➢　略大：能够部分程度提升防御能力。

➢　没有：不能提升防御能力。

3）作战模拟能力。作战模拟特别是现代的分布交互式模拟，能够形象地按照需要研究的问题表现作战过程，描述武器、装备、人员、战略、战术、技术、指挥、情报和后勤等在一场设想的战争中的作用和表现，帮助人们思考实际作战过程中可能发生的情况及采取的对策，并分析这些情况和对策在各种状态下的可能后果。作战模拟是军事领域使用最广泛的手段。随着模拟技术的发展，拟真程度越来越高，作战模拟在军事领域的作用也越来越大。

信息产业技术的发展进一步推动了作战模拟达到新的阶段，计算机仿真、交互式对抗模拟相继出现，作战模拟的应用范围也从对作战结果的预测与判定、作战过程的推演与评价扩展到一个军事行为从策划到实施的全过程。可见，信息产业技术水平的提高对该项指标的影响是非常大的。

> 重大：能够显著提高作战模拟能力。
> 很大：能够很大程度提高作战模拟能力。
> 较大：能够较大程度提高作战模拟能力。
> 略大：能够部分程度提高作战模拟能力。
> 没有：不能提高作战模拟能力。

（4）社会安全

社会安全是一个国家发展的保障，是衡量一个国家或地区的安全性方面的综合评价，主要考虑对失业问题的影响、对医疗健康事业的促进性、社会治安水平及社会保险等。

1）对失业问题的影响。失业问题是市场经济国家普遍面临的难题。我国近年的失业问题也比较严重，虽然每年保持较高的经济增长率，城镇下岗职工、登记失业人口及农村剩余劳动力的规模还是比较大的。信息产业技术对失业问题的影响主要体现在两个方面：一是针对劳动需求信息不对称，一些信息产业技术有助于改善这种情况，进而提高劳动就业率；二是由于技术进步引起的结构性失业问题，有可能产生两种截然不同的影响，即扩大就业人口或者增加失业人口。我们可以采用扩大就业人口和萎缩就业人口指标来衡量我国信息产业技术对失业问题的影响。

① 使我国就业人口扩大。能够使我国就业人口扩大的信息产业技术，评分应该越高。

② 使我国就业人口萎缩。能够使我国就业人口萎缩的信息产业技术，评分也应该越高。

一项信息产业技术不可能同时在这两个指标中都有比较高的得分。某项信息产业技术如果增加了我国的失业人口，应该引起有关部门的重视，这也是我们选取该指标的原因。

2）对医疗健康事业的促进性。改善人民生活质量是政府的主要工作职责，也事关社会的稳定性。对医疗健康事业的促进性是信息产业技术评价的一项重要内容。

① 能提高医学诊断和治疗水平的信息产业技术。借助医疗卫生信息技术产品和互联网，可以优化医疗服务流程，改善患者就医体验，使医生可以便捷、高效地诊断治疗，患者可以及时了解医疗保健信息；便于开展远程教学和医疗活动，实现实时的医学数据传输和信息资源共享。这同时也给人类健康带来新的机遇和挑战。

> 重大：能够显著提高医学诊断和治疗水平。
> 很大：能够很大程度提高医学诊断和治疗水平。
> 较大：能够较大程度提高医学诊断和治疗水平。
> 略大：能够一定程度提高医学诊断和治疗水平。
> 没有：不能提高医学诊断和治疗水平。

② 能降低医学诊断和治疗成本的信息产业技术。可以利用信息产业技术链，实现医疗器械产业链的创新，其应用能够提高常见疾病的治疗效果，并相应减少一些不必要的诊断成本。

> 重大：能够显著降低医学诊断和治疗成本。

- ➤ 很大：能够很大程度降低医学诊断和治疗成本。
- ➤ 较大：能够较大程度降低医学诊断和治疗成本。
- ➤ 略大：能够一定程度降低医学诊断和治疗成本。
- ➤ 没有：不能降低医学诊断和治疗成本。

3）社会治安水平。社会治安问题关系着人们正常的工作、生产、生活和社会秩序，直接影响社会稳定。随着信息产业技术的发展与应用，我国的社会治安防控体系不断完善。应用相关的硬件、软件及信息处理技术，可以在不同程度上提高我国社会治安的防控水平。

① 能够提高社会治安效率的信息产业技术。社会治安的信息化防控，在一定意义上强调社会治安防控体系中数据和信息的关键性、基础性作用。平安城市是未来城市发展演进的必然趋势，其创新建设是顺应当前全球技术变革及新一轮产业发展的时代潮流，以期建设更高水平的平安中国，进一步增强人民群众的安全感。

- ➤ 重大：能够显著提高社会治安效率。
- ➤ 很大：能够较显著提高社会治安效率。
- ➤ 较大：能够较大程度提高社会治安效率。
- ➤ 略大：能够一定程度提高社会治安效率。
- ➤ 没有：不能提高社会治安效率。

② 能够降低社会治安成本的信息产业技术。社会治安需要主动适应新形势，增强风险防范意识，推进公共安全工作精细化、信息化和法治化，不断提高维护公共安全能力水平，有效防范、化解及管控各类风险。精细化是从系统论、控制论和信息论出发，要求细化流程量化标准，最大限度地降低成本、提高效益的先进理念，要求精益求精、关注过程并注重细节。

- ➤ 重大：能够显著降低社会治安成本。
- ➤ 很大：能够较显著降低社会治安成本。
- ➤ 较大：能够较大程度降低社会治安成本。
- ➤ 略大：能够一定程度降低社会治安成本。
- ➤ 没有：不能降低社会治安成本。

4）社会保险。随着社会的发展，只有更完善的社会保障体系才能为居民的生活水平提供进一步的保障；而社会保险是其核心。这与社会公众的切身利益息息相关，也与社会的和谐发展紧密相连。

① 对提升社会保险系统运作效率的贡献。社会保险管理信息系统的设计目的是要简化业务流程、提高工作效率。这就需要确保信息采集、传输、处理的高效与准确，满足社会保险相关政府机构、保险单位、投保单位及个人等，对社会保险服务的不同需求，有效发挥其决策辅助作用。

- ➤ 重大：对提升社会保险系统运作效率的贡献显著。
- ➤ 很大：对提升社会保险系统运作效率的贡献很大。
- ➤ 较大：对提升社会保险系统运作效率的贡献较大。
- ➤ 略大：能够一定程度提升社会保险系统运作效率。

➢ 没有：不能提升社会保险系统运作效率。

② 对降低社会保险系统运作成本的贡献。社会保险系统要为社会提供充分的社会保险服务，也要控制好社会保险成本。

➢ 重大：对降低社会保险系统运作成本的贡献显著。

➢ 很大：对降低社会保险系统运作成本的贡献很大。

➢ 较大：对降低社会保险系统运作成本的贡献较大。

➢ 略大：能够一定程度降低社会保险系统运作成本。

➢ 没有：不能降低社会保险系统运作成本。

（5）生态安全

生态安全是指生态系统的健康和完整情况，是人类在生产、生活和健康等方面不受生态破坏与环境污染等影响的保障程度。具体包括饮用水与食物安全、空气质量与绿色环境等基本要素。生态安全是人类可持续发展的根本保障。

1）对环境保护的作用。保护环境是我国的基本国策，事关人民群众的根本利益。党中央高度重视生态文明建设和环境保护工作。党的十八大把生态文明建设放在突出地位，纳入中国特色社会主义事业总体布局。党的十八届三中全会、四中全会又进一步提出，要加快生态文明制度建设，用严格的法律制度保护生态环境。习近平总书记明确指出，"只有实行最严格的制度、最严密的法治，才能为生态文明建设提供可靠保障"[①]。全国人民代表大会及其常务委员会历来高度重视环境保护领域的立法工作，先后制定了《中华人民共和国环境保护法》《中华人民共和国大气污染防治法》《中华人民共和国水污染防治法》等 30 多部相关法律。这些法律的颁布与实施，为保护和改善我国生态环境发挥了重要作用。

① 对防治"三废"的作用。主要是防治由生产、生活等活动引起的环境污染，包括防治工业生产排放的"三废"、粉尘、放射性物质及产生的噪声、振动、恶臭和电磁微波辐射，交通运输活动产生的有害气体、液体、噪声，海上船舶运输排出的污染物，工农业生产和人民生活使用的有毒、有害化学品，城镇生活排放的烟尘、污水和垃圾等造成的污染。

➢ 重大：对防治"三废"的作用显著。

➢ 很大：对防治"三废"的作用很大。

➢ 较大：对防治"三废"的作用较大。

➢ 略大：能够一定程度提升防治"三废"的作用。

➢ 没有：对防治"三废"的作用没有贡献。

② 对防止由建设和开发活动引起的环境破坏的作用。防止由大型水利工程，铁路、公路干线，大型港口码头、机场和大型工业项目等，农垦和围湖造田活动，海上油田、海岸带和沼泽地的开发，森林和矿产资源的开发等，对环境造成的破坏和影响，以及新工业区、新城镇的设置和建设等对环境的破坏、污染和影响。

---

① 习近平. 坚持节约资源和保护环境基本国策 努力走向社会主义生态文明新时代[EB/OL].(2013-05-25)[2018-12-25]. http://cpc.people.com.cn/n/2013/0525/c64094-21611332.html.

> 重大：对防止由建设和开发活动引起的环境破坏的作用显著。
> 很大：对防止由建设和开发活动引起的环境破坏的作用很大。
> 较大：对防止由建设和开发活动引起的环境破坏的作用较大。
> 略大：能够一定程度防止由建设和开发活动引起的环境破坏的作用。
> 没有：对防止由建设和开发活动引起的环境破坏的作用没有贡献。

③ 对保护特殊自然环境的作用。具体包括对珍稀物种及其生活环境、特殊的自然发展史遗迹、地质现象、地貌景观等提供有效的保护。

> 重大：对保护特殊自然环境的作用显著。
> 很大：对保护特殊自然环境的作用很大。
> 较大：对保护特殊自然环境的作用较大。
> 略大：能够一定程度保护特殊自然环境的作用。
> 没有：对保护特殊自然环境的作用没有贡献。

2) 对资源和能源综合开发利用的贡献度。我国在《国民经济和社会发展第十三个五年规划纲要》（以下简称"十三五"规划纲要）的开篇提出，生态环境质量总体改善是今后五年经济社会发展的主要目标之一。"资源环境"是和"经济发展""创新驱动""民生福祉"相并列的四大指标，这一规定为未来我国能源、资源和环境发展确定了方向。"十三五"规划纲要提出如下明确目标：生产方式和生活方式的绿色低碳水平上升，能源资源开发利用效率大幅提高；能源和水资源消耗、建设用地、碳排放总量得到有效控制，主要污染物排放总量大幅减少，主体功能区布局和生态安全屏障基本形成。

① 对资源综合开发利用的贡献度。资源就是指自然界和人类社会可用以创造物质财富和精神财富的、具有一定量积累的客观存在形态，如土地资源、矿产资源、森林资源、海洋资源、石油资源、人力资源和信息资源等。具体可以分为自然资源（如阳光、空气、水、土地、森林、草原、动物、矿藏等）和社会资源（如人力资源、信息资源，以及经过劳动创造的各种物质财富等）。

> 重大：对资源综合开发利用的贡献显著。
> 很大：对资源综合开发利用的贡献很大。
> 较大：对资源综合开发利用的贡献较大。
> 略大：能够一定程度改善资源综合开发利用。
> 没有：对资源综合开发利用没有贡献。

② 对能源综合开发利用的贡献度。能源是人类活动的物质基础，也称为能量资源或能源资源，是指可产生各种能量（如热量、电能、光能和机械能等）或可做功的物质的统称。能源是能够直接取得或者通过加工、转换而取得"有用能"的各种资源，具体可分为常规能源和新能源。其中，已被人类广泛利用并在人类生活和生产中起重要作用的能源，称为常规能源，通常包括煤炭、石油、天然气、水能 4 种；而新近才被人类开发利用、有待于进一步研究发展的能量资源称为新能源。相对于常规能源而言，在不同的历史时期和科技水平情况下，新能源有不同的内容。目前，新能源通常是指核能、太阳能、风能、地热能、氢气等。

> 重大：对能源综合开发利用的贡献显著。

> ➤　很大：对能源综合开发利用的贡献很大。
> ➤　较大：对能源综合开发利用的贡献较大。
> ➤　略大：能够一定程度改善能源综合开发利用。
> ➤　没有：对能源综合开发利用没有贡献。

（6）信息安全

信息安全是指信息网络的硬件、软件及系统中的数据受到保护，不受偶然的或者恶意的原因而遭到破坏、更改与泄露，系统连续可靠、正常地运行，信息服务不中断。从广义上来说，凡是与信息的真实性、保密性、完整性和可控性相关的信息产业技术都需要认真考察。

1）真实性。信息安全需要保证信息的保密性、真实性、完整性、未授权拷贝和所寄生系统的安全性。

① 信息来源的真实性。能够对信息产业技术涉及的相关信息来源进行判断，即对伪造来源的信息予以鉴别的能力。

> ➤　重大：能够显著提高对信息来源真实性的判断力。
> ➤　很大：能够很大程度提高对信息来源真实性的判断力。
> ➤　较大：能够较大程度提高对信息来源真实性的判断力。
> ➤　略大：一定程度能够提高对信息来源真实性的判断力。
> ➤　没有：不能提高信息来源真实性的判断力。

② 虚拟环境下信息主体的责任确认能力。能建立有效的责任机制，防止用户否认其行为，这一责任确认能力在电子商务中极其重要。

> ➤　重大：能够显著提高虚拟环境下信息主体的责任确认能力。
> ➤　很大：能够很大程度提高虚拟环境下信息主体的责任确认能力。
> ➤　较大：能够较大程度提高虚拟环境下信息主体的责任确认能力。
> ➤　略大：一定程度能够提高虚拟环境下信息主体的责任确认能力。
> ➤　没有：不能提高虚拟环境下信息主体的责任确认能力。

2）保密性。保密性是指网络信息不被泄露给非授权的用户、实体或过程，即信息只为授权用户使用。保密性是在可靠性、可用性基础上保障网络信息安全的重要手段。

① 防窃听能力。主要评价保证机密信息不被窃听的能力。防窃听网络编码的研究始于 2002 年，当时 Ning 和 Yeung（2002）等将网络编码与信息安全相结合，提出窃听网络模型，并设定了构建安全线性网络编码所需满足的条件。

> ➤　重大：能够显著提高防窃听能力。
> ➤　很大：能够很大程度提高防窃听能力。
> ➤　较大：能够较大程度提高防窃听能力。
> ➤　略大：一定程度能够提高防窃听能力。
> ➤　没有：对防窃听能力的提高没有贡献。

② 防译码能力。一旦机密信息被窃听，设法保证窃听者不能了解信息真实含义的能力。

> ➤　重大：能够显著提高防译码能力。

> 很大：能够很大程度提高防译码能力。
> 较大：能够较大程度提高防译码能力。
> 略大：一定程度能够提高防译码能力。
> 没有：对防译码能力的提高没有贡献。

3）完整性。数据完整性指在传输、存储信息或数据的过程中，确保信息或数据不被未授权篡改，或在篡改后能够迅速发现。

① 一致性能力。主要评价保证数据的一致性，防止数据被非法用户篡改，数据备份与恢复以及灾难恢复问题。

> 重大：能够显著提高一致性能力。
> 很大：能够很大程度提高一致性能力。
> 较大：能够较大程度提高一致性能力。
> 略大：一定程度能够提高一致性能力。
> 没有：对一致性能力的提高没有贡献。

② 可用性能力。主要评价是否能够保证信息确实为授权使用者所使用，即保证合法用户在需要时可以使用所需信息，对信息和资源的使用不会被不正当地拒绝。

> 重大：能够显著提高可用性能力。
> 很大：能够很大程度提高可用性能力。
> 较大：能够较大程度提高可用性能力。
> 略大：能够一定程度提高可用性能力。
> 没有：对可用性能力的提高没有贡献。

4）可控制性。可控制性是对网络信息的传播及内容具有控制能力的特性，防范危害的不断扩大，从而起到风险控制最小化的作用。

① 控制能力。对信息的传播及内容具有控制能力，不能让信息渠道成为不法分子影响社会和谐的平台。

> 重大：能够显著提高控制能力。
> 很大：能够很大程度提高控制能力。
> 较大：能够较大程度提高控制能力。
> 略大：能够一定程度提高控制能力。
> 没有：对控制能力的提高没有贡献。

② 可审查性。主要评价对出现的网络安全问题提供调查的依据和手段。

> 重大：能够显著提高可审查性。
> 很大：能够很大程度提高可审查性。
> 较大：能够较大程度提高可审查性。
> 略大：能够一定程度提高可审查性。
> 没有：对可审查性的提高没有贡献。

值得注意的是，信息产业技术评价体系中各项指标的得分情况需应用德尔菲法。首先，在第一轮德尔菲得分调查时，需要向咨询专家统一发送问卷，一个月左右回收问卷，经整理后把有效问卷输入数据库，进行第一轮统计分析。其次，对调查统计结果及各位专家赋分的说明性材料进行整理，形成第二轮德尔菲调查的参考资料。再次，第二轮德尔菲问卷调查后一个月左右回收问卷，经过整理后将第二轮有效问卷输入数据库，进行统计分析。如果经费和时间允许可以进行多次德尔菲调查。最后，形成各项指标得分，作为下一步数据处理的依据。

5.3　评　价　结　果

各项具体指标的得分在 0～100 之间。对专家的打分进行数据处理，采用抽样推断方法给出信息产业技术评价指标的得分置信区间，区间的置信度选取 90%。以经济安全为例，假设专家对某项信息产业技术评价指标的评分如表 5.6 所示。该项信息产业技术在经济安全的得分区间为（75.5，83.3）。根据对专家评分的抽样推断结果得出以下结论：专家评分落在区间（70，80）的置信度为 65.5%，专家评分落在区间（80，90）的置信度为 35.5%（具体处理过程见附录 2）。据此可以做如下推论，即有比较大的把握认为该信息产业技术在经济安全方面的贡献度非常大。同理，也可以得出某一信息产业技术的综合评价得分，举例详见附录中的相关内容。

表 5.6　专家对某项信息产业技术评价指标的评分情况

指标（权重）	专家						置信区间
	A	B	C	D	E	F	
与各个信息产业部门的联系程度（0.4）	72	80	76	84	90	78	75～85
对高新技术产业的作用（0.3）	64	76	80	80	69	64	66～78
对改造和提升传统产业的作用（0.3）	84	88	90	92	82	79	82～90

注：数据处理的具体细节见附录。

抽样估计专家评分的平均分数的优点：在相同的置信度下，相对每个具体指标的抽样推断而言，对一级指标抽样推断的精确度更高，也就更容易确定信息产业技术对各个一级指标的贡献度。根据上述专家对信息产业技术相对于各项具体指标的打分情况，所形成的数据是各项具体指标的得分值。根据统计结果，可以初步拟定综合评分值在 80 分以上的信息产业技术为关键技术。

主要参考文献

陈海强，2018. 美国网络攻击归因溯源能力现状浅析：以司法部诉俄 GRU 黑客案为例[J]. 信息安全与通信保密（9）：66-72.

陈岩峰，王力东，2008. 加快国际化步伐 提高电子信息产业国际竞争力[J]. 科技管理研究（6）：242-243，241.

金术良，等，2018. 活动测控装备网络安全防御研究[J]. 网络安全技术与应用（11）：97-98.

李春鹏，王汉斌，2016. "中国制造 2025"背景下泉州制造业的先进性评价与升级对策[J]. 泉州师范学院学报，34（2）：92-97，109.

利坚，2004. 关于网络信息安全的思考[J]. 华南金融电脑（5）：19-20.

刘志鹏，等，2018. 技术经济安全的概念与内涵：从新兴学科建设的视角[J]. 科学学研究，36（3）：410-417.

丘彩霞，等，2012. 网络环境下我国健康产业现状及其发展模式[J]. 现代医院，12（11）：8-11.

孙学明，2018．企业社会保险管理存在的问题与对策初探[J]．中国商论（31）：85-86.

王铮，2015．产业技术实现赶超战略的路径分析：基于国际化阶段特征视角[J]．湖南科技大学学报（社会科学版），18（4）：96-103.

许爱萍，2014．美国提高电子信息产业技术创新能力的经验及借鉴[J]．中国科技论坛（3）：72-78.

阳军，等，2014．软件和信息技术服务业技术标准体系研究[J]．信息技术与标准化（11）：4-10.

袁晓东，凌霄霄，2018．基于解密发明信息的美国国防专利特征分析[J]．情报杂志，37（6）：20-26，39.

曾宇，2018．信息产业核心技术进一步发展迫在眉睫[J]．中国战略新兴产业（29）：94.

NING C, YEUNG G W, 2002. Secure network coding[C]. Proc of IEEE International Symposium on Information Theory: 323.

第6章 我国信息产业技术发展战略目标

战略目标定位是信息产业技术发展战略的核心内容。如果信息产业技术发展战略目标定位不准确或发生失误，再优秀的战略理念、再科学的战略规划也是徒劳无益的。我国信息产业技术发展战略具有长期性、连续性等特性，但这并不意味着一成不变，其目标定位应当能够反映时代和环境特点。通过对信息产业技术发展战略的内涵、作用、指导思想、原则等方面的分析，我们提出我国信息产业技术阶段、创新能力、竞争能力及协调能力发展的战略目标定位。

6.1 信息产业技术发展战略的内涵

"战略"这个概念最初只存在于军事领域，战争需要讲究谋略。谋略有大有小，大谋略叫"战略"，小谋略叫"战术"。战略就是用来开发核心竞争力、获取竞争优势的一系列具有综合性、协调性的约定和行动。信息产业技术发展战略是指信息产业为促进信息产业技术的进一步发展与创新而制定的有关政策体系，它是一种科学勾画的、积极的、向前的、全局性的蓝图，其实质是规划如何在世界范围内的竞争中争取信息产业技术发展的战略主动地位。确立战略目标是制定信息产业技术发展战略的关键环节。战略目标是战略行动所要达到的预期结果，是制定和实施战略的出发点和归宿，一般具有全局性、方向性、对抗性、预见性、谋略性等特征。2006年国务院发布的《规划纲要（2006—2020）》指出，本世纪头20年，是我国经济社会发展的重要战略机遇期，也是科学技术发展的重要战略机遇期。要以邓小平理论、"三个代表"重要思想为指导，贯彻落实科学发展观，全面实施科教兴国战略和人才强国战略，立足国情，以人为本，深化改革，扩大开放，推动我国科技事业的蓬勃发展，为实现全面建设小康社会目标、构建社会主义和谐社会提供强有力的科技支撑。

2018年1月9日，全国科技工作会议上印发了科学技术部党组2018年一号文件《关于坚持以习近平新时代中国特色社会主义思想为指导 开创科技工作新局面的意见》，强调要深入学习贯彻党的十九大精神，以习近平新时代中国特色社会主义思想统领科技工作全局。文件指出，做好当前和今后一个时期的科技工作重点要把握以下要求：①坚持党对科技工作的全面领导；②坚持把"三个面向"作为科技创新的主攻方向；③坚持把推进供给侧结构性改革作为科技创新的重大牵引；④坚持把基础研究作为创新型国家建设的重要根基；⑤坚持把以人民为中心作为科技工作的根本出发点和落脚点；⑥坚持以深化科技体制改革激发创新创业活力；⑦坚持把人才作为创新驱动发展的第一资源；⑧坚持把科技管理系统能力建设作为推进科技创新治理体系和治理能力现代化的基础性工程。

　　科技工作以自主创新、重点跨越、支撑发展、引领未来为指导方针。自主创新，就是从增强国家创新能力出发，加强原始创新、集成创新和引进消化吸收再创新。重点跨越，就是坚持有所为、有所不为，选择具有一定基础和优势、关系国计民生和国家安全的关键领域，集中力量、重点突破，实现跨越式发展。支撑发展，就是从现实的紧迫需求出发，着力突破重大关键、共性技术，支撑经济社会的持续协调发展。引领未来，就是着眼长远，超前部署前沿技术和基础研究，创造新的市场需求，培育新兴信息产业，引领未来经济社会的发展。这一方针是我国半个多世纪科技发展实践经验的概括总结，是面向未来、实现中华民族伟大复兴的重要抉择。应当把提高自主创新能力摆在全部科技工作的突出位置。党和政府历来重视和倡导自主创新。在对外开放条件下推进社会主义现代化建设，必须认真学习和充分借鉴人类一切优秀文明成果。

　　改革开放多年来，我国引进了大量技术和装备，对提高信息技术产业水平、促进经济发展起到了重要作用。然而，必须清醒地看到，只引进而不注重技术的消化吸收和再创新，势必削弱自主研究开发的能力，拉大与世界先进水平的差距。事实告诉我们，在关系国民经济命脉和国家安全的关键领域，真正的核心信息产业技术是买不来的。我国要在激烈的国际竞争中掌握主动权，就必须提高自主创新能力，在若干重要领域掌握一批核心技术，拥有一批自主知识产权，造就一批具有国际竞争力的企业。总之，必须把提高自主创新能力作为国家战略，贯彻到现代化建设的各个方面，贯彻到各个产业和地区，大幅度提高国家竞争力。

　　科技人才是我国信息产业提高自主创新能力的关键所在。要把创造良好环境和条件、培养和凝聚各类科技人才（特别是优秀拔尖人才）、充分调动广大科技人员的积极性和创造性，作为信息产业科技工作的首要任务；应当努力开创人才辈出、人尽其才、才尽其用的良好环境，努力建设一支与我国经济社会发展和信息技术产业建设相适应的规模宏大、结构合理的高素质科技人才队伍，为我国信息技术产业发展提供充分的人才支撑和智力保证。

　　国务院于 2016 年 11 月 29 日印发的《"十三五"国家战略性新兴产业发展规划》指出，要推动信息技术产业跨越发展，拓展网络经济新空间；深入推进"宽带中国"战略，加快构建高速、移动、安全、泛在的新一代信息基础设施，大力推进高速光纤网络建设，加快构建新一代无线宽带网和下一代广播电视网，促进三网融合，推进移动互联网、云计算、物联网等技术与农业、能源、金融、商务、物流快递等深度融合。同时，在发展目标中强调要攻克一批关键核心技术，发明专利拥有量年均增速达到 15%，建成一批重大产业技术创新平台，产业创新能力跻身世界前列，在若干重要领域形成先发优势，产品质量明显提升。此外，在重点任务分配方案中，强调应由国家发改委、工业和信息化部、科学技术部、财政部、国家互联网信息办公室、国家市场监督管理总局等按职责分工负责，做强信息技术核心产业，组织实施集成电路发展工程，即顺应网络化、智能化、融合化等发展趋势；着力培育建立应用牵引、开放兼容的核心技术自主生态体系，全面梳理和加快推动信息技术关键领域新技术研发与产业化，推动产业转型升级取得突破性进展。

战略性新兴产业代表新一轮科技革命和产业变革的方向，是培育发展新动能、获取未来竞争新优势的关键领域。未来 5～10 年，是全球新一轮科技革命和产业变革从蓄势待发到群体迸发的关键时期。信息革命进程持续快速演进，物联网、云计算、大数据、人工智能等技术广泛渗透于经济社会各个领域，信息经济繁荣程度成为国家实力的重要标志。"十三五"时期，要把发展战略性新兴产业、提升信息技术产业核心竞争力置于经济社会发展更加突出的位置，大力构建现代产业新体系与核心技术自主生态体系，进一步加快信息技术关键领域新技术研发与产业建设，从而推动经济社会持续健康发展。技术创新是战略性新兴产业发展的核心，要深入实施创新驱动发展战略，大力推进大众创业、万众创新，突出企业主体地位，全面提升技术、人才、资金的供给水平，营造创新要素互动融合的生态环境。聚焦突破核心关键信息产业技术，进一步提高自主创新能力，全面提升产品和服务的附加价值和国际竞争力。推进简政放权、放管结合、优化服务改革，破除传统管理方式对新兴产业发展的束缚，降低信息产业中的各企业成本，激发企业活力，加快新兴企业的快速成长。

6.2　我国信息产业技术发展战略的作用

很多企业往往会忽略发展战略规划的制定，从而在经济市场发生变革时，不能够及时调整自身的战略以适应市场的发展趋势。我国信息产业技术发展战略的作用主要体现在增强我国信息产业的竞争优势、确保我国信息产业的安全性等方面。

6.2.1　增强我国信息产业的竞争优势

新一代信息技术产业在《"十三五"国家战略性新兴产业发展规划》中被列为国家战略性新兴产业之一。信息技术产业作为实现信息化和推动经济发展的重要支撑，以及国防现代化的有力保障，已成为全球经济、政治、文化、社会特别是科技和军事竞争的焦点。信息产业技术的国际竞争格局日趋复杂，竞争压力日益加大。美国、日本、德国等发达国家相继推出信息产业发展的国家战略，一些主要发达国家已形成对核心技术和网上信息资源的控制，凭借其在信息技术、信息资源等方面的优势，加强对发展中国家的影响。世界军事强国都十分重视军事电子信息技术及其装备的发展。跨国公司通过控制核心技术、重要标准，以期巩固在全球竞争中的地位。许多发展中国家采取跟进或赶超战略，积极改善投资环境，吸收国外先进技术，推动产业转型升级，促进信息产业技术加快发展。当代综合国力的竞争更多地集中在信息技术和信息资源的掌控上，体现为国家信息化能力的竞争。

改革开放后，中国经济能够保持持续高速增长，信息产业是重要的推动力。自 20世纪 80 年代以来，我国通过将引进、消化吸收与创新相结合，仅用十多年的时间，迅速实现了通信数字化、网络化等，信息产业技术迅速普及和应用，信息产业的发展速度是 GDP 增长速度的 3～5 倍，有力地推动了我国经济的高速增长。

"十二五"至"十三五"期间，我国信息产业发展取得显著成效，比较优势和竞争能力发生深刻变化，具体表现在以下方面。

1. 产业规模较快增长

2015 年，信息产业收入规模达到 17.1 万亿元。彩电、手机、微型计算机、网络通信设备等主要电子信息产品的产量居全球第一，电话用户和互联网用户规模居世界首位。2017 年，信息产业收入规模接近 20 万亿元。

2. 结构优化升级取得实质进展

2015 年，软件和信息技术服务业占信息产业收入比重由 2010 年的 16% 提高到 25%，移动数据及互联网业务收入占电信业收入比重提升至 27.6%。电子信息产品竞争力明显提升，对外贸易顺差稳步扩大。2017 年，软件行业实现信息技术服务收入 2.9 万亿元，比 2016 年增长 16.8%，增速高出全行业平均水平 2.9 个百分点，占全行业收入比重为53.3%；软件行业实现软件产品收入 1.7 万亿元，比 2016 年增长 11.9%，占全行业收入比重为 31.3%；在固定通信业务中固定数据及互联网业务收入达到 1 971 亿元，比 2016年增长 9.5%，在电信业务收入中占比由 2016 年的 15.2% 提升到 15.6%，拉动电信业务收入增长 1.4 个百分点，对全行业的业务收入增长贡献率达 21.9%。具体情况对比如表 6.1 所示。

表 6.1　2017 年软件、通信行业收入情况对比

收入类型	业务收入/亿元	涨幅/%	占全行业收入比重/%
信息技术服务	29 000	16.8	53.3
软件产品	17 000	11.9	31.3
固定数据及互联网业务	1 971	9.5	15.6

3. 信息产业技术创新能力大幅提升

国内信息技术专利申请总量已超过 304.8 万件，其中发明专利申请总量和授权量分别超过 193.7 万件和 7.48 万件；具有自主知识产权的时分-长期演进技术（time division-long time evolution，TD-LTE）技术成为第四代移动通信（4G）国际主流标准之一，并实现大规模商用。集成电路设计水平达到 16/14 纳米，制造业实现 28 纳米小批量生产；多条高世代平板显示生产线建成投产，软件、硬件技术实现重大突破，一批骨干企业的创新能力和竞争力大幅提升。

4. 信息基础设施加速升级

宽带接入实现从非对称数字式用户线路（asymmetric digital subscriber line，ADSL）向光纤到户（fiber to the home，FTTH）的跨越，移动通信实现从 3G 向 5G 的升级。新增国家级骨干直联点建成开通，网间互通质量和效率大幅提升。中国铁塔公司成立，电信基础设施共建共享迈向新高度。

5. 信息产业支撑引领作用凸显

信息产业快速发展带动两化融合水平稳步提升，互联网对经济社会促进作用逐步显现。2015 年网络零售交易额达 3.88 万亿元，2017 年上半年中国网络零售交易额达到 3.1 万亿元，与 2016 年上半年的 2.3 万亿元相比，同比增长了 34.8%。一批互联网龙头企业建立开放平台，成为带动大众创业、万众创新的新渠道、新推力。智慧城市、智慧交通、远程医疗、互联网金融等新业态不断涌现，加速经济社会运行模式深度变革。然而，我国信息产业的核心基础能力依然薄弱，核心芯片和基础软件对外依存度高，要素成本增长较快，关键领域原始创新和协同创新能力亟须提升；引领信息产业发展方向、把握信息产业发展主导权的能力不强；产品供给效率与质量不高，与发达国家相比，呈现出"应用强、技术弱、市场厚、利润薄"的倒三角式产业结构；信息技术融合应用深度不够，新产品、新业态、新模式发展面临体制机制障碍；网络与信息安全形势依然严峻，安全保障能力亟待提升。

信息产业技术关系国家安全、经济利益、社会安定及公众安全，与国家经济利益密切相关，对经济增长具有很强的促进作用，具体包括以下方面。

1) 信息产业技术对一个国家的高新技术产业的发展、国民经济的发展及国家竞争力的提高具有战略性、导向性的作用。信息产业作为高新技术产业革命的龙头，具有很强的先导性，对新兴产业的形成具有很大的带动作用，对经济发展将产生巨大的乘数效应。

2) 信息产业技术的发展，正在带来社会生产方式的革命，以及相关的管理手段和技术的变革。其中，最为重要的是促进了知识经济生产方式的形成，推动了经济全球化的发展。

3) 信息产业技术改变了国际分工地位。我国在国际分工中的弱势地位，主要是生产体制还不适应当今的产业革命和先进的生产方式的变革需要，技术创新能力差、跨国公司对中国的技术垄断等因素造成的。我国信息产业技术的突破将带来多方面的效应，实现技术发展的跨越。

6.2.2　确保我国信息产业的安全性

信息产业安全性保障是信息技术产业发展过程中的一项重要战略任务。《信息产业发展指南》提出"到 2020 年，具有国际竞争力、安全可控的信息产业生态体系基本建立"的目标。我国信息产业要进一步统筹发展和安全，以安全保发展、以发展促安全。强化法治建设、标准制定、技术支撑和市场监管，壮大信息安全产业，推进行业自律和社会监督，健全关键信息基础设施的安全保障体系。坚持积极防御、综合防范，探索和把握信息化与信息安全的内在规律，主动应对信息安全挑战，实现信息化与信息安全协调发展。同时，立足国情，综合平衡安全成本和风险，优化信息安全资源配置，建立和完善信息安全等级保护制度，重点保护基础信息网络和关系国家安全、经济命脉、社会稳定的重要信息系统。加强密码技术的开发利用，建设网络信任体系；加强信息安全风险评估工作，完善信息安全监控体系；提高对网络安全事件应对和防范能力，防止有害信息传播，高度重视信息安全应急处置工作；健全信息安全应急指挥和安全通报制度，不断完善信息安全应急处置预案。从信息产业发展的实际状况出发，促进资源共享，重视灾难备份建设，增强信息基础设施和重要信息系统的抗毁能力和灾难恢复能力。

积极跟踪、研究和掌握国际信息安全领域的先进理论、前沿技术和发展动态，开展对信息技术产品漏洞、后门的发现研究，掌握核心安全技术，提高关键设备装备能力，促进我国信息安全技术和产业的自主发展。重视人才培养，加快信息安全人才培养，增强社会公众的信息安全意识。不断提高信息安全的法律保障能力、基础支撑能力、舆论宣传的驾驭能力，建立和完善维护国家信息安全的长效机制，增强国家信息安全保障能力。

6.2.3 改进信息产业技术保密项目管理效果

随着创新驱动发展战略的深入实施，我国科技创新整体实力显著提升，引起世界各国高度关注。与此同时，我国信息产业技术保密工作也面临更加复杂的环境和更加严峻的挑战。网络与信息技术日新月异，前沿技术与颠覆性技术不断出现，涉密主体日趋多元，科技与经济结合更加紧密，保密与窃密斗争逐步成为高新技术攻防战，失泄密风险及其后果愈加难以控制，加强科技保密的体系能力建设愈加迫切。信息产业技术保密项目的全过程管理主要包括以下 3 个方面。

1）抓好学习，提高思想认识，是做好定密工作的基础。在《中华人民共和国保守国家秘密法》（以下简称《保密法》）的第一章总则里的第三条明确指出："国家秘密受法律保护。一切国家机关、武装力量、政党、社会团体、企业事业单位和公民都有保守国家秘密的义务。任何危害国家秘密安全的行为，都必须受到法律追究。"认真组织学习《保密法》、《中华人民共和国保守国家秘密法实施条例》（以下简称《保密法实施条例》）等，建立一个定密工作小组，增强做好定密工作的责任感和紧迫感。

2）掌握评价标准，严格审核把关，建立健全审定国家秘密及其密级的制度，是做好定密工作的关键。确定定密责任人，由机关、单位负责人为本机关、本单位的定密责任人，对定密工作负总责。机关、单位应当定期对本机关、本单位定密责任人履职、定密授权、定密及备案等情况进行检查，对发现的问题及时纠正。上级机关、单位或者业务主管部门应当依法进行指导和监督，发现下级机关、单位定密不当或者存在问题的，应当及时通知其纠正，也可以直接做出确定、变更或者解除的决定。国家科学技术秘密的确定、变更和撤销定密授权的决定应当报科学技术行政管理部门备案。

3）信息产业技术保密项目定密后进入日常的管理程序。加强对人才流动的规范化管理，明确规定中介机构和聘用单位的连带保密责任。加大对信息情报的搜索和掌握，建立信息搜集、处理和检索的渠道与网络，根据准确及时的信息，合理确定保密范围和密级，应当解密的要及时解密。

提供适当的涉密技术目录是建立信息产业技术保密预警机制的内容之一，信息产业应当为研究单位和企业进行研发工作提供适当的涉密技术目录。预警机制即预先发布警告的制度，通过及时提供警示的机构、制度、网络、举措等构成的预警系统，实现信息的超前反馈，为及时布置、防风险于未然奠定基础。建立信息产业技术保密预警机制，有利于维护我国在世界信息产业技术竞争中的地位，促进技术成果的推广与应用并调动广大信息产业技术人员的积极性。

6.3 我国信息产业技术发展战略的指导思想

我国信息产业技术发展战略应紧密结合党中央对信息产业发展的指导思想，全面贯彻落实党的十九大精神，以新时代中国特色社会主义思想为指导，贯彻党的十九大精神和习近平总书记系列重要讲话精神，认真落实党中央、国务院决策部署，按照"五位一体"总体布局①和"四个全面"战略布局②，牢固树立创新、协调、绿色、开放、共享的发展理念。深入推进供给侧结构性改革，以支撑制造强国和网络强国等重大战略实施为使命，以加快建立具有全球竞争优势、安全可控的信息产业生态体系为主线，坚持追赶补齐与换道超车并举、技术突破与强化应用并重、对外合作与体系创新结合、全面发展与重点推进统筹，着力强化科技创新能力、产业基础能力和安全保障能力。努力突破关键瓶颈，优化产业结构，提升产品质量，完善基础设施，深化普遍服务，促进深度融合应用，拓展网络经济空间，加快重点项目建设和关键技术研发，提升信息产业发展质量效益和核心竞争力，推动经济社会持续健康发展，支撑全面建成小康社会奋斗目标如期实现。

紧密围绕国家经济发展、和谐社会建设与产业由大到强的战略需求，集聚资源，重点突破，提高关键技术和核心信息产业的自主发展能力。以提高自主创新能力为中心，坚持服务国家目标、引领信息产业发展、市场技术互动、统筹规划协同的指导思想，持续突破核心技术，全面掌握关键技术，以点带面，逐步实现信息产业技术的整体性突破和跨越式发展。

6.3.1 以政策主导为方向，服务于国家目标

近十多年来，美国、英国、法国、德国和日本等主要发达国家大力发展信息产业技术，从国家需求出发选择信息产业技术，为政府制定科技发展战略和科技政策提供依据，为产业界和社会公众提供未来科技发展信息。事实证明，以政策为主导，服务于国家目标是信息产业技术发展的重要前提。

美国信息产业发展战略最突出的表现在于：由政府精心选择并牵头组织部分具有战略性、前瞻性，且有助于信息产业技术领先地位的重大科技项目。美国政府力图全面控制和抢占新时期科技制高点，保持以信息产业为代表的新兴产业的优势地位。美国于1991年颁布了《高性能计算法案》，据此在1992～1996年实施了高性能计算与通信计划，该计划的目标主要是扩大美国在高性能计算与通信技术方面的领先优势，并为信息基础设施建设提供支撑技术和应用软件。在美国前总统布什1991年向国会提交的《国家的

---

① "五位一体"总体布局是指经济建设、政治建设、文化建设、社会建设和生态文明建设五位一体，全面推进。

② "四个全面"战略布局是指全面建成小康社会、全面深化改革、全面依法治国、全面从严治党。

关键技术》报告提及的六大领域 22 项高技术发展计划中，"信息与通信"单列 1 项。该报告对美国在 20 世纪 90 年代的信息产业技术发展提出了总的要求，是其保持全球技术领先地位的重要支持。美国于 1998 年颁布了《下一代互联网研究法案》，2004 年投入巨资推行一系列包括信息技术在内的、被称为"美国创新的基础"的重大研究发展计划，确保信息产业核心技术的领先地位。2007 年的《美国竞争法案》从国家层面对信息产业技术的开发进行了统筹规划和领导支持。2017 年，美国众议院通过《政府信息技术现代化法案》，为联邦政府的信息技术现代化提供支持，该法案由 2016 年通过的 *MOVE IT* 法案和奥巴马政府信息技术现代化基金计划合并而来。其中，*MOVE IT* 法案允许政府机构购买更具成本效益的技术以节省资金。

英国政府于 1993 年制定了一项技术预测计划，目的是选择对英国经济发展非常重要的通用技术。该计划于 1995 年 4 月完成 15 个专业的技术报告，将通信与计算机技术、生命科学、医疗保健与生物技术、交通运输、航空航天、新材料、环境保护等视为建立和保持英国经济实力的关键技术领域。英国政府在《英国科学与创新投资框架（2004—2014）》中确立了一个总目标，在其下设立了 6 个二级目标、29 个三级目标及 40 项可供测度、检验进展的指标；在每个指标中，又从目标、信息数据来源和进展等方面进行规定和评价。英国政府按照上述目标与指标，每两年组织一次对科学与创新进展的系统评估，公布评估结果，并及时修正战略、政策和计划。2010 年，英国发布了技术预见计划取得的阶段性成果，提出了"材料和纳米技术、能源和低碳技术、生物和制药技术、数字和网络技术" 4 个重点领域的 53 项关键技术，并将之分为 28 个技术群，对截至 2030 年各技术群的潜在市场规模、对社会发展的革命性作用、英国在这一领域的水平和潜力、该领域存在的技术障碍和市场障碍等做出了详细分析。

德国于 1993 年首次开展国家级技术预测，通过对 16 个领域 1 147 个课题的调查分析，确定了 164 个主要的科学技术课题。从国际竞争和可持续发展的角度着眼，根据技术在满足工业需求方面的重要程度和对工业发展的重要影响，共选出先进材料、纳米制造技术、微电子、光电子、微系统工程、软件和模拟技术、分子电子学、细胞生物技术、生产和管理工程 9 个技术领域、87 项关键技术。进入 21 世纪后，德国的技术预见工作主要交由德国联邦教育与科研部负责，从 2007 年 11 月正式开始了第一轮技术预见工作，2012 年开始了第二轮技术预见工作。第一轮技术预见（2007—2012 年）将技术预见定位 7 个领域的 14 个未来方向，第二轮技术预见（2030 年技术预见，开始实施时间为 2012 年）通过专家访谈和讨论广泛地收集意见，寻找潜在的科技发展趋势。

日本科学技术厅于 1995 年 11 月选定了 4 个战略技术领域，即生命现象、极细微领域的现象、极限环境状态的现象和环境低负荷型社会体系，并将 50 个重点研究项目委托国立研究所、大学等基础科研机构进行研究，为这些重点项目申请了 51 亿日元的预算；以通产省为主选定了一系列关键技术领域，即电子、信息、生物工程、新材料、能源、航天、环境保护等领域，并大力推进其产业化进程。1995 年，日本将"科学技术基本计划"等长期展望活动作为国家科技发展战略，纳入《科学技术基本法》，每 5 年实施一次。例如，1995 年第六次技术预见工作侧重日本与德国技术预测的比较；2000 年第七次技术预见注重通过技术预见工作引导科技创新；2005 年第八次技术预见强调科学发展应该与持续的技术革命相结合；2010 年第九次技术预见注重科学技术发展和经济发展的协同作用；2014~2015 年第十次技术预见强调通过科学技术的进展构筑未来社会愿景，并依据这一愿景来指导关键技术发展。

韩国于 1992 年 6 月提出科技发展的 G7 计划，该计划追求获得面向产品的技术和基础技术，通过跟踪科学技术的发展，最终选出 11 项技术。这 11 项技术包括：5 项面向产品的技术，即半导体存储芯片、综合服务数字网、高清晰度电视、新药和新农业化学用品、柔性自动化制造系统；6 项基础技术，即信息、电子及能源用新材料（包括机器及零部件的下一代运输系统）、新型功能生物材料、环境工程技术、新能源、先进原子能反应堆。2010 年 10 月，原韩国国家科学技术委员会批准并公布了面向 2040 年的《大韩民国的梦想与挑战：科学技术未来愿景与战略》，提出韩国到 2040 年跻身全球 5 大科技强国的科技发展长期愿景与目标。2013 年 2 月，韩国拟定《2013 年创新事业的发展计划》，投入 10 亿韩元开发基础科学创新事业；同年 12 月，韩国公布《第六次产业技术创新计划（2014—2018 年）》，提出今后 5 年投资 17.8 万亿韩元，建设"良性循环的产业技术生态系统"。2014 年 12 月，韩国通商产业资源部提出《第三次能源技术开发计划》，对韩国未来几年的能源产业领域科技研发做出规划。2017 年 7 月，韩国国家科技审议会议通过了《支持中小企业技术革新的中长期规划（2014—2018 年）》，这是韩国第三次制定中小企业促进技术革新计划，希望借此计划使韩国中小企业的技术竞争力达到世界最高水平企业技术竞争力的 90%。

综上所述，国外信息产业技术的发展表明，政策的主导对信息产业技术的发展关重要的作用，服务于国家目标是信息产业技术发展的首要前提和使命。我国于"十一五"时期提出了要实现国民经济持续、快速、协调、健康发展和社会全面进步，取得全面建设小康社会的重要阶段性进展的发展目标和 21 世纪的头 20 年进入创新型国家行列的战略目标。"十二五"时期，我国把新一代信息技术产业列为重点发展方向和主要任务；为科学引导"十三五"时期信息产业持续健康发展，陆续发布"十三五"规划纲要、《中国制造 2025》、《国家信息化发展战略纲要》、《国务院关于积极推进"互联网＋"行动的指导意见》、《国务院关于深化制造业与互联网融合发展的指导意见》等。我国信息产业发展必须贯彻"以信息化带动工业化、以工业化促进信息化"的战略决策，充分利用信息产业技术改造、优化传统产业，促进产业升级；利用信息产业技术促进服务业的创新和升级，带动产业结构的调整与优化。进一步推动信息产业技术和网络的应用，促进城乡协调发展；贯彻以人为本的发展理念，使信息产业技术与网络惠及全民，激发人的创造活力，促进和谐社会建设与人的全面发展。在我国，信息产业技术日益成为实施创新驱动战略、推进供给侧结构性改革的关键力量。创新驱动、制造强国、网络强国、"互联网＋"、军民融合等一系列国家重大战略的实施和居民消费升级，要求加快完善信息基础设施、强化信息产业核心技术能力、提升信息消费体验、加强信息安全保障、优化网络空间治理、繁荣信息产业生态，从而发挥更强有力的引领和支撑作用。

6.3.2　实施国家知识产权战略，推动信息产业技术发展

国家知识产权战略是指通过加快建设和不断提高知识产权的创造、管理、实施和保

护能力，加快建设和不断完善现代知识产权制度，加快造就庞大的高素质知识产权人才队伍，以促进经济社会发展目标实现的一种总体谋划。国家知识产权战略，不是单指知识产权事业自身的发展战略，也不是单指知识产权保护战略，它是一个覆盖许多领域的极为重要的国家战略。在经济全球化不断加速和知识经济日益发展的国际环境下，企业自主创新和运用知识产权的能力和水平，首先决定这个企业的核心竞争力，同时也在一定程度上影响着一个国家的综合竞争力。因此，大力提高企业知识产权创造和运用能力，推动企业在创新道路上持续发展是实施国家知识产权战略的一项重要任务。充分尊重知识产权，加强信息产业知识产权工作，是促进信息产业技术创新和实现信息产业健康可持续发展的需要。

美国是世界上最早建立知识产权法律和制度的国家之一。美国独立后即在其《宪法》中明文规定发明人、作者的创作成果应当享有知识产权，并于 1790 年颁布了《专利法》和《版权法》。这表明，美国建国之初就把保护知识产权作为基本国策之一。美国从 20 世纪 80 年代开始实行知识产权发展战略，进行产业结构的调整及相应的知识产权改革，并制定法律，重新界定知识产权的权利归属和利益分配，包括知识产权的实施者、推动者及管理者的权益。在对外方面，美国谋求本国知识产权权利人在全球利益的最大化，推动《与贸易有关的知识产权协定》的签署。自 20 世纪 80 年代以来，美国在其对外知识产权政策方面一直从维护本国利益出发，进攻性地参与、推动知识产权国际规则的制定和调整。

美国在双边交往中也不断强制推行自己的"知识产权价值观"，与相关国家签订双边协议，使对方在知识产权保护上，比 WTO 的《与贸易有关的知识产权协定》要求更严格。例如，澳大利亚 2005 年开始的新一轮知识产权法修订，就是按照 2005 年 1 月的《澳美自由贸易协议》的要求进行的。美国运用其《综合贸易法》的"特别 301 条款"和《关税法》的"337 条款"，对其认为侵犯美国知识产权的国家和企业进行威胁和制裁。美国是对知识产权国际规则的形成和发展影响最大的国家。

日本的知识产权战略涉及知识产权的创造、保护、活用和人才培养等方面，通过知识产权的创造、保护、活用，形成大知识创造的循环，达到国民经济健全发展，提高国家信息产业的国际竞争力。2002 年 2 月，日本内阁开始着手制定新的国家发展战略，日本时任首相小泉纯一郎在施政演说中提出将知识产权战略作为国家的发展手段和目标，构筑国家知识产权战略体系。同年 7 月，由国家知识产权战略会议制定了《知识产权战略大纲》，第一次明确提出了"知识产权立国"的国家发展战略目标。2002 年 12 月，日本颁布了《知识产权基本法》。2003 年 2 月，日本政府根据《知识产权基本法》发布第 45 号政令，成立了知识产权战略本部，负责协调各有关省厅实施国家的知识产权战略。2017 年 5 月 16 日，为推进知识产权战略，日本公布了"2017 年度知识产权推进计划"，提出建立作为第四次产业革命（Society 5.0）基础的知识产权系统，运用知识产权创新推进，强化 2020 年之后使日本扩大影响力的媒体情报力。

我国工业和信息化部一直关注知识产权与技术标准战略结合的问题，2003 年就开始组织和举办信息产业知识产权与技术标准高峰论坛，鼓励和引导企业、行业协会、国内标准化组织正视信息产业领域技术标准对国内产业的影响，积极处理和应对知识产权与技术标准结合带来的问题及影响，引导和鼓励国内企业在技术创新的基础上，积极参与标准化工作，形成具有自主知识产权的信息产业技术标准。2007 年 3 月 5 日，在两会期间，时任总理温家宝所做的政府工作报告中特别强调，要抓紧制定和实施国家知识产权战略。2012 年 7 月 9 日，国务院印发的《"十二五"国家战略性新兴产业发展规划》强调要加强知识产权体系建设，制定适合战略性新兴产业发展的知识产权政策，为全社会提供知识产权信息服务。2017 年 10 月 18 日，习近平总书记在十九大报告中指出要"倡导创新文化，强化知识产权创造、保护、运用"[①]。在国家知识产权战略实施中，信息产业及其相关企业是重要的主体和基础力量。在新的形势下，信息产业知识产权工作将以加快提高企业知识产权工作能力为重点，同时以新发展理念为指导，坚持"创新是引领发展的第一动力"，从战略高度构建信息产业知识产权工作环境。工作重点主要包括以下 6 个方面。

1）加大力度实施信息产业知识产权战略。与国家知识产权战略相衔接，制定信息产业知识产权战略实施纲要并逐步实施，研究并提出相应的知识产权保障措施，构造良好的信息产业知识产权创造、管理、保护和应用环境。

2）健全信息产业知识产权预警机制和系统，提高企业应对知识产权争端的能力。将根据信息产业发展实际，加强对信息产业领域知识产权问题的跟踪，定期向各级产业主管部门及企业发布信息产业知识产权动态信息，对重点信息产业技术及产品进行知识产权态势分析，并向有关部门及企业提供预警信息。通过信息发布，积极推动全行业对知识产权信息的关注与利用，并将涉及产业重大利益的知识产权问题与有关部门进行沟通和协调，支持企业处理好知识产权问题。

3）建立信息产业知识产权工作平台，引导和支持企业强化知识产权创造、保护和运用能力。工业和信息化部将整合各方资源，支持和推动业内相关机构、行业协会等构建知识产权工作平台，建立知识产权处置机制和建立产业专项推进中的知识产权工作机制，并形成知识产权信息交流机制。同时，将依托工作平台为企业提供知识产权培训，包括企业知识产权管理、信息利用、许可与购并、争端应对等。

4）处理信息产业技术标准涉及的知识产权问题，平衡知识产权权利、人和标准使用者的利益关系，促进信息产业技术创新。信息产业领域技术标准涉及大量知识产权处置问题，如 TD-SCDMA（time division-synchronous code division multiple access，时分-同步码分多址）、数字电视、数字音视频、家庭网络、闪联、集成电路 IP（intellectual property，知识产权）核等；同时，在这些标准制定过程中引发不少知识产权问题，如专利的纳入、许可等。为此，工业和信息化部开展了大量的指导和协调工作，就如何平衡各方的利益关系，探索标准中的知识产权管理与许可政策，建立适应我国信息产业发展的知识产权处置机制。

5）建设信息产业技术领域专利数据库，并向业界提供检索服务，鼓励和支持企业在技术研发与经营活动中利用专利信息。工业和信息化部支持建立信息产业技术领域的

---

① 习近平. 决胜全面建成小康社会 夺取新时代中国特色社会主义伟大胜利：在中国共产党第十九次全国代表大会上的报告[EB/OL].(2017-10-18)[2018-12-25].http://cpc.people.com.cn/n1/2017/1028/c64094-29613660.html.

专利数据库及公共检索服务系统，方便企业检索信息产业技术领域的专利文献，并利用该数据库提供的专利统计分析结果，指导企业的生产研发活动。

6）制定知识产权方面的配套政策和管理措施，包括制定《目录》《知识产权认证管理办法》等，切实提高信息产业的核心竞争力。工业和信息化部根据《目录》中技术、产品的知识产权状况，制定知识产权方面的配套政策、管理措施，指导相关政府部门制定相应的鼓励、扶持政策，促进我国信息产业技术的自主创新、创新成果的知识产权保护和应用。2013 年 11 月，中国国家认证认可监督管理委员会（以下简称国家认监委）、国家知识产权局联合印发了《知识产权管理体系认证实施意见》，共同探索开展知识产权管理体系认证工作。2018 年 2 月，国家认监委、国家知识产权局联合发布了《知识产权认证管理办法》，旨在全面规范知识产权认证活动，提高知识产权认证有效性，加强对认证机构的事中、事后监管。《知识产权认证管理办法》的出台是落实我国创新型国家建设和质量强国建设的具体举措，为推动构建符合我国经济社会发展需要的知识产权认证体系提供了重要的法规和政策依据。

综上所述，提高信息产业技术创新能力、实现信息产业的持续健康发展，服务创新型国家建设，不仅要依靠政府的引导和支持，还要依靠企业的自主创新和保护知识产权的意识与能力。从信息产业的发展趋势看，企业的竞争优势、生存之本将越来越多地体现在技术创新、知识产权积累、掌控技术标准的能力等方面；从企业自身发展的需要看，也应高度重视信息产业技术创新与知识产权保护，将知识产权作为企业经营发展的总体战略之一。在自主创新阶段，增加知识产权保护方面的投入，将企业的发展与信息产业技术创新、知识产权保护与应用、标准化工作紧密衔接；同时提高运用知识产权制度的能力，让企业真正成为信息产业技术创新和知识产权应用的主体。只有在企业的积极参与下，我国信息产业才能真正通过自主创新提高产业的核心技术竞争力，从而在信息产业核心技术竞争力增强的基础上，从容应对出现的知识产权问题，保障我国信息产业的健康、持续发展。

6.3.3　实施以自主创新为中心的标准战略，加强标准制定

美国信息产业发展战略强调实施标准战略谋求在信息产业的全球竞争优势，注重把美国的标准哲学及标准推广到全世界，试图建立全球统一标准。目前，美国拥有世界上最强大的信息产业，将产业自愿原则及美国标准推向全球，明显是有利于美国信息产业界的。1987 年，美国劝服了国际标准化组织（International Organization for Standardization，ISO）和国际电工委员会（International Electrotechnical Commission，IEC）两大国际组织，成立了信息技术国际标准第一届联合委员会，为美国在国际信息技术标准制定中赢得了优势地位。国际电信联盟（International Telecommunication Union，ITU）采纳"产业界自愿同意"原则重新修订其标准，并从 1989 年开始不断推动和东欧、远东、环太平洋和中南美洲地区的标准合作。1995 年通过的《联邦技术转移促进法》在技术标准方面更加有利于信息产业的发展。2000 年下半年，美国国家标准学会出台了《国家标准战略》，明确提出要利用美国标准体系的优势，整合各方面资源，大力推进美国标准的国际化，使美国标准更容易被国际市场接受。2005 年 12 月，《美国标准战略》正式签署；

2006 年 4 月，美国国家标准学会宣布启动《美国标准战略》执行情况追踪系统；2010 年和 2015 年分别对《美国标准战略》进行了两次修订，2015 年最新版本引用了美国商务部负责标准和技术的副部长兼美国国家标准技术研究院（National Institute of Standards and Technology，NIST）主任威利·梅（Willie May）的最新观点，即"标准通过促进贸易、简化交易，促使人类进行跨学科、跨国界的合作，以达到更大的共同目标"。这一观点表达了标准在当今世界的重要性。

日本于 2006 年 9 月成立了以日本首相为本部长的战略本部，开始制定日本的国际标准综合战略。2006 年 12 月 6 日，日本的国际标准综合战略正式出台，明确了 2007～2015 年日本的国际标准战略思想、战略目标和战略措施。

法国为应对国际环境的重大变化，攻克社会经济发展中的战略性难题，分别于 2002 年、2006 年、2011 年和 2018 年发布了 4 个国家标准化战略。

可见，世界各国都在积极促进自己的信息产业技术标准成为全球统一的标准。如何让我国的企业意识到信息产业技术标准的潜在优势和未来冲击？如何建立大企业与小企业之间、发达国家与发展中国家之间的对话协商合作机制？如何尽快建立我国的相应标准体系，以应对发达国家和跨国公司的胁迫？这些已成为我国信息产业发展亟待解决的问题。美国利用技术标准国际化来克服技术壁垒不利影响、控制国际市场的思路值得我们借鉴和学习。2004 年，我国与美国有关我国无线局域网国家标准 WAPI（Wireless LAN Authentication and Privacy Infrastructure，无线局域网鉴别和保密基础结构）的讨论和争执，就表明了一个国家实施标准战略的重要性。

2018 年 3 月，中国国家质量监督检验检疫总局（现为国家市场监督管理总局）、国家标准化管理委员会启动了具有前瞻性、战略性的"中国标准 2035"研究项目，积极实施标准化战略，深化国内外标准化领域战略研究和学术交流，以标准助力创新发展、协调发展、绿色发展、开放发展与共享发展。进一步深化信息产业标准化运行机制改革，强化对标准化工作的研究、指导和管理。继续抓好数字音视频、第三代移动通信、下一代网络、网络管理、无线射频识别技术、IP 与多媒体、宽带无线移动通信技术、农村通信、数字电视、集成电路、软件、绿色能源、卫星导航应用系统、半导体照明等标准的研究与制定。

6.3.4　建设以企业为主体的技术创新体系，引领信息产业发展

目前，英国、美国等发达国家的做法基本上都是由政府主导，与企业一起，共同选择关键技术。政府通过制定国家中长期科技发展目标和任务，优先配置相关资源，重点给予各种政策支持，有目标、有计划地选择关键技术推动其发展。将提升自主创新能力作为提高信息产业技术水平、推进信息产业结构调整与优化的中心环节，将掌握信息产业核心技术作为提升产业竞争力的突破口，提高科技进步对信息产业发展的贡献率，建立创新型的发展模式，促进信息产业增长方式的转变，引领产业协调发展，推动信息服务大行业的持续快速成长，促进产业由大到强。围绕信息产业重大应用和关键技术突破，形成一系列以企业为主、科研机构和院校等共同参与的技术联盟。

党的十九大报告强调深化科技体制改革，建立以企业为主体、以市场为导向、"产

学研"深度融合的技术创新体系，加强对中小企业创新的支持，促进科技成果转化。应当进一步鼓励企业建立技术中心，促进以企业为主体的技术创造活动；加快建设公共技术服务平台，加大对共性技术研发的扶持力度，通过国家各专项基金渠道有选择地支持行业共性技术研发，加强科技中介服务机构建设；以应用为导向，引导企业加快以软件、网络及系统为中心的集成创新和引进消化吸收再创新。

6.4　制定我国信息产业技术发展战略的具体原则和整体思路

制定我国信息产业技术发展战略的具体原则和整体思路，既要借鉴发达国家的先进经验，融入全球化市场，也要结合我国信息产业发展的实际情况，并遵循《信息产业发展指南》及《信息产业科技发展"十一五"规划和 2020 年中长期规划（纲要）》等相关政策。

6.4.1　具体原则

为了促进我国信息产业技术发展战略的实施，保障我国信息产业技术战略目标的顺利实现，制定发展战略时应遵循强化国际合作、统筹规划各类要素、合理布局重大项目等原则。

1. 强化国际合作

美国是世界科技强国，一直强调全面的国际科技合作。美国公司在国外的研发投入从 1987 年的 52 亿美元上升为 1993 年的 98 亿美元，国外研发支出的一半以上集中于德国、英国、加拿大、法国和日本 5 个国家。1995 年，美国费米实验室宣布顶夸克被发现，是近年来高能物理最重要的发现，它凝聚了来自不同国家 800 余名科学家的智慧。

为改变基础研究薄弱的局面，日本政府在制定科技政策时，强调的一项重要内容就是促进国际交流与合作。具体做法包括两个方面：一是日本政府致力于促进科技界积极参加国际科技活动，为扩大国际科技交流与合作提供便利条件和财力支持；二是日本继续跟踪和利用美国及其他国家的信息产业技术，大量设立跨国研究开发机构。其中，日本公司在美国设立的研究开发机构，超过任何其他国家。

韩国为吸收先进国家的信息产业技术，一直将国际科技合作列为科技工作的重点内容之一。韩国政府提出，要更加积极地参与世界科技活动，通过对世界科技资源的运用，提高韩国的科技水平。韩国将核能和空间技术作为国际合作的重点，参与了由美国、俄罗斯、日本和欧洲共同发起的核能计划。韩国科学技术部还在俄罗斯、英国、美国、澳大利亚等国增设共同研究中心，将政府研究机构的海上事务所扩大到俄罗斯和欧洲地区，以便及时收集先进的技术信息。此外，韩国政府努力促成民间企业与海外大公司合作，如三星电子集团与日本东芝公司合作研究半导体产品，乐喜金星公司与日本公司合作开发液晶显示器。

综上可知，加强国际交流与合作一直是各国国家核心信息产业技术战略的重要举措。党的十九大报告中强调要瞄准世界科技前沿，积极发展全球伙伴关系，推进大国协调和合作，加快培育国际经济合作和竞争新优势。目前，我国应进一步结合信息产业重点领域的技术创新、标准战略、知识产权战略及人才战略的实施，继续加大力度吸引国际电子信息制造业和服务业向我国转移，提高利用外资水平，拓展企业海外发展空间，提高信息产业在国际分工中的地位；在关系产业安全的基础性、战略性、全局性领域，着力掌握关键核心信息产业技术，完善信息产业链条，形成自主发展能力。继续扩大开放，积极利用全球资源和市场，加强信息产业技术全球布局和国际交流合作，形成新的比较优势。另外，我国还应当积极参与国际组织的各项信息产业技术活动，继续做好ITU、ISO、IEC 等国际组织的对口研究工作，积极开展国际合作，促进共同发展；做好多边和双边合作机制框架下的中美、中欧、中日韩和中法等方面的交流与合作。

2. 统筹规划各类要素

针对制约我国信息产业科技发展的战略性基础瓶颈和薄弱环节，统筹规划各类要素，进一步加强政策支持，加大研发投入，集全国之力实现重点突破。面向重大应用，从产业层面对重大信息产业技术的发展做好整体布局；把握信息产业技术发展方向，制定信息产业技术政策；打造完整产业链，形成信息产业群体；创建技术与信息产业联盟，实现各方协同。

在统筹规划各类要素中，政府的宏观统筹和配套制度性保障可以赋予规划权威性与可操作性。统筹规划的关键是要促进各类要素自由流动，即在政府、信息产业、资源、市场、技术、人才等配置上，要制定相应的指导性和控制性政策，坚持市场运作与政府引导相结合。充分发挥市场配置资源的基础性作用，加快完善体制机制，改善投融资环境，培养骨干企业，扶持中小创新型企业，打造具有全球竞争力的世界一流企业，激发各类市场主体活力，促进信息产业持续健康发展。同时，国家加大财税、金融政策支持力度，增强集成电路、新型显示器件、软件等信息产业核心技术的自主发展能力。

3. 合理布局重大项目

合理布局重大项目要坚持立足当前与谋划长远相结合，针对当前外部市场需求急剧下降、全球信息产业深度调整的形势，采取积极措施，保持信息产业的稳定增长。同时，着眼长远发展，把握新一轮科技革命和产业变革趋势，加强战略谋划和前瞻部署，在未来竞争中占据制高点，集中优势资源，在重点领域取得突破，促进产业结构调整，加快发展模式向质量效益型转变。

1）政府制定科技投入增加的目标，重点保证国家关键科技研究开发项目。日本作为以科技创新为国家重点发展战略的创新型国家，自1998年以来对科技的投入占GDP的比例就保持在3%以上；即使在2009年全球金融危机的影响下，日本研发经费占GDP的比例仍为3.34%。2016年，日本发布《第五期科学技术基本计划（2016—2020年）》，提出深化和推进"超智能社会（Society 5.0）"战略。随后，日本在2017年的政府预算中，围绕全面建成"超智能社会"的战略目标，科技预算总额达到了34 868亿日元，与

2016 年的 34 552 亿日元相比约增加了 0.9%,这表明了日本政府对科技发展的高度重视。

2)重点资助少数关键领域。日本政府在新材料、信息技术和电子等国家关键技术领域重点投资的研究开发项目达数百个。美国、英国、日本、韩国等国家对所选择的少数国家关键科学和工业开发计划,一直保持较大规模的投入。

6.4.2　整体思路

根据我国工业和信息化部科技司颁布的《信息产业科技发展"十一五"规划和 2020 年中长期规划(纲要)》,我国信息产业科技发展的总体思路是"一体双翼",即围绕一个战略主体,选择两大发展方向,逐步实现我国信息产业科技的整体突破和跨越式发展。《信息产业发展指南》提出,到 2020 年基本建立具有国际竞争力、安全可控信息产业生态体系的发展目标;提出增强体系化创新能力、构建协同优化的产业结构、促进信息技术深度融合应用、建设新一代信息基础设施、提升信息通信和无线电行业管理水平、强化信息产业安全保障能力、增强国际化发展能力 7 项任务;确定了集成电路、基础电子、基础软件和工业软件、关键应用软件和行业解决方案、智能硬件和应用电子、计算机和通信设备、大数据、云计算、物联网 9 个领域的发展重点,研究部署了国家信息基础设施建设工程、安全保障能力提升工程、集成电路产业跨越建设工程、基础电子提升工程、软件产业提升发展工程、智能产品+服务价值提升工程、工业互联网产业推进试点示范工程 7 个重大工程,明确了相关保障措施,将有力地支撑我国制造强国和网络强国的建设。

1. 一个战略主体:自主创新

以提升信息产业技术自主创新能力为目标,通过持久不懈的努力,持续突破核心技术,掌握关键技术,增强信息产业核心竞争力,引领产业由大到强。打造以企业为主体、市场为导向、应用为主线、"政产学研资"相结合的技术创新体系;建立和完善信息产业技术创新所必需的法律、法规等制度环境,提供自主创新的制度保障;重视基础与前沿的信息产业技术研究,加强原始性创新,努力获得更多的技术发明。以应用为导向,加快集成创新,大力促进以网络与系统为中心的多种相关信息产业技术的有机结合,形成有竞争力的产品或者产业;在引进消化吸收的基础上进行再创新,促进信息产业技术水平的不断提高。

2. 两大发展方向:实现信息产业技术突破

1)紧紧围绕发展战略需求,突破制约信息产业发展的瓶颈。结合国家战略需求,集全国之力攻关制约我国信息产业发展的集成电路、软件和关键电子元器件等重大战略性基础科技,超前谋划,以应用为导向,将研发和设计融入网络、装备、整机和系统的建设之中。通过持续努力,逐步提高核心技术能力,最终突破发展瓶颈。

2)面向重大应用,实现重点领域的技术突破。根据数字化、网络化、智能化总体趋势,面向宽带通信网、数字电视网、下一代互联网等信息基础设施建设和信息资源开发利用与重大应用，推进"三网融合"，在数字化音视频、新一代移动通信、高性能计算机及网络设备等领域，实现核心技术与关键产品的突破。

6.5　信息产业技术战略分析模型

战略分析不仅涉及信息产业及其企业对外部环境、内部资源能力的分析，还强调企业内外部环境的协调。针对我国信息产业技术发展情况，并依据信息产业技术的特性（如重要性、战略性、先进性、通用性、先导性、利益性、竞争性、专业性等），我们从不同维度构建了我国信息产业技术战略分析模型。具体包括信息产业技术 SWOT 分析，信息产业技术内容分析及信息产业技术生命周期分析，如图 6.1 所示。这里主要介绍信息产业技术 SWOT 分析。

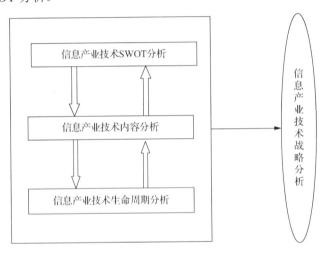

图 6.1　我国信息产业技术战略分析模型

SWOT 是一种战略分析方法（即态势分析法），用来确定企业本身的竞争优势（strength）、竞争劣势（weakness）、机会（opportunity）和威胁（threat），它将公司的战略与公司内部资源、外部环境有机结合，将研究对象所处的情景进行全面、系统、准确的分析，从而根据研究结果制定相应的发展战略、计划及对策等。鉴于此，我们可以运用 SWOT 分析方法，确定我国信息产业技术的资源优势和劣势，了解信息产业技术面临的机会和威胁，对于制定信息产业技术未来的发展战略具有至关重要的意义。从表 6.2 可以看出我国信息产业技术面临的竞争优势、劣势、机会及威胁。

表 6.2 我国信息产业技术的 SWOT 分析

内部条件	优势（S）	① 科技研究能力充分 ② 劳动力成本低 ③ 具有一批龙头企业
	劣势（W）	① 原始创新能力不足 ② 风险投资不足 ③ 顶尖人才和领军人物缺乏
外部环境	机会（O）	① 国家创新体系的建立 ② 我国经济地位的提高，创造了良好的市场 ③ 全球经济飞速发展，市场空间进一步扩大
	威胁（T）	① 外国的技术锁定 ② WTO 框架下的国际规则 ③ 信息产业技术的国际技术标准

1. 优势

信息产业技术的竞争优势是指我国相对于其他国家在信息产业技术的基础研究领域及尖端科技研究领域具有显著的竞争力。

1）我国信息产业技术具有赶超世界先进水平的科技条件。改革开放以来，我国信息产业技术及其产业发展迅速，在很多领域同国外先进水平的差距较小，甚至已达到或接近国际先进水平，并主导了国内市场，将跨国公司逐步挤出中国市场，在国际市场上的占有率也不断攀升，参与国际竞争的能力不断提高。

在基础研究领域和尖端科技研究领域，我国皆已取得突破性进展。例如，在第三代移动通信的基础性研究领域，我国曾取得世界先进的研究成果；工业和信息化部在 2016 年 1 月 7 日召开"5G 技术研发试验"启动会，中国信息通信研究院院长、IMT-2020（5G）推进组组长曹淑敏在会议中指出，我国 5G 技术研发试验将分为 3 个阶段实施，即 5G 关键技术试验、5G 技术方案验证和 5G 系统验证。在 5G 即将进入国际标准研究的关键时期，中国启动 5G 研发技术试验，搭建开放的研发试验平台，邀请国内外企业共同参与，将有力推动全球 5G 统一标准的形成，促进 5G 技术研发与产业发展，为中国 2020 年启动 5G 商用奠定良好基础。此外，"十三五"期间，中国移动计划在沪投入 260 亿元，着力构建新一代网络与信息基础设施，并计划在国内率先开展 5G 试点。围绕这些基础研究的先进成果展开的应用技术开发和推广，我国需要进一步进行科技成果的市场化转换，提高科技成果转化率。良好的基础研究为我国高科技产业的发展提供良好的技术资源，这也是高科技产业发展的重要基础。经过几十年的努力，我国信息产业技术目前已形成较完备的学科体系，我国经济的高速成长为其长远发展提供了雄厚的经济基础。

2）我国的劳动力成本具有一定的比较优势。信息产业有一个很明显的特征，那就是在产业链的高端是研发、营销等资本密集型的活动，而在产业链的低端则是生产加工等劳动力密集型的活动。改革开放初期，我们大力发展劳动密集型的电子产品加工制造业，在生产过程中使用了较多廉价的劳动力。因此，我国生产的电子通信类产品的成本相对较低，在国际市场上具有很强的竞争力。这就导致出口增加，作为资本积累的剩余量增大，资本积累的扩大又促进了管理、技术、人才等要素的培养。同时，由于劳动力价格低廉，民间资本大量进入信息产业只需要很少的投入就能获利，跨国公司将生产制造环节转移到中国可以最大限度地获取成本上的优势。民间资本和外来资本就是在这种动机下大量进入我国电子信息制造业的，最终促进了整个信息产业集群的发展。

3）具有一批实力较强的龙头企业。目前，我国已经培育出了一批具有较强实力的电子信息企业参与全球信息产业技术上游领域的竞争，且在全球的市场份额不断扩大。在全球产业分工中，国内一批龙头企业的技术水平、产业规模与世界先进水平的差距进一步缩小，有的企业已达到世界先进行列。例如，光通信领域的华为公司、中兴通讯公司、烽火通信公司、大唐电信公司、武汉长飞光纤光缆公司等；激光行业的华工科技公司、楚天激光公司、大族激光公司、团结激光公司等；光电器件行业的武汉电信器件公司、华工正源光子公司等。华为公司、中兴通讯公司、大唐电信公司、大族激光公司、武汉长飞光纤光缆公司、烽火通信公司等企业，成为国际上有一定影响的光电技术企业。特别是华为公司，曾在2004年全球光电网络通信市场的销售收入超过了朗讯科技公司和北电网络公司，仅次于阿尔卡特公司，居全球第二位，成为光电通信行业全球知名的跨国公司；2017年6月6日，《2017年BrandZ最具价值全球品牌100强》公布，华为排名第49位；2018年7月19日，美国《财富》杂志发布最新一期世界500强名单，华为排名第72位，相比2017年的第83位提升了11位[①]。

2. 机遇

机遇是影响我国信息产业技术发展战略的重大因素。我们应当确认每一个机会，评价每一个机会的成长和利润前景，寻找那些使我国信息产业技术能够获得竞争优势的潜在最佳机会。

1）国家实施自主创新与建设创新型国家的战略，为信息产业技术发展方式的进一步转变提供了历史机遇。在2006年初召开的全国科技大会上，党中央、国务院提出了自主创新的国家战略，明确到2020年，使我们国家进入创新型国家行列的宏伟目标，并发布了《规划纲要（2006—2020年）》及相关配套措施。2012年，中共中央、国务院在北京举行了全国科技创新大会，强调建设创新型国家是全党全社会的共同任务，各级党委和政府务必提高认识、增强紧迫感，加强领导、狠抓落实；要加大科技投入，发挥政府在科技发展中的引导作用，加快形成多元化、多层次、多渠道的科技投入体系，实现2020年全社会研发经费占国内生产总值2.5%以上的目标。该会议深刻分析了我国科技工作面临的新形势、新任务，就贯彻落实党中央、国务院《关于深化科技体制改革 加快国家创新体系建设的意见》做出全面部署，对于加快国家创新体系和创新型国家建设、推动科技事业又好又快发展具有重大指导意义。

2018年1月10日召开的全国科技工作会议上明确了2018年科技工作的总体思路

---

① 阿米巴经营管理落地方案班. 2018财富世界500强出炉：华为排名72位，阿里腾讯蹿升[EB/OL].(2018-07-25)[2018-12-30].https://www.sohu.com/a/243294434_100020491.

是：全面贯彻党的十九大精神，以习近平新时代中国特色社会主义思想为指导，坚持党
对科技工作的全面领导，坚持稳中求进工作总基调，坚持新发展理念；紧扣我国社会主
要矛盾变化，按照高质量发展的要求，围绕统筹推进"五位一体"总体布局和协调推进
"四个全面"战略布局，践行习近平总书记关于新时代中国特色社会主义科技创新思想；
坚定实施创新驱动发展战略，以建设创新型国家为目标，突出科技第一生产力、创新引
领发展第一动力的重要作用；着力加强基础研究和应用基础研究，着力突破关键核心技
术，着力提高系统化技术能力，着力加速科技成果转移转化，着力强化战略科技力量，
着力打造高水平科技人才队伍，着力加强创新能力开放合作，着力深化科技体制改革，
构建有利于科技创新的法律、政策、文化、社会环境，加快建设中国特色国家创新体系。
全面强化创新对建设现代化经济体系的战略支撑，依靠科技创新助力打好防范化解重大
风险、精准脱贫、污染防治攻坚战，为决胜全面建成小康社会、夺取新时代中国特色社
会主义伟大胜利做出更大贡献。

　　综上可以看出，自主创新本质上是一种发展途径，创新驱动已成为我国经济发展的
必由之路。建设创新型国家，为信息产业转变发展模式提供了历史机遇。改革开放以来，
我国 GDP 连续多年增长率 9% 以上，创造了世界经济的增长奇迹。在经济奇迹的背后，
必须清醒地认识到，我们的发展成本很高，代价很大。经济增长主要依赖大规模的资源、
资本、土地的投入拉动，依靠对外资的超国民待遇，依靠环境的损耗、劳动力的廉价。
依靠资源投入的发展模式是难以持续的，我国的资源条件难以支撑这种发展模式。特定
的国情与需求，决定着中国不可能选择资源型或依附型的发展模式，必须走增强自主创
新能力、建设创新性国家的发展战略。我国国家自主创新战略的实施及相关配套措施政
策的出台，标志着我们在新的历史阶段经济发展战略的重大转变，国家的经济政策及经
济运行体系将从以优惠政策、超国民待遇吸引外商投资，转向运用全方位的政策手段促
进企业技术创新，最终形成依靠自主创新推动经济高质量发展，建立信息产业技术驱动
体系（图 6.2）。国家经济增长方式的转轨，也要求各行政部门对自身的行政方式进行重
大改革，以符合自主创新机制的要求。

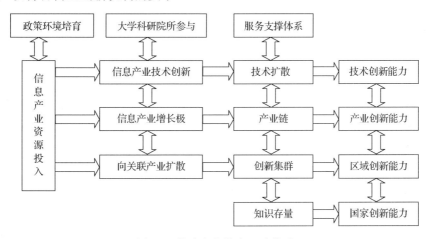

图 6.2　信息产业技术驱动体系

2）我国在全球经济中的地位日益重要，为信息产业技术的发展提供了重要机遇。改革开放以来，特别是"十一五"期间，我国较好地抓住了国内外各种机遇，成为经济全球化的最大受益者之一。我国 GDP 增长情况如表 6.3 所示。2000 年，全球 GDP 为 31.5 万亿美元，我国为 1.08 万亿美元，占全球的比重为 3.43%，居世界第七位；2005 年，我国的 GDP 达到 2.2 万亿美元，居世界第四位。"十五"期间，我国占全球 GDP 的比重从 2000 年的 3.43% 增加到 2004 年的 4.71%、2005 年的 5.18%，与日本、德国的差距大大缩小。总体来看，2002～2012 年是我国 GDP 增长最快的时期，国内生产总值年均增长 10.7%，经济总量占世界份额由 4.4% 提高到 10% 左右，对世界经济贡献率超过 20%，GDP 从世界第六位跃居世界第二位。2017 年，我国的 GDP 是 84.712 2 万亿元，而 1978 年是 0.364 5 万亿元，39 年增长了近 232 倍。

表 6.3　我国 GDP 增长情况

时间	取得的成就
"十五"期间 （2001～2005 年）	我国 GDP 占全球比重从世界第七位跃居世界第四位
"十一五"至"十二五"期间 （2006～2015 年）	我国 GDP 占全球比重跃居世界第二位
"十三五"期间 （前期：2016～2018 年）	我国 GDP 稳步增长，2017 年 GDP 较 1978 年增长了近 232 倍

"十二五"以后我国信息产业发展取得显著成效，比较优势和竞争能力发生深刻变化。

2017 年是我国"十三五"规划的第二年，前三季度经济增速出现企稳迹象，但经济增速仍然处于低谷阶段，尚未出现增速向高增长恢复的趋势。当前主流的观点是，"十三五"期间我国经济发展速度将继续由高速增长期向中高速增长期过渡，经济增速普遍预测维持在 7% 上下。曹昱亮（2017）预测未来"十三五"期间经济增长率平均水平小于 7.5% 的概率仅为 0.52%，位于 7.5%～10.8% 的概率为 54.9%，认为我国经济增长率将从当前的低谷阶段逐步回升到中速增长阶段，经济增长进一步下降的可能性极小。

我国 2018 年上半年，新动能持续快速发展，成为推动经济平稳增长的重要动力。在规模以上工业中，高技术产业增加值同比增长 11.6%，装备制造业增加值同比增长 9.2%，战略性新兴产业增加值同比增长 8.7%，分别高于整个规模以上工业 4.9 个、2.5 个和 2.0 个百分点；新能源汽车、工业机器人、光纤、智能电视等新产品产量保持较快增长，增速均超过整个规模以上工业；1～5 月规模以上战略性新兴服务业营业收入同比增长 18.1%，规模以上高技术服务业营业收入同比增长 15.4%，比 2017 年同期分别提高 2.4 个和 4.5 个百分点。全国网上零售同比增长 30.1%，其中，实物商品网上零售额同比增长 29.8%，非实物商品网上零售额同比增长 30.9%，分别高于社会消费品零售总额增速 20.4 个和 21.5 个百分点。这些表明了我国信息技术产业在不断增长。

由于保持经济发展的基本因素未变，我国经济保持持续发展的势头不会改变。重工业化发展阶段，投资高增长具有必然性；城市化进程加快，市政建设和农村地区基础建设投资需求强劲；社会主义新农村建设的稳步推进和农民收入水平的不断提高，给经济增长提供了巨大的市场空间。我国信息产业技术产品消费群体、市场规模宏大，有全球最大的高新技术产品消费人群和消费市场。市场是发展信息产业技术的战略资源，信息产业技术发展的技术标准将主要依靠市场确定，包括通信、消费电子产品在内的全球信息产业技术的诸多标准将参考中国标准来制定，这意味着中国巨大的国内市场将比跨国公司的技术资源更有价值，中国的信息产业技术将在全球中更有发言权，在游戏规则的制定中，中国企业将更有主导权，中国必将成为信息产业技术的创新中心。

3）全球经济的稳定增长，为信息产业发展提供了巨大的市场机会。全球经济高速增长所带来的需求为信息产业发展提供了不竭动力。全球经济将在一段时期内保持稳定增长，这为信息产业的发展带来了日益巨大的需求。未来的全球经济发展尽管面临着许多的不确定性，但是总体上仍然处于扩张期，处于经济长波的上升期。在新的信息产业技术革命的推动下，世界经济还可以保持较长时间的稳定增长，这是全球的机遇期。目前，全球经济的战略机遇期具有以下 3 个特点。

① 时间的长期性。战略机遇期是一个长达 10 年以上乃至数十年的历史时期，如果期间过短，那仅仅是一般的机遇而不是战略机遇，或仅仅是一个战略机遇而不是战略机遇期。

② 空间的世界性。战略机遇期是世界范围矛盾运动发展变化的结果，是人类社会发展规律在当今时代的展现，是国际、国内各种因素综合作用形成的机会和机遇。

③ 影响的全局性。能否紧紧抓住重要战略机遇期，事关国家、民族的前途命运及其在世界的地位，其影响是全局的、长远的、决定性的。在世界历史的长河中，任何一个国家能否崛起，都与其能否抓住某一重要战略机遇期密切相关。

3. 劣势

竞争劣势强调我国信息产业技术当前所缺少的或做得不够的方面，这些可能使信息产业技术发展处于劣势，需要在后期不断地进行创新与完善。

1）原始创新能力不足。党的十九大报告指出，要加强应用基础研究，拓展实施国家重大科技项目，突出关键共性技术、前沿引领技术、现代工程技术及颠覆性技术创新等。尽管我国已经建立了一批国家研究机构和工程中心，许多重点大学也将信息技术作为研究的重点，但从事的研究项目大多数偏重于模仿、跟踪，研究成果缺乏原创性。与其他产业技术的发展规律类似，信息产业技术竞争是一场持久战，需要深厚的知识积累和技术积累。回顾我国信息产业的发展历程，当一项新技术成果在国际上崭露头角时，我国也能在短时间内迅速跟进，走在前列；但随着时间的推移，差距却不断扩大，最后被淘汰出局，重要原因之一就是原始性的技术创新不足。

此外，我国在吸收国外先进信息产业技术时，大部分所获得的是创新结果，而不是创新过程本身。跨国公司作为一个具备先进技术的强大市场主体，出于维持其信息产业技术垄断优势的目的，往往会阻止其他国家竞争者开展为深化自身的能力而进行长期性的基础技术领域的探索。这一技术壁垒阻碍了我国信息产业技术创新能力的快速提升。

2）基础研究队伍不够稳定，顶尖人才和领军人物缺乏。由于市场经济浪潮的冲击，片面强调经济效益和技术先进性，而忽视基础研究，一部分科学家与研究人员难耐基础研究的过程而转行，造成信息产业技术人才大量流失，极大地削弱了信息产业技术创新能力。尤其是原始创新能力，导致可持续发展的后劲严重不足。此外，顶尖人才和领军人物是信息产业技术研究、信息产业发展的核心和灵魂。党的十九大报告强调，应当培养造就一大批具有国际水平的战略科技人才、科技领军人才、青年科技人才和高水平创新团队，而我国目前培养与发挥顶尖人才作用的环境尚需优化。

3）投融资体制需要进一步完善，风险投资不足。我国信息产业技术投资资金短缺，科学研究与实验发展的资金投入较少，且科学研究与实验发展投入经费、信息产业技术成果转让投入、产业规模化投入的比例与发达国家相差甚远。因此，为推动信息产业技术的更快发展，完善中国的风险投资机制已是当务之急。信息产业技术创新是一项高投入、高收益与高风险的活动，其风险主要来自于技术、市场及管理、金融、政策等一系列信息产业内外部因素，应对这些风险，风险投资是必不可少的。风险投资是促进信息产业技术创新的关键环节，目前我国的风险投资体系和机制远未形成，风险投资机构不多、风险资金量不大，致使技术和风险资金结合困难。主要原因包括以下4个方面：①与国家相关法律建设及引导扶持政策有关；②风险资金筹措渠道单一；③与风险投资密切相关的中介服务体系尚未形成，缺乏专业化的服务机构和人才；④创业板市场尚不完善，市场化的风险投资退出机制需要进一步规范。

4. 威胁

威胁方面的分析表明，我国信息产业技术发展也面临着一些挑战，应当及时做出判断并采取相应的战略行动来抵消或减轻它们所产生的影响，使我国信息产业技术更加稳定、快速地发展。

1）我国信息产业面临的技术挑战。随着我国信息产业的壮大，外商直接投资规模不断扩大。在过去的十多年中，国际直接投资涉及的产业范围扩大，与本土企业的关联形式也逐渐丰富，多种国际合作给中国信息产业带来了巨大的利益。然而，这些体现在贸易、就业和市场培育及体制创新等层面的效应，仅仅代表了信息产业发展的一个侧面，如果从关系到产业技术核心竞争力、长期发展等方面看，信息产业仍面临着一些威胁。

在信息技术领域，我国是全球的"后来者"，在技术上处于学习和跟从的地位，虽然有一个巨大的市场，但是在技术层面所谓的"技术换市场"并不能真正地由国内企业实现，合资企业在相关产品的核心技术方面仍然依赖于外商，这种较强的依赖性往往发展为跨国公司对本土企业的"技术锁定"。因此，很多跨国公司利用这种"技术锁定"来加强东道国的依赖性，从而牟取巨额利润。跨国公司利用"技术锁定"牟利的方式很多，常见的有以下几种：①有的公司要求东道国子公司购买其关键的零部件和辅助设备，以转移价格的方式逃避税收、转移利润；②有的公司规定特定产品的设计变动要经过母国的批准，以掌握信息产业技术控制权；③有的公司可能将子公司的产品集中，通过其在东道国国内的某个代理处销售，以掌握销售控制权；④有的公司把其子公司分散在不同的东道国，用技术分离的办法来实现其价格转移的目的。

就信息产业技术转移过程本身而言，随着近年来对外商投资方式约束政策的放宽，跨国公司在华投资的"独资化"趋势日趋明显，"独资化"的趋势使本土企业更难分享跨国公司技术优势带来的好处。母公司可以把"独资化改造"后的在华企业真正地纳入总部主导的"产业内分工体系"中，更放心地向那些企业转移附加价值更高的产品技术和生产制造技术，并采取统一的知识产权保护措施来保护这些技术。因此，跨国公司的独资化在很大程度上削弱了先进信息产业技术的传播，对国内企业设置了更高的技术壁垒。

2）WTO 框架下的国际规则带来的市场竞争挑战。WTO 协议是信息产业市场环境最基本的制度性条件。其涉及计算机制造业和通信服务业等。一些国际规则在我国正式加入 WTO 之前就已经开始影响相关产业。例如，我国于 1998 年加入的《信息技术协议》（Information Technology Associates，ITA）旨在削减信息产品的贸易壁垒。根据这个协议，我国逐步取消 IT 产品的所有进口关税（包括电信设备、计算机、微处理器和互联网相关设备），从平均 13.3%开始，每年以相同数额递减，到 2005 年实现零关税。在 2001 年我国正式签署 WTO 协议后，依照有关 IT 产业的外资准入时间表，外资准入在信息和电子通信产业下的不同部门，分别有 3～6 年的过渡期。这对国内市场而言无疑是一个考验。为了应对加入 WTO 以后的新的市场环境，我国在加入 WTO 之前实际上就已经开始了相关产业调整和企业重组，以应对可能产生的种种冲击。

由于计算机市场开放较早，DELL 公司、IBM 公司等主要世界计算机厂商早已在国内设厂，成本优势推动着出口规模的不断扩大。在与 IT 产品相关的国际贸易协定以及为加入 WTO 而做出的相关承诺的要求下，IT 产品的关税不断调低，可以说，国内计算机厂商与跨国公司已基本处在同一税负环境中竞争，这也迫使国产 IT 产品的技术性能不断提升。因此，ITA 的实施将有助于我国计算机产业的发展；但对那些规模过小、技术落后、产品质量低下的企业必然会带来冲击，甚至可能将其淘汰出局，市场将不断向名牌产品集中。因此，贸易和投资自由化对我国产业结构提升及优质企业的筛选将是一个积极的因素。

如果说在计算机制造业领域，中国在市场化条件下面临的竞争已经提前显现，国内企业在加入 WTO 之前就已经基本与国际市场的竞争相融合，那么在数字技术和相关的软件市场上，尽管政府通过政府采购等手段加以干预，仍存在很大的不确定性。在这个领域，除了 ITA，与贸易有关的知识产权协定也是一个非常重要的制度性安排，它对我国现有的具有知识产权产品的企业的发展和出口构成一定的冲击。这个协定主要用来对工业产权进行保护，它要求签约方对版权、专利商标、商业秘密、软件等进行最低限度的保护。近年，工业化国家又将屏蔽产品（mask works）和数字化版权列入其中。由于我国数字技术产品大多不具备自主知识产权，这个协定将导致我国企业在引进相关的国外先进的信息技术时，成本趋于上升，对企业的发展将产生一定的限制作用。《与贸易有关的知识产权协定》（Agreement on Trade-Related Aspects of Intellectual Property，TRIPS）规定，各成员国在实施知识产权保护方面将执行最惠国待遇原则，并将知识产权保护的国民待遇扩大到 WTO 的所有成员方。由于目前最先进的数字技术供应源主要来自美国等发达国家，在 TRIPS 与其他类似协议的推动下，全球范围内知识产权保护的趋势将增强，这势必进一步提升外国公司在信息技术供应方面的自然垄断地位，这种技术的独占性将自然而然地转化为对市场的垄断权。在此情形下，信息技术的转移将会出现更多的限制性商业做法，这迫使我国企业不得不付出更为高昂的成本以获取外国的先进技术，从而失去价格上的竞争优势。

在 IT 产品普及时期，我国的软件市场以每年 30%的速度增长。然而，这个增长基本上是建立在国外企业投资基础上的。在这个时期，国外企业在我国的软件市场中占据主导地位，国内本土企业在整个 IT 产业中所占份额不到 10%。截至 2000 年，国外企业控制着中国 65%套装软件的销售；在软件销售的前 10 名中，仅有两家中国企业。虽然国内本土软件企业的中低端市场份额增长速度较快，政府也通过政府采购的方式来予以支持，但是在高端市场上，国外跨国软件公司继续保持优势。这主要体现在国外的品牌软件在高端服务器操作系统、数据库管理系统等软件市场上的垄断地位。2002 年，国外品牌在系统软件市场上所占份额为 95.3%。国外调查公司 NetMarketShare 公布了 2018 年 5 月全球浏览器市场份额数据，排名前三的分别是 Chrome、Internet Explorer 和 Firefox。此外，NetMarketShare 公布了 2018 年 7 月的数据，在操作系统方面，Windows 10 的市场份额不断上涨，7 月的市场占有率达 36.58%。由此可见，国外品牌软件公司在高端服务器操作系统、数据库管理系统及网络管理软件市场仍然处于主导地位。

在 ITA 和 WTO 的投资准入协定规则的影响下，我国信息产业面临的挑战在不同类型产品上呈现不同的特点：一是对于信息产业技术较为成熟的产品，即计算机制造业中的低端产品，仍然具备明显的竞争优势，因此，机遇大于挑战。二是对于信息产业高技术产品，特别是那些我国起步较晚，技术相对落后，尚无自主知识产权，需要一定发展时间的新产品，包括网络产品、数字化产品、集成电路、软件等，都会造成不同程度的冲击。三是对于已经开发出来和正在开发的尖端信息产业技术产品，如高速路由器、移动通信等，也会产生一定的负面影响。

3）来自信息产业技术标准的挑战。除了 WTO 和 ITA 在国际贸易和投资领域的制度性安排外，我国信息产业的发展还受到技术标准的制约。由于我国是这一技术领域的"后来者"，现有的信息产业技术标准多为美国等发达国家制定，我国处于很不利的地位。20 世纪 90 年代以来，跨国公司的经营战略的转变推动了网络化的全球制造业投资和生产趋势，尤其是在信息产业中，模块化的产业发展格局与横向整合生产的新方法日益显著，相应地，信息产业技术标准的掌握权成为一个愈来愈受关注的问题。在全球化特性最显著的信息经济时代，标准对于决定各方在全球化生产网络中获益的多少具有越来越重要的作用。当今全球信息产业属于国际政治经济中的主导产业，其技术标准竞争已经超越了技术革新竞争本身。目前，谁控制了市场上的事实标准并保护了知识产权，谁就是技术上的优胜者。

在信息产业技术领域，全球范围内业已形成的开放标准系统格局完全在视窗-英特尔体系垄断之下，这是信息产业中的视窗-英特尔主义（Wintelism）最重要的特征。这一局面为标准的制定者带来了巨大的、源源不断的利益。在以视窗-英特尔体系为标准的国际生产网络中，生产网络成员的技术与视窗-英特尔体系标准相兼容是十分重要的。我国作为信息产业浪潮中的跟随者，不仅表现为信息产业核心技术本身的跟随者，也表现为信息产业技术标准的跟随者。计算机的主要技术标准都已经为发达国家的企业和企业联盟所控制。虽然在这些由外部决定的、别无选择的技术标准下进行生产经营也能够获利，但付出的成本是高昂的，因为需要向美国、日本和欧洲的公司交纳高额的专利税。这些专利税使本土公司的生产利润大大降低。有些报道宣称，我国计算机生产成本中的50%～70%是向微软公司和英特尔公司交纳的注册费。

从我国在信息产业技术标准制定协调工作上看，无论是在国内标准制定方面，还是在国内标准与国际标准保持一致性方面都做得很不够。例如，在国内标准制定方面，标准不仅在国家一级制定，还在各级地方政府及各行业中制定，但有关协调这些标准制定的活动却很不充分。例如，20 世纪 80～90 年代初我国政府曾致力发展现代电信技术，但不同地区、不同利益方由于追求自身利益而采用了不同的电信系统，结果是全国各地电信系统互不兼容。这个状况与中国省级和区县级都存在着较强的地方保护主义传统有密切关系。标准化的实施也往往因国内各级地方政府及各行业间的协调不充分而阻力重重，从而阻碍了中国现代化进程中标准化体系的建设。

6.6　信息产业技术发展战略目标的定位

信息产业技术发展战略目标决定着信息产业技术发展战略重点的选择、战略阶段的划分和战略对策的制定。可以说，信息产业技术发展战略目标的确定是制定发展战略的核心。针对我国信息产业技术发展战略，结合信息产业技术发展战略的内涵、作用、指导思想、原则等，我们提出阶段发展、创新能力发展、竞争能力发展及协调能力发展的战略目标定位，如图 6.3 所示。

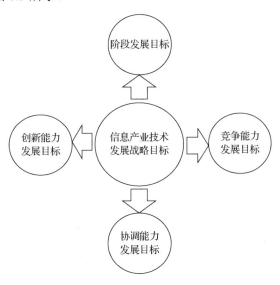

图 6.3　信息产业技术发展战略目标

6.6.1 阶段发展目标

根据我国的"十三五"规划，到 2020 年建立较为完善的科技创新体系。在"十二五"重点突破的基础上，力争基本实现信息产业技术的整体性突破和跨越式发展，在重要的信息产业技术领域拥有大量自主知识产权的核心技术，实现关键产品的基本自给，初步进入信息产业技术先进国家行列，确立科技引领的产业发展模式。具体包括以下 6 个方面的内容。

1）建立具有国际竞争力、安全可控的信息产业生态体系，在全球价值链中的地位进一步提升。

2）突破一批制约产业发展的关键核心技术和标志性产品，我国主导的国际标准领域不断扩大。

3）产业发展的协调性和协同性明显增强，产业布局进一步优化，形成一批具有全球品牌竞争优势的企业。

4）电子产品能效不断提高，生产过程能源消耗进一步降低。

5）信息产业安全保障体系不断健全，关键信息基础设施安全保障能力满足需求，安全产业链条更加完善。

6）光网全面覆盖城乡，第五代移动通信（5G）启动商用服务，高速、移动、安全、泛在的新一代信息基础设施基本建成。

《信息产业发展指南》设定了产业规模、产业结构、技术创新、服务水平、绿色发展 5 大类目标，共 13 项量化指标，如表 6.4 所示。

表 6.4 2020 年信息产业发展主要指标

指 标		2015 年基数	2020 年目标	累计变化情况
产业规模	信息产业收入/万亿元	17.1	26.2	[8.9%]
	其中：电子信息制造业主营业务收入/万亿元	11.1	14.7	[5.4%]
	软件和信息技术服务业业务收入/万亿元	4.3	8	[14.3%]
	信息通信业收入/万亿元	1.7	3.5	[17.6%]
产业结构	信息产业企业进入世界 500 强企业数量	7	9	2
	电子信息产品一般贸易出口占行业出口比重/%	25.5	30	4.5
技术创新	电子信息百强企业研发经费投入强度/%	5.5	6.1	0.6
	国内信息技术发明专利授权数/万件	11.0	15.3	[6.5%]
服务水平	固定宽带家庭普及率/%	40	70	30
	移动宽带用户普及率/%	57	85	28
	行政村光纤通达率/%	75	98	23
绿色发展	单位电信业务总量综合能耗比下降幅度/%	—	10	10
	新建大型云计算数据中心能源利用效率（PUE）	1.5	<1.4	>0.1

资料来源：根据《信息产业发展指南》整理。

注：[ ]内的数值为年均增速。

6.6.2　创新能力发展目标

初步形成以企业为主体的技术创新体系,建立一批重点领域共性技术开发平台,集成创新能力显著增强。培育一大批具有自主创新能力、拥有自主知识产权的企业。通信新业务开发能力不断提升,业务专利数不断增加。技术研发能力接近国际先进水平,技术成果转化率显著提高,标准制定的国际影响力大大增强。2016 年 5 月 19 日,中共中央、国务院印发了《国家创新驱动发展战略纲要》,提出"三步走"战略目标(图 6.4),明确在我国加快推进社会主义现代化、实现"两个一百年"奋斗目标[①]和中华民族伟大复兴中国梦的关键阶段,必须始终坚持抓创新就是抓发展、谋创新就是谋未来,让创新成为国家意志和全社会的共同行动,走出一条从人才强、科技强到产业强、经济强、国家强的发展新路径,为我国未来十几年乃至更长时间创造一个新的增长周期。

1) 到 2020 年进入创新型国家行列,基本建成中国特色国家创新体系,有力支撑全面建成小康社会目标的实现。创新型经济格局初步形成。信息产业进入全球价值链中高端,成长起一批具有国际竞争力的创新型企业和产业集群。科技进步贡献率提高到 60% 以上,知识密集型服务业增加值占国内生产总值的 20%。与此同时,自主创新能力大幅提升,形成面向未来发展、迎接科技革命、促进产业技术变革的创新布局,突破制约经济社会发展和国家安全的一系列重大瓶颈问题,初步扭转关键核心技术长期受制于人的被动局面,在信息产业技术发展战略必争领域形成独特优势,为国家繁荣发展提供战略储备、拓展战略空间。研究与试验发展经费支出占国内生产总值比重达到 2.5%,创新体系协同高效。科技与经济融合更加顺畅,创新主体充满活力,创新链条有机衔接。创新治理更加科学,创新效率大幅提高,创新环境更加优化。激励创新的政策法规更加健全,知识产权保护更加严格,形成崇尚创新创业、勇于创新创业、激励创新创业的价值导向和文化氛围。

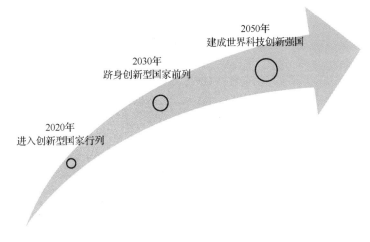

图 6.4　"三步走"信息产业技术战略

---

① 中共十五大报告首次提出"两个一百年"奋斗目标:到中国共产党成立一百年时,使国民经济更加发展,各项制度更加完善;到中华人民共和国成立一百年时,基本实现现代化,建成富强、民主、文明、和谐的社会主义国家。

2）到 2030 年跻身创新型国家前列，发展驱动力实现根本转换，经济社会发展水平和国际竞争力大幅提升，为建成经济强国和共同富裕社会奠定坚实基础。主要产业进入全球价值链中高端。不断创造新技术和新产品、新模式和新业态、新需求和新市场，实现更可持续的发展、更高质量的就业、更高水平的收入、更高品质的生活。总体上扭转科技创新以跟踪为主的局面。在信息产业技术发展战略领域由并行走向领跑，形成引领全球学术发展的中国学派，产出对世界科技发展和人类文明进步有重要影响的原创成果。攻克制约国防科技的主要瓶颈问题。研究与试验发展经费支出占国内生产总值比重达到 2.8%。国家创新体系更加完备。实现信息产业技术与经济深度融合、相互促进。创新文化氛围浓厚，法治保障有力，全社会形成创新活力竞相迸发、创新源泉不断涌流的生动局面。

3）到 2050 年建成世界科技创新强国，成为世界主要科学中心和创新高地，为我国建成富强民主文明和谐的社会主义现代化国家、实现中华民族伟大复兴的中国梦提供强大支撑。科技和人才成为国力强盛最重要的战略资源，创新成为政策制定和制度安排的核心因素。劳动生产率、社会生产力提高主要依靠科技进步和全面创新，经济发展质量高、能源资源消耗低、信息产业核心竞争力强。国防科技达到世界领先水平。拥有一批世界一流的科研机构、研究型大学和创新型企业，涌现出一批重大原创性科学成果和国际顶尖水平的科学大师，成为全球信息产业高端技术人才创新创业的重要聚集地。创新的制度环境、市场环境和文化环境更加优化，尊重知识、崇尚创新、保护产权、包容多元成为全社会的共同理念和价值导向。

6.6.3 竞争能力发展目标

到 2020 年，海外电信业务市场份额进一步扩大，基础电信运营企业的管理能力和竞争能力大幅度提升，形成一大批具有竞争活力的增值业务运营企业；软件、集成电路、新型元器件等电子信息核心产业规模翻两番，部分关键技术实现突破。产业链进一步向上游延伸，元器件、材料、专用设备国内配套能力显著增强，集聚优势资源，形成一批在全球具有特色和影响力的信息产业基地和产业园，以及一批效益突出、国际竞争力较强的优势企业。初步形成能够适应信息产业发展和体制改革的监管模式，管理能力得到进一步提高。

6.6.4 协调能力发展目标

继续加强农村和中西部地区通信能力建设，加快形成电信运营业与其上、下游合作共赢的产业链。依托国家电子信息产业基地和产业园，基本形成东、中、西部地区差异化发展的信息产业格局。无线电频率资源配置合理，基本满足各方需求，各种无线电业务协调发展。

主要参考文献

曹昱亮，2017．"十三五"期间中国经济增长率预测研究：基于非参数 bootstrap 方法[J]．国家行政学院学报（6）：147-152，
　　165．

工业和信息化部，国家发展改革委，2017．工业和信息化部　国家发展改革委关于印发信息产业发展指南的通知[EB/OL]．
　　(2017-01-16)[2019-04-15]. http://www.miit.gov.cn/n1146295/n1652858/n1652930/n3757016/c5464809/content.html.

刘静，等，2018．法国标准化战略发展历程及最新进展[J]．标准科学（4）：30-34，62．

王金玉，王益谊，赵文慧，2007．日本的国际标准战略[J]．世界标准信息（10）：39-45．

魏阙，边钰雅，2015．世界主要发达国家技术预见发展分析[J]．创新科技（12）：14-16．

于连超，王益谊，2016．美国标准战略最新发展及其启示[J]．中国标准化（5）：89-93．

第7章 我国信息产业技术发展战略体系

信息产业技术发展战略体系是根据我国经济发展规划及实际状况,对信息产业技术发展战略进行科学制定的全过程。针对我国信息产业技术发展的重点领域和步骤,我们提出信息产业技术发展五大战略及信息产业技术生命周期三阶段战略,并对战略的适应性、实施过程和业绩进行科学、有效的评价。

7.1 信息产业技术发展战略体系的设计思路

信息产业技术发展战略是一个宏观的、复杂的、长期的问题。本章基于信息产业技术具有的重要性、战略性、先进性、通用性、先导性、利益性、竞争优势等特点,建立我国信息产业技术发展战略体系。具体包括信息产业技术战略、信息产业技术生命周期战略、信息产业技术战略评价,如图7.1所示。

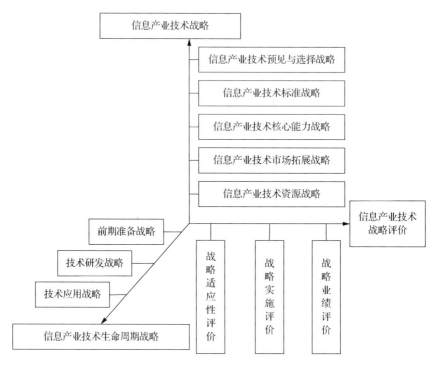

图 7.1 我国信息产业技术发展战略体系

7.1.1　信息产业技术发展战略体系设计的重点领域

国家发改委、工业和信息化部在 2009 年联合编制并下发了《电子信息产业技术进步和技术改造投资方向》，这个规定进一步加强了国家对信息产业的技术进步和技术改造的指导，推进了关键领域重点项目建设，主要包括半导体集成电路、平板显示和彩电、通信设备、数字音视频、计算机产业及下一代互联网，以及软件、信息服务和信息安全等领域。2016 年 12 月 30 日，工业和信息化部、国家发改委联合制定并下发的《信息产业发展指南》指出，加快发展具有国际竞争力、安全可控的现代信息产业体系，为建设制造强国和网络强国打下坚实基础。根据"十三五"规划纲要、《中国制造 2025》、《国家信息化发展战略纲要》、《国务院关于积极推进"互联网＋"行动的指导意见》、《国务院关于深化制造业与互联网融合发展的指导意见》等的部署，《信息产业发展指南》提出了 7 个方面的任务，如表 7.1 所示。

表 7.1　信息产业技术发展战略实施的主要任务

主要任务	相关内容
增强体系化创新能力	① 构建先进的核心技术与产品体系
	② 建设高水平创新载体和服务平台
	③ 强化标准体系建设与知识产权运用
构建协同优化的产业结构	① 打造协同发展产业链
	② 提升产业基础能力
	③ 增强企业创新活力
	④ 优化产业空间布局
	⑤ 推动产业绿色发展
促进信息技术深度融合应用	① 推动信息技术与制造业融合创新
	② 积极推进"互联网＋"行动
	③ 加快发展信息技术服务
建设新一代信息基础设施	① 加快高速光纤宽带网建设
	② 推动宽带无线接入网络升级演进
	③ 提升应急通信保障能力
	④ 增强卫星通信网络及应用服务能力
	⑤ 加强下一代互联网应用和未来网络技术创新
提升信息通信和无线电行业管理水平	① 创新互联网行业管理
	② 完善电信行业管理
	③ 优化无线电频率和卫星轨道资源管理
强化信息产业安全保障能力	① 完善网络与信息安全管理制度
	② 加强大数据场景下的网络数据保护
	③ 推动信息安全技术和产业发展
	④ 提升工业信息安全保障能力
增强国际化发展能力	① 提升产业国际化发展水平
	② 优化信息网络国际布局

资料来源：根据《信息产业发展指南》整理。

与此同时，《信息产业发展指南》研究部署了 7 个重大工程，并明确了相关保障措施。信息产业技术发展战略的重大工程如表 7.2 所示。

表 7.2　信息产业技术发展战略实施的重大工程

重大工程	相关内容
国家信息基础设施建设工程	"宽带中国"工程、5G 发展与商用、应急通信服务保障
安全保障能力提升工程	信息安全技术产品、信息安全保障
集成电路产业跨越建设工程	设计、制造、封装测试
基础电子提升工程	基础元器件、传感与敏感元器件、新型显示器、电子专用设备、太阳能光伏、电子材料
软件产业提升发展工程	操作系统、工业大数据平台，工业云与制造业核心软件，工业应用软件
智能产品＋服务价值提升工程	新兴智能硬件、智能感知、虚拟现实、智慧交通、智慧健康养老服务、数字电视
工业互联网产业推进试点示范工程	开展工业互联网创新应用示范，建设工业互联网技术实验验证平台、工业互联网关键资源管理平台、工业互联网网络数据服务平台

资料来源：根据《信息产业发展指南》整理。

根据《信息产业发展指南》，信息产业技术发展战略设计的重点领域如图 7.2 所示。

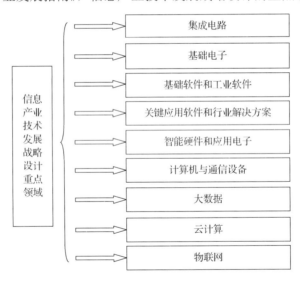

图 7.2　信息产业技术发展战略设计的重点领域

1．集成电路

集成电路领域的发展应当以重点整机和重大应用需求为导向，增强芯片与整机和应用系统的协同；着力提升集成电路设计水平，不断丰富 IP 核和设计工具，突破 CPU、现场可编程门阵列（field programmable gate array，FPGA）、数字信号处理（digital signal processor，DSP）、存储芯片（DRAM/NAND）等核心通用芯片，提升芯片应用适配能力。加快推动先进逻辑工艺、存储器等生产线建设，持续增强特色工艺制造能力；掌握高密度封装及三维（3D）微组装技术，探索新型材料产业化应用，提升封装测试产业发展能力。

加紧布局超越摩尔定律相关领域，推动特色工艺生产线建设和第三代化合物半导体产品开发，加速新材料、新结构、新工艺创新；以生产线建设带动关键装备和材料配套发展，基本建成技术先进、安全可靠的集成电路产业体系。实施"芯火"创新行动，充分发挥集成电路对"双创"的支撑作用。

2. 基础电子

大力发展满足高端装备、应用电子、物联网、新能源汽车、新一代信息技术需求的核心基础元器件，提升国内外市场竞争力。拓展新型显示器件规模应用领域，实现液晶显示器超高分辨率产品规模化生产、有源矩阵有机发光二极管产品量产；突破柔性制备和封装等核心技术，完成量产技术储备，开发 10 英寸以上柔性显示器件。突破微机电系统微结构加工、高密度封装等关键共性技术，加快传感器产品开发和产业化；提升发光二极管器件性能，推动高端场控电力电子器件推广应用，开发下一代电力电子器件，支持典型领域推广应用。

加强电子级多晶硅、高效太阳能电池及组件封装工艺创新和技术储备，提升光伏发电系统集成水平及储能设备配套水平。积极发展电子纸、锂离子电池、光伏等行业关键电子材料，重点突破高端配套应用市场。提升电子专用设备配套供给能力，重点发展 12 英寸集成电路成套生产线设备、新型薄膜太阳能电池生产设备、锂离子电池关键材料生产设备、新型元器件生产设备和表面贴装设备。研发半导体和集成电路、通信与网络、物联网、新型电子元器件、高性能通用电子等测试设备。

3. 基础软件和工业软件

建立安全可靠的基础软件产品体系，支持开源、开放的开发模式，重点推进云操作系统、云中间件、新型数据库管理系统、移动端和云端办公套件等基础软件产品的研发和应用。强化技术产品和终端应用协同互动，提升基础软件成熟度，加快集成适配优化。推动工业软件和工业控制系统核心技术和产品的研发及应用，重点突破军工、能源、化工等安全关键行业工业应用软件核心关键技术，构建先进产品体系，形成评测标准与规范；突破高档数控系统、现场总线、通信协议、高精度高速控制和伺服驱动等工业控制系统关键技术，推动中高端数控系统、伺服系统和控制系统研发。构建国家工业软件安全测试平台，加快工业大数据软件与平台布局，促进重要工业领域系统解决方案定制化深度应用，打造工业云应用服务体系。

4. 关键应用软件和行业解决方案

在关键应用软件和行业解决方案领域，应当着力发展基于云计算、大数据、移动互联网、物联网等新型计算框架和应用场景的软件平台和应用系统。针对政府应用、公共服务、行业发展等重点需求，集中突破一批重点应用软件和行业解决方案，深化普及应用。支持软件和信息技术服务企业，面向公共服务领域积极开展应用解决方案研发和信息技术服务；推动软件企业与传统行业企业深入合作，加快支撑传统行业转型升级的软件及解决方案发展和应用，培育一批综合性解决方案提供商。

5. 智能硬件和应用电子

突破人工智能、低功耗轻量级系统、智能感知、新型人机交互等关键核心技术，重点发展面向下一代移动互联网和信息消费的智能可穿戴、智慧家庭、智能车载终端、智慧医疗健康、智能机器人、智能无人系统等产品；面向特定需求的定制化终端产品，以及面向特殊行业和特殊网络应用的专用移动智能终端产品。打造高水平"互联网＋"人工智能平台，提升消费级和工业级智能硬件产品及服务供给能力。

加快智能感知技术创新，重点推动毫米波与太赫兹、蜂窝窄带物联网（narrow band internet of things，NB-IOT）、智能语音等技术在公共安全、物联网等重点领域开展示范应用。支持虚拟现实产品研发及产业化，探索开展在设计制造、健康医疗、文体娱乐等领域的应用示范。丰富智慧家庭产品供给，重点加大智能电视、智能音响、智能服务机器人等新型消费类电子产品供给力度，推动完善智慧家庭产业链，引导产业向"产品＋服务"转型升级。开展智慧健康养老服务应用，支持健康监测和管理、家庭养老看护等可穿戴设备发展。推广智慧交通创新与应用示范，推动基于宽带移动互联网的智能汽车与智慧交通示范区建设；积极推进工业电子、医疗电子、汽车电子、能源电子、金融电子等产品研发应用。

6. 计算机与通信设备

引导产业链上下游合作，突破高端服务器和存储设备核心处理器、内存芯片和输入/输出（input/output，I/O）芯片等核心器件，构建完善高端服务器、存储设备等核心信息设备产业体系。研究神经元计算、量子计算等新型计算技术应用，支持发展低功耗低成本绿色计算产品，强化芯片、软件、系统与应用服务适配，开展绿色计算应用示范，丰富应用服务模式，推动绿色计算生态良性发展。创新绿色计算产业合作机制，搭建绿色计算产品创新公共服务平台，开发和完善绿色计算接口标准、应用规范与产品检测认证体系。

加快高性能安全工业控制计算机，以及可信计算、数据安全、网络安全等信息安全产品的研发与产业化。支持安全可靠工业控制计算机在电网、水利、能源、石化等国民经济重要领域的应用。开发高速光传输设备及大容量组网调度光传输设备，发展智能光网络和高速率、大容量、长距离光传输、光纤接入（fiber to the x，FTTx）等技术和设备，积极推进 5G、IPv6、SDN（software defined network，软件定义网络）和 NFV（network function virtualization，网络功能虚拟化）等下一代网络设备研发制造。

7. 大数据

在大数据领域，重点突破大数据关键技术和产品，培育大数据服务业态，完善大数据产业体系；深化大数据应用创新，发展面向工业领域的大数据服务和成套解决方案。鼓励工业企业整合各环节数据资源，基于大数据应用开展个性化定制、众包设计、智能监测、全产业链追溯、在线监控诊断及维护、工控系统安全监控、智能制造等新业务。

引导信息产业中的各企业加快商业和服务模式创新，构建基于大数据的民生服务新体系，在公共安全、自然灾害防治、环境保护等城市管理领域，拓展和丰富服务范围、形式和内容。

开展大数据产业集聚发展和应用示范区创建工作。在重点行业开展应用试点，推进政府、金融、能源等重要行业大数据系统安全可靠的软硬件应用；培育数据采集、数据分析、数据安全、数据交易等新型数据服务产业和企业。在依法合规、安全可控的前提下加快大数据交易产业发展，开展第三方数据交易平台建设试点示范；组织制定数据交易流通的一般规则和信息披露制度，逐步完善数据交易流通中的个人信息保护、数据安全、知识产权保护等制度，建立数据交易流通的行业自律和监督机制。

8. 云计算

积极发展基础设施即服务（infrastructure as a service，IaaS）、平台即服务（platform as a service，PaaS）、软件即服务（software as a service，SaaS）等云服务，提升公有云服务能力，扩展专有云应用范畴，围绕工业、金融、电信、就业、社保、交通、教育、环保、安监等重点领域应用需求，支持建设全国或区域混合云服务平台。大力发展云服务应用软件，促进各类信息系统向云计算服务平台迁移。积极发展基于云计算的个人信息存储、在线工具、学习娱乐等服务。

鼓励信息产业中的大企业开放平台资源，加强行业云服务平台建设；建立为中小企业提供办公、生产、财务、营销、人力资源等基本管理服务的云计算平台。大力发展面向云计算的信息系统规划咨询、方案设计、系统集成和测试评估等服务。支持第三方机构开展云计算服务质量、可信度和网络安全等评估评测，优化云计算基础设施布局，完善云计算综合标准体系。健全云计算环境下网络信息安全管理体系，加强技术管理系统建设，强化新技术新业务评估，防范网络信息安全风险。

9. 物联网

实施物联网重大应用示范工程，发展物联网开环应用，加快物联网技术与产业发展、民生服务、生活消费、城市管理及能源、环保、安监等领域的深度融合，形成一批综合集成解决方案。应用物联网技术推动大田耕种精准化、园艺种植智能化、畜禽养殖高效化，促进形成现代农业经营方式和组织形态。以车联网、智慧医疗、智能家居、智能可穿戴设备等为重点，通过与移动互联网融合加快消费领域物联网应用创新。

推进物联网感知设施规划布局，深化物联网在智慧城市基础设施管理方面的应用。建立城市级物联网接入管理与数据汇聚平台，推动感知设备统一接入、集中管理和数据共享利用。大力发展工业互联网，成立工业互联网产业联盟，加快制定工业互联网标准体系，推动产业协同创新。组织开展工业互联网试点示范，建设公共服务平台和管理平台，强化基础设施建设，全面推动低时延、高可靠、广覆盖的工业互联网。

综上所述，信息产业的 9 大重点领域、7 个重大工程反映了信息产业技术发展战略设计的关键因素，为战略体系的设计指明了方向，是保障我国信息产业技术发展战略有效实施的基础。

7.1.2　信息产业技术发展战略体系设计的步骤

根据国家发展目标、"十三五"规划、十九大报告、《信息产业发展指南》及相关政策规定，可以提炼出信息产业技术发展战略体系设计的步骤，如图 7.3 所示。

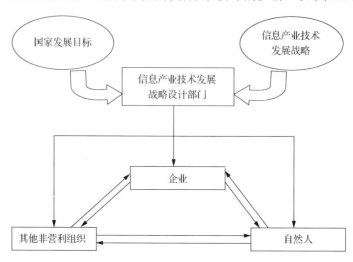

图 7.3　信息产业技术发展战略体系设计的步骤

1）由政府组织成立特定的部门或委员会，负责全面的信息产业技术发展战略设计工作，兼顾国家的中长期发展目标，对信息产业技术进行拉网式评估，进而确定我国信息产业技术目录。

2）特定的部门或委员会负责搭建多方面的沟通平台及资源整合的平台，便于各个参与主体进行有效的信息沟通与交流，确保信息产业技术发展战略设计的科学性。

3）赋予特定的部门或委员会一定的经费支配权力，对于一些参与主体想参与但迫于资金压力而欲放弃的项目给予资助。

7.2　信息产业技术战略

戴维·福特（David Ford）和迈克尔·萨恩（Michael Sahn）（2002）认为技术战略是建构、维持和利用公司的技术性资产的任务，而不管这些技术的水平与其他公司相比是新的还是旧的。这个定义强调技术战略的重要性，无论是对于高技术或低技术公司、产品或服务提供商、技术创新者还是技术跟随者。诺玛·哈里森（Norma Harrison）和丹尼·萨姆森（Danny Samson）（2003）认为技术战略是公司为了实现企业目标而对技术获取、技术开发与利用的选择，具体包括产品技术和过程技术的获取、开发和管理。这些技术与公司的商业战略一致，并能最终通过技术优势来增强公司的竞争力。可以看出，技术战略的内容主要包括技术选择、技术标准、技术管理、技术能力的保持和提高、技术市场的扩展、技术资源的开发和保护等。

国外对于不同产业部门中的技术领导和技术领先的研究表明，技术战略在使信息产业或部门达到技术领先和技术领导地位的过程中起到了不可替代的重要作用。技术战略的关键是建立行业技术标准。在许多高技术市场竞争中，是"赢者通吃"的局面，失败者几乎没有容身之地。

根据以上学者的定义，结合我国信息产业技术的发展状况，信息产业技术战略主要包括信息产业技术预见与选择战略、信息产业技术标准战略、信息产业技术核心能力战略、信息产业技术市场拓展战略、信息产业技术资源战略等。

7.2.1 信息产业技术预见与选择战略

英国技术预见专家 Martin（2000）提出，所谓技术预见就是要对未来较长时期内的科学、技术、经济和社会发展进行系统研究，其目标就是要确定具有战略性的研究领域，以及选择那些对经济和社会利益有最大化贡献的通用技术。国家关键技术选择是在社会资源有限、国际竞争日趋激烈的形势下，为实现国家目标，在掌握现状、预见未来的基础上选择技术发展的重点领域。

20 世纪 90 年代起，技术预见逐步成为一种世界性潮流。不仅日本、德国、英国、法国、澳大利亚和新西兰等发达国家实施了大规模技术预见计划，韩国、印度、泰国、土耳其和南非等发展中国家也积极开展技术预见活动。综合各国的技术预见发展，除了考虑技术自身因素外，还要系统地考虑经济发展及生态环境、自然资源、人口和文化等社会需求因素。例如，参加日本技术预见活动的专家有些是来自科技界的，但更多的来自产业界、经济界、管理界、商业界、教育界、文化界及自由职业者等。各国的技术预见目标都是为最终采取措施服务的，任何只有预见而没有措施的做法都是不可取的。

日本是全球范围内最早由政府组织实施大规模技术预见的国家，也是世界上开展技术预见最具影响力的国家。1971~2016 年，日本每隔 5 年进行一次技术预见调查，每次技术预见活动都为未来 15~30 年的科技发展提供了方向和目标。技术预见为日本政府制定科技政策和发展自主创新政策提供了强有力的依据与支持。技术预见作为日本的一项系统性国家科技政策，被长期坚持并卓有成效地开展，对推动日本科技发展部署、企业技术创新与管理能力的提升都发挥了重要作用。日本科技厅是日本技术预见活动的核心组织者，同时也是技术预见方法的积极开发者。日本科技厅指导的技术预见活动基本原则如表 7.3 所示。

表 7.3 日本技术预见活动基本原则

原则	主要内容
需求性原则	技术预见不但要考虑技术自身的发展，还要考虑未来经济和社会对其提出的要求
全面性原则	技术预见应该覆盖所有技术领域，而不只针对个别领域
可评价性原则	不同技术项目的重要性应该得到评估，并按其优劣性依次排序
可预见性原则	对具体的研究与开发项目进行预测应该包含两个重要内容，即预见性要素和标准化要素。前者指专家对该技术项目期望值的变化，而后者指确定该技术预见项目的目标及其能实现的时间范围

　　这 4 个原则的提出，标志着日本技术预见方法的初步形成，同时也直接影响了在欧洲、亚洲及其他国家和地区开展的技术预见活动。日本的未来工学研究所学者凭借 30 余年的持续跟踪研究，对技术预见的一些基本原则的研究成果要比其他国家的学者丰富得多。他们对技术预见基本原则的提炼和把握，为当今世界其他国家开展技术预见活动、技术预见理论研究及方法论研究等奠定了牢固的基础。英国著名技术预见专家马丁（Martin）在考察了日本开展多年技术预见活动的基础上，就如何体现技术预见宗旨做了大量研究工作，他用 5 个均以字母"c"开头的词汇概括出从事技术预见活动必须遵从的几项基本原则，即沟通（communication）原则、聚焦未来（concentration on the longer term）原则、协商一致（consensus）原则、协作（coordination）原则与承诺（commitment）原则。针对更大范围的技术预见活动，Anderson（1997）提出了第 6 个"c"，即理解（comprehension）原则（表 7.4），这里的"理解"应该置于国际区域甚至整个世界背景下进行把握（崔志明等，2003）。

表 7.4　技术预见活动"6C"基本原则

原则	内容
沟通原则	准确、恰当地表达信息，目的是通过信息在社会各界的充分流动，就某个问题达成共识，以增强合力
聚焦未来原则	开展预见性活动的首要任务是发现未来，关注可持续性发展，使人们将注意力从短期的现实问题转向中长期战略问题
协商一致原则	技术预见所倡导的基本理念是认为未来有多种可能的形态，而这种形态是由社会和公众共同选择的结果，相互协商的目的则是使大家对某种形态的认知达成一致
协作原则	开展预见活动需要一定的人力、物力、财力等资源，若社会各界之间有合作的可能性，个人力量将联结成集体力量，以实现预期目的
承诺原则	在整个活动的参与过程中，需要相互间的项目合作或协作做出承诺，使有创意的想法尽可能转化为具体行动
理解原则	置于国际区域甚至整个世界背景下进行把握

　　目前，英国的技术预见活动共进行了 3 轮，对英国的科技、经济和产业发展产生了深远的影响（孟弘等，2013）。第三轮技术预见于 2002 年启动，在 2010 年发布的第三轮技术预见报告——《技术与创新未来：英国 2030 年的增长机会》，对英国面向 2030 年的技术发展进行了系统性预见。

　　可以看出，信息产业技术预见与选择战略是一个复杂的、较为长期且不断加以调整的过程，包括调查、预测、评价、选择等一系列活动。如何厘清哪些是国家需要和对国民经济的发展具有重大影响的信息产业技术，也只有经过周密的调查和预测之后才能做出科学的判断。美国、日本等国家在制订重大技术研究开发计划时，在提高产业国际竞争力这一基本目标的要求下，对现有的信息产业技术状况、未来需求都会进行认真、大量的考察；并与产业部门反复协商，最终公布确定结果，且每隔一两年重新予以评价和调整。在国家财力有限的条件下，应突出信息产业技术发展目标，重点发展一些能够提高信息产业国际竞争力，对国民经济具有重大影响的信息产业技术。这就需要我国进一步加强信息产业技术预见与选择，将科技计划与信息产业界的需求更为紧密地联系起来。进行信息产业技术决策时，应当对我国的信息产业技术现状和未来的科技发展趋势进行深入考察,充分考虑科技成果的发展方向与市场需求,使信息产业技术政策和计划的实施对促进经济发展和科技进步起到更大的推动作用。

7.2.2　信息产业技术标准战略

信息产业技术标准战略的制定,为信息产业技术的健康发展提供标准化支持,也为我国信息产业技术发展提出更加严格的要求。信息产业技术标准化工作,在推进产业融合发展和提质增效、推动供给侧结构性改革过程中发挥着非常重要的作用。国际公认的"标准"定义是:为在一定范围内获得最佳秩序,经协商一致制定并由公认机构批准,共同使用的和重复使用的一种规范性文件。标准既包括技术规范,也包括检验检疫等技术手段和工作程序。所谓"没有规矩,不成方圆",标准对信息产业的支撑作用,突出地表现为标准为信息产业技术发展确定了良好的秩序。在当前市场环境下,标准和知识产权对信息产业技术发展的支撑引导作用越来越突出,标准战略已经成为信息产业实现由大到强的关键战略。为了支持自主标准开发,我国将加快以技术创新为基础的信息产业技术标准体系建设。

从某种意义上讲,专利涉及企业竞争能力和经济利益,而标准的研究与制定更多影响产业、行业乃至国家的根本经济利益。因此,谁掌握了标准制定权,谁的技术就可能成为标准,谁就将拥有市场和产业的主动权与控制权。在信息产业核心技术领域,技术标准正成为专利追求的最高形式,也成为竞争核心和制高点。国家在支持自主标准开发时,将把市场潜力和信息产业技术研发结合起来,鼓励企业加强重点领域的技术研发和创新,在比较优势领域不断增加知识产权的拥有量。以企业主导推进信息产业技术标准和知识产权战略实施,同时积极参与国际标准的制定。

2018 年 1 月 9 日,由中国电子工业标准化技术协会、中国电子技术标准化研究院、中关村科技园区管理委员会主办,以"标准助推产业发展"为主题的第十届电子信息产业标准推动会暨中国信息技术服务年会在北京召开。会议总结了 2017 年取得的成绩,即实施"一个战略,两个行动,三个工程",具体包括以下内容。

1)"一个战略"是指抓紧制定和实施标准化战略。目前,国家标准化管理委员会同中国工程院等国家高级智库制定推进标准化战略的行动纲领《中国标准 2035》。

2)"两个行动"是指组织开展对标达标的行动,持续深化"标准化＋"行动,将标准化推进国民经济和社会发展的各领域、各阶层,实现标准化与科技创新、现代农业、先进制造、生态文明、消费升级和公共服务等融合发展。

3)"三个工程"是指广泛实施标准提档升级工程,聚焦重点行业,抓住标准的提档升级,助力产业发展的质量提升;有效实施新产业、新动能标准的领航工程,推进建立科技研发、标准研制和产业协同发展的新模式,快速响应新业态、新领域标准化需求,用先进标准引领和支持创新发展;积极实施国内外标准的互认工程,以深化合作与交流作为标准互认的重要平台,实施好《标准联通共建"一带一路"行动计划(2018—2020年)》,推进国内外标准体系兼容,在更加广阔的平台上促进质量提升。

综上所述,信息产业技术标准战略旨在加快标准体系建设和知识产权保护,规范信息产业技术发展的软环境。我国应进一步鼓励信息产业中的各企业参与信息服务业领域相关国家标准乃至国际标准的制定、修订，加快面向产业链和核心产品的标准体系研究，支持信息产业建立以技术标准为主体、管理标准和工作标准相协调的标准体系；引导企业加大知识产权投入，申请国内外专利；鼓励企业依法组建知识产权保护联盟，提高知识产权保护能力和水平；鼓励企业在国内外注册商标、创建品牌，登记软件和其他各类作品的著作权；加大知识产权保护执法力度，严厉打击各种侵权、盗版、制假、贩假等违法行为。

7.2.3 信息产业技术核心能力战略

国务院前总理温家宝在 2009 年 9 月 22 日召开的新兴战略性产业发展座谈会上指出，"选择关键核心技术，确定新兴战略性产业直接关系我国经济社会发展全局和国家安全。选对了就能跨越发展，选错了就会贻误时机。新兴战略性产业要真正掌握关键核心技术，否则就会受制于人"[①]。随后，我国在 2010 年 10 月发布《国务院关于加快培育和发展战略性新兴产业的决定》，在 2012 年 7 月印发《"十二五"国家战略性新兴产业发展规划》。"十二五"期间，新一代信息技术、新能源、生物、高端装备制造等战略性新兴产业重点领域在产业规模上呈现出成倍增长的态势，战略性新兴产业增加值占国内生产总值比重由 2010 年的 4%，上升到 2015 年的 8%。战略性新兴产业的发展靠的是正确的战略选择与创新驱动作用。

2016 年 11 月 29 日，国务院印发的《"十三五"国家战略性新兴产业发展规划》指出战略性新兴产业代表新一轮科技革命和产业变革的方向，是培育发展新动能、获取未来竞争新优势的关键领域。"十三五"时期是我国全面建成小康社会的决胜阶段，也是战略性新兴产业大有可为的战略机遇期。因此，我国信息产业技术核心能力战略实施的关键在于技术核心竞争力的保持和提高，必须关注以下问题。

1. 结构比例失调

集成电路产业、软件与信息服务业所占比重较低，硬件与软件比例不均衡；缺乏核心技术、自主知识产权，也缺乏世界知名品牌。集中表现为产业自主创新能力薄弱，关键技术、专利和标准受制于人，产业大而不强。

2. 高、低端产品供求错位

低端产品供大于求，高端产品依赖进口：整机与外围产品、低端产品供大于求、生产能力过剩，很多高端产品依赖进口，形成了高、低端产品供求错位的矛盾。生产处于产业链低端，产业的利润率低；产品老化与新品开发滞后的矛盾加剧，集成电路、新型元器件、软件等高技术、基础产品仍然是制约产业自主发展的瓶颈。

3. 缺乏具有国际竞争力的大公司

大企业不强大，小企业缺乏专精特新，小规模、分散经营的状况依然没有根本性转

---

① 温家宝.温家宝主持召开三次新兴战略性产业发展座谈会[EB/OL].(2009-09-22)[2018-12-30]. http://www.gov.cn/ldhd/2009-09/22/content_1423493.htm.

变，缺乏一批具有国际竞争力的大公司，与同类跨国公司差距大。我国信息产业增长更多的是靠企业数量的扩张。

4. 外贸非均衡性

出口结构呈现"五多五少"外贸非均衡性局面，因此，我国信息产业技术的发展急需拥有核心的信息产业技术能力。

1）"贴牌"多、自有品牌少，即代加工生产方式占主流，从原料到经销全程掌控的出口贸易尚少。

2）加工贸易多、一般贸易少，即大部分贸易停留在生产价值链低端，为国外厂商进行原料加工，能以自有原料加工成成品出口至国外的贸易较少。

3）"三资"企业多、本土企业少，即中外合资企业、中外合营企业、外商独资企业在开展出口贸易的企业中占比较大，对外依存度过高。

4）技术引进多、具有自主知识产权产品少，即贸易发展依赖国外生产工艺、经营管理、人才等技术引进活动，而本国研发、开发、生产的"知识产品"不足，缺乏自主创新能力。

5）整机多、核心元器件少，即对产品核心元器件的掌握仍不足，出口贸易产品多为整机形式，在生产价值链中处于中低端。

7.2.4　信息产业技术市场拓展战略

我国信息产业技术工作的重要指导思想之一，是强调技术与信息产业和市场的有效结合，而衡量一个技术的主要尺度，是看它是否被市场接受、能否促进产业健康发展，从而营造一个有利于我国信息产业发展且竞争有序的市场环境。实施信息产业技术市场拓展战略，使技术项目的研发创新与产业发展和市场热点相结合，要充分体现技术和产业的良性互动。因此，信息产业技术市场拓展战略应当遵循市场拉动、产业促动、企业主动与政府推动等原则，其实质是服务于信息产业技术与市场。虽然各个信息产业技术发展所处的阶段可能有所不同，但最终都要面临来自市场的考验，信息产业技术的决定权在于市场。

7.2.5　信息产业技术资源战略

信息产业技术资源战略涉及的资源主要是人力资源的开发和保护。当前，日趋激烈的市场竞争突出地表现为高新技术的竞争、知识财产的竞争和信息的竞争。商业秘密被定义为"技术信息和经营信息"的知识财产，可见，商业秘密是核心竞争力的构成要素。对于信息产业技术资源的开发与保护应完善信息产业技术发展中的定密和保密工作。然而，我国在信息产业技术资源的开发与保护中尚存在一些问题，需在信息产业技术资源战略制定中考虑。

近年来，各国越来越重视信息产业技术资源的保护，我国也非常重视知识产权的保护问题。前任总理温家宝曾指出世界科技和经济的竞争，很大程度上是知识产权的竞争。党的十九大报告提出要倡导创新文化，强化知识产权创造、保护、运用。作为开发和利用知识资源的基本制度，重视知识产权的保护就是重视和鼓励创新。知识产权战略已成为国家发展的重要战略，积极营造良好的知识产权法治环境、市场环境与文化环境，大幅度提升知识产权创造、运用、保护和管理能力至关重要。信息产业要想得到又快又好的发展，必须增强自主创新能力和掌握发展主动权。信息产业知识产权大多是关于计算机、信息技术等前沿科学技术的知识产权，信息产业知识产权是企业争取市场主动权的核心要素。

1. 核心信息产业技术人才战略

我国计算机软件和硬件人员占信息产业就业人员的比例仅分别为 12.5%和 6.25%；而发达国家信息产业从业人员占全社会从业人员的 50%以上；信息产业对国民经济增长的贡献率也在 50%以上。我国信息产业人才匮乏，尤其是核心技术人才严重匮乏，这不仅与我国科技创新体制不完善有关，还与我国的教育制度改革滞后有关。因此，核心信息产业技术人才战略的实施，应当加强国内研究机构科研力量，并与实际应用紧密结合。另外，及时调整高校教育结构，解决信息产业技术人才短缺问题。在设计核心信息产业技术人才战略时，还应当充分考虑解决分配机制不合理、科研环境差等问题，使稀缺的信息产业技术人才不再出现外流现象。

2. 信息产业技术研究和开发投入战略

据有关部门对 300 家国家重点企业的问卷调查，有 70%以上的企业认为信息产业技术投资不足。这些企业用于信息产业技术和设备的投资占企业总资产比例小于 0.3%，与发达国家大企业在信息化方面的投入占总资产 8%～10%的水平相距甚远。信息产业技术研究和开发投入战略设计中应当进一步加大研发投资占比，为核心信息产业技术发展提供资金支持。

3. 自主研发战略

各级领导认识上存在偏差，没有真正将涉及国家政治、经济、军事、信息安全的信息产业技术和关键设备的国内自主研究、开发和生产，纳入国家战略层面。因此，在自主研发战略设计中，应改变一些领导认为自主研发核心技术太慢、进口技术能更快产生利润的陈旧观念，进一步提升我国自主的科研能力信心。

综上可以看出，实施信息产业技术资源战略，不仅涉及技术问题，还涉及管理体制、组织方式和创新环境等问题，需要一整套完善的法律、法规和政策支持体系。政府是实施信息产业技术资源战略的强大后援力量，不仅能够为信息产业技术资源战略提供资金上的支持，还能够提供政策方面的优惠条款。一项高质量的技术发明创造，如果没有良好的组织制度、公平竞争的市场环境、技术创新投融资机制、知识产权保护法律体系、人才培养机制、用人机制等，是不可能发展成为一个有生命力的新兴产业的。

7.3　信息产业技术生命周期战略

信息产业技术是关系国家安全、经济利益、社会安定和公众安全的科学技术，其发展战略制定的重点就在于如何提高我国信息产业技术的国际竞争力。理论界关于产业国际竞争力的研究有许多不同的流派，其中最具影响力的就是波特的钻石模型，波特通过对 10 个国家长达 4 年的深入研究，撰写了著作《国家竞争优势》，提出了全新的分析框架来解释一国产业竞争优势的来源。这个模型由 4 个内生决定因素和两个辅助因素组成，这 4 个内生因素是一国企业和产业国际竞争力的最重要来源，它们相互影响、相互促进，共同构成了一个动态的激励创新的竞争环境，由此产生具有一流国际竞争力的明星产业。此外，波特认为机会和政府是两个辅助因素，它们对以上 4 个因素也会产生影响，对每个国家产业竞争优势的形成起着间接的作用。"钻石模型"对于发达国家的产业竞争力具有很强的解释力，但却不适于解释发展中国家和欠发达国家的产业竞争优势，没有考虑产品及产业的生命周期对产业竞争力的影响。事实上，在信息产业的不同发展阶段，由于产品的生产技术、市场需求结构、信息产业内企业竞争的激烈程度存在很大差异，因此，决定信息产业竞争力的关键因素也是不同的。

对于信息产业技术而言，技术演变对信息产业技术发展战略是一个非常重要的、有约束性的技术环境条件。在信息产业技术生命周期的不同阶段，信息产业技术发展战略的重点任务和模式是不同的。许多学者分析了技术生命周期这个概念。例如，陈昌曙和远德玉（1987）提出技术演化到达稳定期之后，或者产生新的飞跃，或者衰退下去；Ryan 等（2001）将技术生命周期划分为 6 个阶段，即技术开发、准备应用、开始应用、应用增长、技术成熟和技术过时。根据信息产业技术自身的特点，结合现有研究成果，我们将信息产业技术生命周期划分为 3 个阶段，即前期准备阶段、技术研发阶段和技术应用阶段。在信息产业技术生命周期的不同阶段，决定技术竞争力的关键因素各不相同，因而采取的技术发展战略与实施方案也相应地具有一定的差异性，如图 7.4 所示。

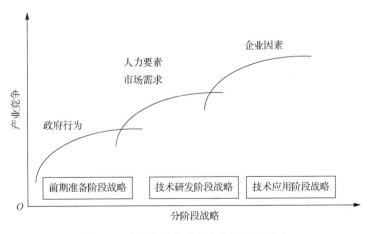

图 7.4　我国信息产业技术生命周期战略

7.3.1　信息产业技术前期准备阶段战略

我国信息产业技术尚存在不少劣势，因而信息产业技术前期准备阶段战略需要科学制定从国家层面到企业层面的整体规划，建立信息产业秘密技术分级管理体系及技术预警机制等。

1. 制定信息产业的整体规划

从大局着手，在确定信息产业技术具体发展目标的基础上，明确政府职责，产业发展方向要与国家的实施方案相统一。政府的作用主要是向产业界和企业提供基本的物质资本及智力资本，对社会公众和产业界起着引导作用，确保社会公众对信息产业、企业研究开发的支持。让社会公众了解信息产业技术对经济繁荣和国家安全所起的重大作用，确保一个有利于创新的经济、法律法规环境，鼓励产业界开发信息产业技术，支持高风险的研究开发。为企业搭建信息沟通的桥梁，投资科技基础设施，为信息产业界提供良好的发展环境。保护知识产权，协助制定和维护产品标准，投资教育和培训；采取加速高技术资本的折旧、低息贷款、培训优惠等措施，降低企业对信息产业技术投资的成本。

信息产业界主要负责面向产品的技术开发，其范围包括"用中学"活动及产品开发、制造、营销、配送、服务和产品升级。企业是信息产业技术开发的主体，因而信息产业技术计划要以企业为主加以实施。因此，政府应当通过制定统一规划和有关的发展措施，促进产、学、研合作，扶持信息产业与企业开发、利用新技术，从而进一步推动我国信息产业技术水平和实力迅速提升。

2. 建立信息产业秘密技术分级管理体系

目前，信息产业技术领域成为国际保密与窃密斗争的焦点，加强科技保密管理，确保国家安全和利益，成为保密工作和科技管理的重要任务之一。在市场经济利益主体多元化的条件下，能否调度社会各方面的积极性，实现科技保密责、权、利的相对统一，是确保信息产业技术秘密能否保得住、用得好的关键，是检验信息产业技术保密能力和水平的重要标志。信息产业技术管理机构要在国家保密主管部门统一领导下，根据本行业的实际情况，逐步建立信息产业技术分级管理体系，实施责、权、利相结合的运行机制；将信息产业技术管理职责逐级分解，落实到人，形成管理效率高、逐级有人管、团队力量强的国家信息产业技术分级管理体制。

3. 建立信息产业技术预警机制

信息产业技术保密的重心要前移，从源头抓起，做好全过程安全保密管理，通过及时定密、适时解密、动态管理等措施，在保障安全的前提下，尽其所能地促进其转化应用。预警机制是信息产业科技保密基础建设内容之一，是防患于未然的主要措施，由建立《对外科技交流保密提醒制度》、制定《国家信息产业技术指导目录》和加强出口技术审查等内容组成。建立信息产业技术预警机制，有利于我国的信息产业技术进步与发展、维护我国在国际竞争中的地位与信息产业科技成果的推广与应用等,从而极大地调动和保护广大信息产业技术人员的积极性。

我国在网络空间发展和安全工作中的新突破是值得借鉴的。例如,2016 年 12 月 27 日,经中央网络安全和信息化领导小组批准,国家互联网信息办公室发布《国家网络空间安全战略》,旨在增强风险意识和危机意识,推进网络空间和平、安全、开放、合作和有序,维护国家主权、安全与发展利益。《国家网络空间安全战略》明确提出要夯实网络安全基础,做好等级保护、风险评估、漏洞发现等基础性工作,完善网络安全监测预警和网络安全重大事件的应急处置机制。

另外,我国在资源环境承载能力监测预警方面的经验也值得信息产业借鉴。例如,2017 年 9 月,中共中央办公厅、国务院办公厅印发了《关于建立资源环境承载能力监测预警长效机制的若干意见》,标志着我国资源环境承载能力监测预警工作走向规范化、常态化、制度化。该意见设计了"一平台三机制",即建立数据库和信息技术平台、一体化监测预警评价机制、监测预警评价结论的统筹应用机制、政府与社会协同监督机制。监测预警数据库和信息技术平台于 2018 年底前建立,计划在 2020 年底前组织完成资源环境承载能力普查。

4. 规范信息产业技术保密工作流程

国家重大专项、重点研发计划或军工项目多是事关行业技术、发展全局的涉密课题项目,有些甚至应列为国家秘密。同时,信息产业技术成果往往横跨不同学科领域,研发委托外协多、链条长,失泄密隐患多、风险大,这在客观上决定了信息产业技术保密管理还存在着薄弱环节和风险隐患。因此,应当有效实施信息产业技术保密管理措施,如规章制度的建立、内部人员行为的规范、责任制的落实等。关于涉密信息管理系统有一个比较明确的要求就是三权分离,即涉密信息管理的系统运行管理、安全保护管理和审计管理相分离。

只有信息产业技术与管理方面都达到要求,才能履行审批手续;审批合格后,涉密信息产业技术保密系统就可以正式投入运行了。运行过程中还应当建立日常的监督管理,建设使用单位自身要进行日常的保密监督检查和管理。此外,信息产业技术保密工作部门也要有监督、指导、检查的环节,每个环节都要确保有不同的管理办法、相应的信息产业技术标准进行支撑。

涉密信息产业技术系统建设完成后应该先进行系统测评,然后进行系统审批。按照涉密产业技术系统分级保护、测评的要求,由国家保密局授权的涉密机构进行系统测评。在信息产业技术层面对信息系统实际的情况进行验证,审查是否严格落实了方案设计的要求,达到了系统应用指标,总体安全保密情况在技术层面是不是满足这些要求。涉密信息产业技术系统测评合格之后要履行审批手续,以系统测评为基础,同时要求有内部的安全保密管理制度,即从信息产业技术层面解决涉密信息产业技术的安全保密问题。

5. 营造涉密信息产业技术的法制环境

信息产业技术保密工作关系着我国整体信息产业发展和国际竞争力的提升,因而必须依法治密。针对近年来泄密事件时有发生的现象，应加强普法教育和执法力度，努力营造涉密单位、涉密个人都能遵纪守法、奖惩分明的信息产业技术法制环境。泄密处罚和奖励内容可参照国务院于 2014 年施行的《保密法实施条例》，该实施条例的第四章、第五章对保密工作的监督管理和法律责任做了明确规定，可以设立信息产业技术保密基金，对信息产业保密工作有突出贡献的个人和单位予以奖励。

（1）发挥信息产业技术保密手段的效能

传统的保密技术主要有口令保护、数据加密和存取控制，这些传统的信息产业技术安全策略往往处于网络与硬件边界，已经不能满足日益增长的防泄密需求。针对新出现的信息产业技术安全漏洞，加快漏洞防范手段创新，特别是在云计算、物联网等新技术、新应用方面应当加强顶层设计，形成漏洞主动防范体系。同时，注意加强对涉密人员的培训，保证各种保密技术、设备、器材和保密技术使用人员的有效结合，从而最大限度地发挥保密手段的效能。

（2）依法加强对信息产业涉密计算机网络的保密管理

随着计算机网络的迅速发展，涉密网、内部局域网等普遍应用。实施网上办公，提高了工作效率，同时也对信息产业技术安全保密工作提出了更高的要求。为了防止信息产业技术涉密计算机网络秘密信息的泄露，必须依法加强对涉密计算机网络的保密管理，具体措施包括以下 4 个方面。

1）加大对信息产业领导干部和涉密人员的保密教育力度，使各级领导干部和大量涉密人员高度重视涉密计算机网络信息保密管理的重要性。

2）切实执行各项保密法规，落实好信息产业技术涉密计算机网络信息保密管理制度。

3）进一步加大资金投入，在建造涉密网络时，考虑信息产业技术安全保密的因素，筑好信息产业技术安全屏障。

4）加强信息产业技术保密监督管理职能。保密工作部门要依据法律赋予的职责，经常性地开展对涉密计算机网络的检查，查找存在的漏洞、薄弱环节，及时防范，确保信息产业涉密技术的安全。

（3）强化信息产业技术的保密工作

为加强信息产业技术管理中的保密工作，根据信息产业技术特性，针对存在的突出问题，做好以下工作。

1）要把信息产业技术保密工作作为保障党和国家秘密安全的大事来抓，摆上应有位置，对存在的问题进行认真研究，制定措施，加以解决。

2）加大对信息产业技术保密系统的投入，配置必需的保密技术设施，提高信息产业网络保密的技术防范水平。

3）加强对信息产业技术管理的制度建设和日常监管。

4）不断提高涉密人员的职业素养。

"三分技术，七分管理。"技术是帮助实现管理的手段。例如，ISO 27001 的 11 个控制区域中，只有 3 个区域完全与技术相关，其他 8 个区域的物理安全、内部管理安全、业务管理等无法完全依靠技术实现，更多的要靠管理来实现。信息安全技术无法替代保密管理规章，更无法替代管理监管和控制。在计算机网络信息保密管理中，信息安全技术确实为实现信息安全保密提供了广泛、高效而且快捷的风险管理手段。然而，任何一种技术措施和手段都存在缺陷，都存在不适应性或者失效的场合。信息产业技术保密管理的本质在于对敏感信息的控制，涉密信息系统和非涉密信息系统之间的关联，以及授权控制体系之间的关联。在实际的保密管理工作中，往往存在监管不到的灰色地带，这常常会给信息产业技术安全带来风险。

（4）积极探索信息产业技术保密工作的新途径和新方法

积极探索新的途径和方法，不断提高信息产业技术保密工作的法治化水平，建立信息产业技术保密有法可依、有法必依、执法必严、违法必究的法律治理环境。一是寓管于查。在信息产业技术管理中，强化检查，通过检查体现和促进管理。二是寓教于查。把信息产业技术保密检查与保密宣传教育结合起来，检查到哪里就把保密工作宣传到哪里。三是寓警于查。通过检查对涉密人员起到警示作用，做到警钟长鸣。四是寓法于查。通过检查督促保密法规的执行，促进信息产业技术保密工作依法、规范地实施。

7.3.2　信息产业技术研发阶段战略

信息产业技术研发阶段是新技术从创新构思的产生到信息产业技术审核确定的关键环节，信息产业技术专业人才对于研发能否成功起着决定性的作用，定密、保密制度与相关保密设施是研发阶段战略实施的重要保障。因此，信息产业技术研发战略需要进一步加快信息产业技术专业人才的培养，完善技术研发阶段的定密和保密制度，健全信息产业技术保密设施。

1. 加快信息产业技术专业人才的培养

我国信息产业技术专业人才应当具有强烈的事业心和高度的责任感，了解和掌握技术管理及相关领域的基本知识，具有较丰富的法律知识和法学理论素养等。

1）具有强烈的事业心和高度的责任感。信息产业技术专业人才必须有敬业、爱业、创业的精神，忠于党的保密事业，如此才能做好这项工作。要坚定正确的政治方向，坚持党的基本路线不动摇，坚定地贯彻执行党的路线、方针和政策，准确理解和把握我国有关信息产业技术保密工作的方针政策和法律法规，在思想上、政治上、行动上与党中央保持一致。政治思想上的敏锐要求信息产业技术保密工作人员及时了解、分析和掌握国内外保密与窃密斗争的形势、特点和手段，有针对性地做好保密防范工作。

2）了解和掌握技术管理及相关领域的基本知识。信息产业技术保密工作同各项业务联系非常密切，保密工作人员要结合自己工作的实际需要，认真学习和研究有关信息产业技术的基本知识；同时，必须对本单位、本部门业务工作有较多的了解，熟悉工作各个环节涉密的基本状况。只有做到这些，才能紧密结合信息产业技术研发工作开展保密工作。学习和了解新时代信息产业技术方面的理论基础，特别是学习用以提高信息产业技术保密技术装备与防范能力的现代化电子信息、通信、办公自动化等现代科技知识，以适应信息产业技术研发需要，做好新形势下的信息产业技术保密工作。

3）具有较丰富的法律知识和法学理论素养。信息产业技术保密工作涉及领域广泛，信息产业技术专业人才必须掌握相关的法律、法规和规章制度中有关保守信息产业技术秘密规定的内容；遵守和执行国家的法律、法规，自觉保守党和国家信息产业技术秘密。严格依据国家的法律、法规和保密规章制度进行管理，敢于同各种泄密、窃密行为做斗争。

4）信息产业技术专业人才应具备的其他方面能力。一是组织管理能力和协调能力。能够熟练地运用信息产业技术保密法律、法规和规章制度，依法加强对信息产业技术专业人才的管理；同时，通过工作协调，保持信息产业技术专业人才工作渠道的畅通，使保密工作形成合力。二是具备调查研究能力和综合分析问题的能力，从而更好地收集、筛选、分析、综合和运用各种信息产业技术信息，为管理层对保密工作的科学决策提供依据，切实增强信息产业技术专业人才工作的主动性。三是具备宣传教育能力、文字加工能力和语言表达能力等，从而能够使保密教育的内容针对性强，保密教育的方式方法多样化，具有感染力、吸引力和实效性。四是更新信息产业技术专业人才的知识能力。科技的现代化与信息化为信息产业技术研发提供了很好的机遇，墨守原有知识显然不能适应信息产业技术发展的要求。信息产业技术保密工作人员要善于更新旧知识，掌握新知识并转化为应用。

2. 完善信息产业技术研发阶段的定密和保密制度

准确界定信息产业技术秘密和密级，是依法治密的一项重要基础工作，是做好保密工作的前提。密与非密界限把握不准，定密宽严不当，密级调整不及时，不仅会造成泄密隐患，也会给信息产业技术研发阶段的保密工作和其他业务工作带来影响：一是不利于突出保密工作的重点，保了一些不该保的东西，而该保的又可能没有保住；二是由于信息产业技术秘密事项增多，对秘密载体难以制定行之有效的行政管理措施和技术防范措施，不利于有针对性地做好保密工作；三是由于定密不准，又不及时解密，一些本可以公开的信息产业技术资料不能公开，不利于扩大对外交流；四是由于密级定得不准，一旦泄密，其载体几乎要重新进行密级鉴定，这不仅增加了信息产业技术保密执法的难度，也影响到执法的效果。因此，中共中央《关于加强新形势下保密工作的决定》明确指出，要抓紧解决好密与非密界限把握不准、定密宽严不当和密级调整不及时的问题。

在信息产业技术定密工作中，要注意掌握以下几个方面：一是必须按照法定程序确定，使其具有法律效力，绝不能凭感觉想当然，按习惯草率乱定。二是严格按照信息产业技术保密范围"对号入座"，有一项定一项，没有就不定，不得随意提高标准或降低标准定密。三是宜细不宜粗，宜实不宜空，对确定的信息产业技术秘密事项尽量做到具体化。四是信息产业技术保密范围制定后，不能束之高阁，要向应知悉者（如领导层和各股室）公布，让其掌握本单位、本岗位哪些信息产业技术属于信息产业技术秘密，需要定密，定什么密级，保密期限多长；哪些属于商业秘密，应当遵守哪些保密制度，承担哪些保密义务。五是实行动态管理。信息产业技术定密工作不是一次性任务，而是一项长期的日常工作，要做到随时产生、随时定密，并根据信息产业技术研发情况及时调密、解密。

3.　健全信息产业技术保密设施

1）要重视涉密场所的信息产业技术保密建设。信息产业及其各企业科研及规划设计机构、样品加工车间、保密工艺生产车间、密件密品存放机构等均属涉密场所，因而应统一规划布局，使涉密场所相对独立，严格加强进、出口和通道管理，确保信息产业技术的私密性。

2）要重视密件密品载体管理。密件密品载体主要包括原件载体和信息载体。原件载体设施应进行专题设计，规划专门的密件密品存放区，由专人负责；作为信息载体主要设备的计算机系统及存储设备，应通过正规渠道专人采购，尽量避免使用移动存储设备，对于储存在计算机上的信息产业技术秘密数据要进行加密处理，应根据保密部位的重要程度，采取对机房设备、线路进行保护性的屏蔽处理，对重要的涉密网络终端显示设备安装干扰器等手段，确保信息产业技术保密信息的安全性。

3）要重视对计算机网络的保密管理制度。目前，计算机网络信息系统已广泛应用于信息产业及其相关企业的诸多方面，信息产业技术研发战略要求我国进一步加快发展保密技术，尽快改变信息产业技术保密技术手段薄弱的状况；加强企业计算机信息系统和局域网技术防范和管理措施，不得在连接互联网的计算机上存储、处理和传递企业内部科技信息，根据需要建立并完善上网信息保密审批领导责任制；应当将信息安全保密作为保密工作的重点，健全信息产业技术信息保密制度。另外，还应重点加强对信息产业技术涉密人员流动的管理，体现保密管理模式法治化、定密工作科学化的动态管理新思路；建立专门的防火墙系统、入侵检测设备及防、杀病毒软件，对计算机信息系统的访问应当按照权限控制；配置专门的网络技术人员，防范他人对信息产业及相关企业计算机网络的入侵。

7.3.3　信息产业技术应用阶段战略

技术的最终归宿是应用，因而信息产业技术的应用战略要密切关注信息产业技术应用是否适应“两化”融合的发展、信息产业技术应用成果和发展动态，确保信息产业技术应用阶段的保密与商业秘密保护相协调。

1.　信息产业技术应用要适应“两化”融合的发展

2013 年，国家密集发布了一系列促进“两化”融合的政策措施，为信息化与工业化深度融合营造了良好的发展环境。2013 年 9 月 5 日，工业和信息化部立足当前工作实际，针对制约工业转型升级的突出矛盾和问题，制定了《信息化和工业化深度融合专项行动计划（2013—2018 年）》，提出了 8 项行动计划，务实推进“两化”融合重点工程，明确了推进“两化”深度融合的方向和突破口。党的十七大报告中明确提出要大力推进信息化与工业化融合，随着“两化”融合进程的不断加深，汽车电子、机床电子、轮船电子、数控电子、电子商务、电子银行、网络金融等产业或服务项目得到大力的发展；下一代互联网、IPTV、数字电视、手机电视逐步得到普及；动漫、游戏、数字媒体等新兴数字内容产业也有了新的发展机遇。党的十八大报告指出要坚持走中国特色新型工业化、信息化、城镇化、农业现代化道路，推动信息化和工业化深度融合、工业化和城镇化良性互动、城镇化和农业现代化相互协调，促进工业化、信息化、城镇化、农业现代化同步发展。党的十九大报告强调要推动互联网、大数据、人工智能和实体经济深度融合。同时，关键信息产业技术的选择，不能单纯从技术发展层面来考虑重点技术领域的选择，而要紧紧围绕实现国家目标的需要而开展的信息产业技术选择工作；对于已经制定了的关键信息产业技术选择计划，则需要根据国家发展目标和国际竞争格局进行动态的修正和调整，从而有效扩大信息产业技术的应用范围。

2. 密切关注信息产业技术应用成果和发展动态

信息产业技术应用战略不能仅考虑政府官员和专家学者的建议，还要充分反映产业界的意见。信息产业及其相关企业的积极参与，以及良好的"官产学研"结合机制对促进关键信息产业技术应用起着重要作用。

信息产业技术保密工作涉及面广，必须建立完善的保密工作管理体制及组织机构，形成保密工作网络体系，这是做好信息产业技术应用工作的基本条件和组织保证。主要包括以下几个方面：一是建立信息产业技术保密责任体系。信息产业及相关企业领导干部和涉密人员知悉的秘密事项最多，是失、泄密的高危人群，因而首先要建立和落实各级领导干部、保密干部保密责任制，以信息产业及相关企业各级党政主要领导为保密工作的第一责任人，明确党政领导在保密工作中必须承担的相应责任，并有效促进各级领导干部认真履行信息产业技术应用阶段的保密工作责任制。二是建立信息产业及相关企业的内部保密体系，加强保密队伍建设，形成覆盖信息产业的技术应用阶段的保密网络。三是建立和落实信息产业及相关企业信息产业技术应用阶段的保密管理制度、监督保障制度和奖惩制度，重点加强涉密文件、涉密设备、涉密场所、涉密人员的管理制度建设和保密检查工作。

3. 确保信息产业技术应用阶段的保密与商业秘密保护相协调

由于信息产业技术秘密与商业秘密存在交叉性、可转化性，协调好科技保密与商业秘密保护的关系，使之有机结合起来十分必要。信息产业技术成果在成为国家科技秘密之前，归完成的单位或个人持有与所有。在信息产业技术应用阶段，国家只在信息产业技术成果使用方面进行一定的管理、调控。国家投资完成的科技成果持有人，在非常大的程度上可自行对有关信息产业技术成果进行利用和再开发。个人（包括非国有企业）对所完成的信息产业技术成果拥有所有权。单位和个人持有、所有的成果转化为国家科技秘密，在实践中是通过申报、审批完成的。

7.4　信息产业技术发展战略评价

以战略为中心是新时代信息产业及相关企业管理的基本特征，对信息产业技术发展战略进行评价，主要目的是辅助战略的成功实施。信息产业技术发展战略评价旨在通过对技术发展水平、技术发展状态及技术发展趋势进行评价，为信息产业技术发展战略的选择提供依据，对信息产业技术发展战略的实施进行监控，并根据评价结果对信息产业技术发展战略进行调整，以期更好地实现国家和产业战略目标。在信息产业技术发展战略评价过程中，不但要判断该战略的优劣，还要善于发现战略实施中出现的关键问题，进而采取纠正措施，调整战略实施方案与战略目标，使信息产业技术发展战略评价发挥其应有的作用。因此，从技术发展战略的特性和作用考虑，信息产业技术发展战略评价应由战略适应性评价、战略实施评价和战略业绩评价 3 个分支构成，如图 7.5 所示。

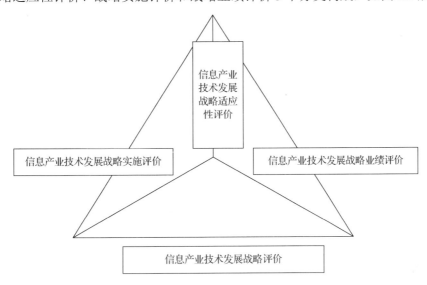

图 7.5　信息产业技术发展战略评价的构成

7.4.1　信息产业技术发展战略适应性评价

　　适应性不仅涉及对现有状况的适应，还涉及对持续存在变化的适应。因此，信息产业技术发展战略适应性评价的重要意义在于预先对信息产业技术发展战略的未来适应性做出判断，而不仅仅是判断其当前是否适应，在发现信息产业技术发展战略将不适应时，能有充足的时间进行调整。

　　信息产业技术发展战略适应性评价主要是基于对内外部环境的分析，对信息产业技术发展战略是否与技术进步、市场需求等的发展变化相适应，能否有效支撑信息产业整体战略及其是否与信息产业的技术能力相协调的一种主观性判断。基于此，信息产业技术发展战略适应性评价可从两个方面进行，即内部资源评价与外部环境评价，如图 7.6 所示。其中，内部资源评价主要判断信息产业技术战略是否与整体发展战略相匹配、是否能够促进整体

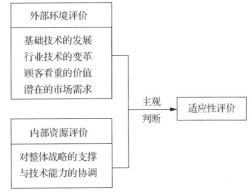

图 7.6　信息产业技术发展战略适应性评价

战略的发展；而外部环境评价是对信息产业及企业外部市场经营环境的评价，主要判断信息产业技术是否发生重大变革，相关基础技术的发展是否使产业内相关企业所依赖的技术丧失其先进性。

7.4.2　信息产业技术发展战略实施评价

　　信息产业技术发展战略实施评价是对信息产业技术发展战略的整个实施过程进行科学、合理的评价。评价方法以定性分析为主，可以采用问卷调查法进行评价，可以从战略协调性和战略优越性两个方面来评价，如图 7.7 所示。其中，战略协调性评价主要关注研发结构是否合适、研发机构与其他部门的沟通是否有效、员工对该战略是否理解及竞争对手对战略的反应。战略优越性评价主要关注战略风险强度（主要是信息产业技术的市场风险和财务风险）、战略目标实现的程度（与预定目标进行比较），以及研发资源配置情况（是否存在资源缺乏或者资源浪费的情况）。

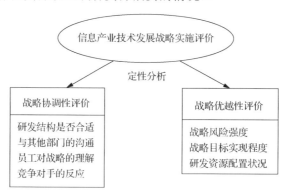

图 7.7　信息产业技术发展战略实施评价

7.4.3　信息产业技术发展战略业绩评价

　　信息产业技术发展战略目标是对发展战略预期取得的主要成果的期望值，是战略目标的具体体现、战略行动的方向和途径，也是信息产业技术发展战略业绩评价系统中的核心部分。它决定了评价系统的内部逻辑结构、评价指标的选择、评价标准的设立及评价方法的选用，同时也是对战略过程实施控制的依据，是考核信息产业技术发展战略结果、评价战略是否成功实施的准则。

　　信息产业技术发展战略业绩评价主要对信息产业技术发展战略的实施效果进行评价，采用定性分析和定量分析相结合，可以从信息产业技术发展战略直接效果、经济效益和信息产业技术能力 3 个方面进行评价，如图 7.8 所示。其中，信息产业技术发展战略直接效果主要对比战略实施前、后，信息产业及相关企业的竞争优势是否增强；经济效益主要衡量信息产业技术发展战略实施的短期效果，指战略实施后信息产业及相关企业的经营业绩是否提升；信息产业技术能力主要衡量信息产业技术发展战略实施的长期效果，判断信息产业及相关企业的技术能力在战略实施后是否得到有效提升。

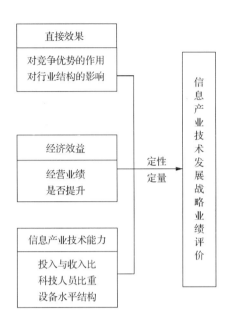

图 7.8　信息产业技术发展战略业绩评价

　　另外，在建立信息产业技术指标评价体系时，应该注重构建信息产业技术综合评价模型。建构模型主要涉及两个方面的工作，一是给指标赋权重，二是对专家评分的处理。处理专家的评分结果的常用方法是综合指数法，该方法能够最终给出各项指标的确定性得分，其结果能够在一定程度上代表专家意见，但是代表性仍然不够强，因而可以采用基于推断统计方法给出一定置信度下的专家意见的得分区间，采用定性和定量相结合的方法确定影响程度，以期更全面地反映专家的意见。在指标赋权重的具体实施过程中，对于一级指标，保持各自的独立性，评价过程将在每一个一级指标内独立展开。

主要参考文献

蔡晓军，2016．科学技术保密管理机制创新研究[J]．保密工作（2）：37-39．

陈昌曙，远德玉，1987．关于中日技术发展比较研究的几个问题[J]．科学学研究（3）：77-86，114．

崔志明，等，2003．技术预见的主体、基本原则及活动类型[J]．科技导报（6）：32-35，14．

戴维·福特，迈克尔·萨恩，2002．技术管理与营销[M]．高邦，李艳丽，等译．北京：中信出版社．

高绪霞，2013．现代企业管理中的保密工作[J]．保密科学技术（1）：54-55．

哈里森，萨姆森，2003．技术管理：理论知识与全球案例[M]．肖勇波，刘晓玲，译．北京：清华大学出版社．

梁智昊，许守任，2016．"十三五"新一代信息技术产业发展策略研究[J]．中国工程科学，18（4）：32-37．

孟弘，许晔，李振兴，2013．英国面向 2030 年的技术预见及其对中国的启示[J]．中国科技论坛（12）：155-160．

诺玛·哈里森，丹尼·萨姆森，2003．技术管理：理论知识与全球案例[M]．肖勇波，刘晓玲，译．北京：清华大学出版社．

吴磊，2016．企业科技成果保密管理的改进探讨[J]．财会学习（24）：190-191．

张峰，邝岩，2016．日本第十次国家技术预见的实施和启示[J]．情报杂志，35（12）：12-15，11．

朱礼龙，2014．国际科技合作中企业科技情报泄密源的治理[J]．社会科学家（12）：59-63．

左越，2018. 标准助推产业发展标准化工作加速信息技术创新：第十届电子信息产业标准推动会在京举行[J]. 信息技术与标准化（Z1）：17-18.

ANDERSON J, 1997. Technology foresight for competitive advantage[J]. Long range planning (5): 665-677.

MARTIN B R, 2000. Matching social needs and technological capabilities: research foresight and the implications for social sciences. OECD Workshop on Social Sciences and Innovation [R].Tokyo: United Nations University.

PORTER M E, 1990. The competitive advantage of nations [M]. New York: The Free Press.

RYAN R L, et al., 2001. Developmental effects of PCBs on the hard clam [J]. Environmental letters, 36(9):1571-1578.

第8章　我国信息产业技术发展的相关政策建议

目前，以信息技术与制造业融合创新为主要特征的新一轮科技革命和产业变革正在孕育兴起。党的十九大报告提出我国经济正处在转变发展方式、优化经济结构、转换增长动力的攻关期。在新时代背景下，我国应当加快发展具有国际竞争力、安全可控的现代信息产业技术体系，深化体制机制改革，提供金融支持，培育信息产业技术创新型人才，从而为建设信息化强国打下坚实的基础。

8.1　建立科学的信息产业政策与法律

合理的政策供给、良好的政策环境是信息产业技术取得长效、健康可持续发展的重要保障。基于此，我国应当制定与信息产业技术发展阶段相协调的产业政策，从全局角度确定信息产业技术发展的顶层设计思路。

8.1.1　制定与信息产业技术发展阶段相协调的产业政策

信息产业技术的发展应以提高产业技术质量作为主攻方向，正确处理稳与进、市场与政府之间的关系。在充分发挥市场活力的同时，必须依靠政府政策的大力支持，营造一个公平、高效的信息产业环境，从而推动信息产业技术的可持续发展。在信息产业技术创新体系建设中，完善以政府财政经费投入为引导、以企业科研经费投入为主体、以社会资本为补充的多元化科技投融资体系。一方面，政府要解决市场资源配置机制不能有效解决的信息产业技术投入问题；另一方面，政府要根据产业发展的需要进行倾斜投入，针对信息产业技术发展的不同环节，采取多种方式持续支持。主要包括以下举措。

1）在基础信息产业技术研究环节，以政府直接投入为主。

2）在核心信息产业技术突破环节，企业通过委托开发模式在公共研发平台上进行共同研究。该平台建设主要由政府提供支持，企业、高校及研究院等可通过提供资金、设备、人员等进行参与。

3）在产品开发阶段，政府以直接拨款、政府采购、示范应用等多种方式参与投入。

4）在产业化阶段，引入创新金融服务模式，政府引导建立信息产业技术发展基金，以实现科研成果的高效转化和价值创造。

8.1.2　确定信息产业技术发展的顶层设计思路

政府作为顶层设计思路的确定者与执行者，应当从全局角度，对信息产业技术的各环节、各层次、各要素进行统筹规划，以集中有效的资源，高效快捷地实现目标。相关的政策建议主要包括以下 4 个方面。

1）尽快完善面向市场的信息产业供给政策和科技创新投入机制，进一步明确发展路径，促进信息产业链上下游企业、电子信息制造企业、软件及信息服务企业的空间集聚，提高集聚效应。

2）持续出台一系列信息产业技术扶持政策，发挥信息产业和市场资源配置方面的决策性作用。

3）成立信息产业制造强国领导小组，针对信息产业技术发展重大问题、重大政策和重大工程的统筹协调与落实情况进行督促检查。

4）联合高校、行业协会、科研院所、相关机构等，成立国家级信息产业创新专家咨询委员会，指导信息产业顶层设计和实施。

8.1.3　完善信息产业技术相关法律法规

依照国情提高知识产权保护水平，进一步完善法律法规，加大普及知识产权法律制度，提升知识产权文化氛围，提高知识产权认证和执法水平，为信息产业技术创新创造良好的制度环境。在探索建立知识产权法的过程中，应保持对特定领域关键问题的高度关注，从而正确应对未来可能发生的纠纷。全球已有 50 多个国家出台了与个人数据和隐私保护相关的法案，对隐私数据收集、存储、访问、使用和销毁做出明确规定。例如，美国政府先后出台了《国家信息基础设施保护法案》《联邦信息安全管理法案》《2009年网络安全法案》等一系列法案，充分表明了完善信息安全保密管理工作制度、健全法规的重要性。2015 年 7 月 1 日，我国出台并实施了《国家安全法》，该法第二十五条将网络和信息安全纳入国家安全的范围，并专门强调实现关键基础设施、重要领域信息系统及数据安全可控的重要战略任务。此外，保障关键基础设施信息安全对于信息产业技术发展至关重要。2016 年 11 月，全国人民代表大会常务委员会制定了《网络安全法》，这是我国网络安全领域首部具有基础性、框架性和综合性的法律，该法自 2017 年 6 月 1日生效。

在信息产业技术安全等级与分级保护工作方面，我国将在《中华人民共和国计算机信息系统安全保护条例》《国家信息化领导小组关于加强信息安全保障工作的意见》《保密法》等基础上，进一步完善信息产业技术安全标准体系，全面建设信息安全、保密管理人才教育基地、技术与制度培训体系，真正实现以"军民结合、寓军于民"的方式推进我国信息产业技术安全保密管理工作。

在加强我国关键基础设施信息安全法律保护方面，2012 年国务院下发了《关于大力推进信息化发展和切实保障信息安全的若干意见》，明确指出推进信息化发展和切实保障信息安全，对调整经济结构、转变发展方式、保障和改善民生、维护国家安全具有重大意义，要求采取更加有力的政策措施保障信息安全。同时，该意见也指出我国目前还存在信息安全工作的战略统筹和综合协调不充分，重要信息系统和基础信息网络防护能力不强等问题。对于保护关键基础设施信息安全而言，最重要的目的是保证关键基础设施的正常运转。

8.2　推动信息产业技术创新

核心产业技术创新是驱动信息产业技术的关键因素，也是产业技术发展方向的指向标。目前，我国信息行业技术在关乎产业发展与国家战略的核心技术领域基础仍然较薄弱。从其他国家的发展经验看，应当充分利用本国在信息产业技术的优势，加大创新力度，不断培育新兴产业与新技术；在企业与企业之间搭建桥梁，推进我国信息产业全面发展。

8.2.1　实现信息产业集聚效应

信息产业技术创新可以凸现产业集聚效应。通过合理配置信息产业人才、资金、技术等要素，实现信息产业技术创新与组织创新、制度创新和环境创新的协同性，使信息产业在关键技术上取得突破性发展。根据《信息产业发展指南》的发展目标，具体落实到各个省份，将信息产业技术自主创新落到实处。促进信息产业技术自主创新的路径可以从两个方面考虑：一是自主创新力度不够的，可以探索模仿创新与合作创新，从而实现赶超。二是创新投融资模式，充分引入社会和民间资本的参与，破除行业壁垒，降低准入门槛。既要积极进行自我创新，占据新产品的研发与制造阵地，迈向产业价值高端，也要整合创新资源，集各企业、高校、科研机构技术所长，辅以消化吸收国外信息产业技术创新资源，加快产业集群升级，攻克关键技术，最终建成从单一加工到拥有研发、设计、制造等多环节的产业链。政府部门应进一步整合国家和社会资金，加大对重大引进项目和招商项目的支持力度；制定完善的行业配套服务体系，不断提高公共服务水平，加强财税支持和用地用房服务，完善成果评估机制。

8.2.2　建立信息产业技术标准体系

我国信息产业技术标准由于受限于技术发展水平，难以形成独立自主的技术标准体系。目前，我国信息产业技术创新活动吸引了众多中小企业的参与，因而应更多地考虑通过市场竞争机制来提高技术标准体系的适用性与效果性。政府在鼓励企业创新的同时，也要鼓励企业积极参与推动信息产业技术标准体系的建立，实现资源整合与协同发展。此外，在实施我国"十三五"规划的基础上，以产业空间与链条拓展为目的，有步骤、有计划地推进关键技术领域标准体系的建立，加强与"一带一路"沿线国家的合作，共同制定国际信息产业技术标准，组织开展重点领域技术标准的对比分析，从而提高我国信息产业技术的规范性。

8.2.3　定位信息产业技术创新方向

产业链发展方向制约着信息产业技术的创新趋势。目前，我国现有的信息产业链布局难以在短期内产生骤变，所以在空间布局上应积极利用经济发展转型升级的契机，实现信息产业协调发展。在产业链条延伸方面，要努力占据信息产业技术的关键领域。在增材制造的材料、工艺、装备及三维测量领域，努力打破欧美国家控制的局面，加大技术创新投入，实现材料及工艺的突破，加速实现对传统制造业的改造。在西方发达国家纷纷将"大数据"提上政府议程时，我国要积极加快在该领域的探索和布局，通过开发新的计算技术实现对海量信息、数据的发掘与整理，让这些数据能够更加有效地为人类生活、社会进步服务。此外，优先发展部分战略新兴技术创新领域是我国实现技术赶超及实现信息产业价值链延伸的有效战略。

1. 以突破信息产业核心技术为导向

我国信息产业技术创新能力的提高要在巩固现有成果的基础上，不断消化吸收国内外先进技术成果，以突破产业核心技术为导向，实现我国在信息产业技术上的"弯道超车"。为抓住国家战略性新兴产业的契机，应不断跟踪技术发展前沿，掌握核心技术，积极建立核心技术的标准和产品品牌的同时，加快宽带建设，推动新一代移动通信、互联网核心技术、智能终端技术的研发与产业化，积极推进物联网、云计算的创新与应用，提高信息产业技术的自主可控能力。此外，还应集中精力发展集成电路、光电子、量子通信、新型显示、高端软件和高端服务器等核心基础产业，尽快形成以企业为主体的技术创新体系，鼓励企业联合国际级实验室、企业技术中心等机构展开关键技术开发。在光电产业领域给予技术、资金、政策、人才上的支持，突破光电产业关键技术。

2. 从产业链视域布局信息产业技术发展方向

产业链的布局影响着创新资源的分布，也影响着产业技术创新能力的方向与水平。利用现有的区域信息产业集聚核心，持续地积极推进产业链条向高端核心产业和高增长潜力产业领域延伸，重点推进集成电路、新型元器件、物联网、发光二极管照明、新一代通信、数字家庭和云计算等具有国际影响力的技术创新，来提高附加值产品的生产比重，提高中国信息产业在全球价值链上的梯次。在强调企业创新的同时推动产业链的系统创新。

3. 采用多种方式推动信息产业技术研发

我国对信息产业研发投入资金较少，急需多种措施解决资金瓶颈。除鼓励企业持续稳定地增加研发投入、积极引进风险投资外，还要加大公用财政资金对产业技术创新的支持，允许民间资本参与产业技术创新活动。鼓励境外风险投资机构参与信息产业的研发与生产投资，并在机构入驻初期给予税收扶持。对引进的重点研发项目给予资金配套支持，对信息产业的基础设施建设、运营给予政策鼓励与补贴。对于信息产业中的基础技术研究，政府要予以高度重视，并给予资金支持。

4. 依托数字经济促进信息产业技术创新

目前，信息领域的多种计算范式正在逐渐融合，信息技术的发展从技术和服务这两个维度不断拓展延伸、迭代演进。核心芯片经过单核、同构多核等不同时期的发展，正向异构多核、类脑感知迈进；操作系统的发展进入以云计算操作系统为代表的第三个阶段，并加速向网络化、平台化、一体化、服务化迈进；数据库技术和系统也经历了关系型数据库、分布式数据库等阶段，正向云数据库和新型数据库发展。基础软硬件产业是数字经济得以健康发展的根本。发展基础软硬件技术和产业，需着重加强生态系统建设工作，发展平台级产品，构建"微观生态"，推进关键领域应用示范构建"中观生态"，指导基础软硬件产业发展构建"宏观生态"。数字经济的发展贯穿产业链、价值链、创新链等各个环节，涉及科研院所、企业、金融机构、市场、政府等多方。因此，依托数字经济的快速发展，能促进信息产业技术创新。

8.2.4 促进信息产业技术跨领域发展

在新时代，我们必须深刻认识信息产业技术特征、运作机理和产业发展特点，以不同的着力点、进度和时序强化实施创新驱动发展战略。以云计算、大数据、物联网、人工智能为代表的信息产业技术的快速发展，正在引发更广领域、更多维度的变革突破。进一步把握世界趋势，加快推动信息技术和实体经济的深度融合，以新模式、新业态、新产业破解当前信息产业发展的突出矛盾，为产业全面发展注入新动力、释放新活力。从国内发展看，需要搭建政企合作平台，让跨学科、多元化的参与者共同推动新技术的发展，确保信息产业技术有益于社会的进步。因此，应为信息产业技术平台建设与共享服务边界确定相关法律法规框架，包括技术伦理、商业伦理及其他社会规范的制定和调整。总体而言，上述法律法规框架设立的关键在于符合适应信息产业技术带来深刻变革的能力要求，既要有效平衡终端用户、技术使用方、社会公共利益等各方之间的利益关系，又要在技术创新和技术伦理、商业伦理之间寻求平衡。此外，在信息产业技术持续向泛在、融合方向发展的大背景下，确定信息产业跨领域发展应遵循的原则和发展目标，提出可度量、可考核的标尺与路径，是我国未来一段时期推动信息产业技术发展的关键。

8.3 培育信息产业技术人才

在我国信息产业技术人才的培养过程中，应通过构建信息产业技术创新人才培养体系、强化高校关于新兴信息产业技术的通识教育、推动信息产业与传统产业的人才交流及创造信息产业技术高端人才集聚条件等路径，提供持续的专业人才保障，以期实现我国信息产业技术发展战略目标。

8.3.1 构建信息产业技术创新人才培养体系

建立分层次、多领域的引才、用才平台，凝聚和培养一批高端信息产业技术人才、科技成果转化人才和项目管理人才。加强海外信息产业技术人才，特别是中青年人才及创新团队的引进工作，鼓励海外专家回国创新创业。积极落实混合所有制机构在人才引进、落户等方面的政策，建立灵活多样的创新型信息产业技术人才的流动与聘用方式，重点培养一批信息产业技术和管理高端人才及专业技术工程师。进一步深化科技成果使用处置和收益管理改革，鼓励高等学校、科研院所、国有企业提高职务发明成果所得收益中用于奖励参与研发科技人员的比例。信息产业技术人才要有敬业、爱业和创业的精神，要坚定正确的政治方向，坚定地贯彻执行党的路线、方针和政策，能够准确理解并把握有关信息产业技术发展及其保密工作的法律法规。政治思想上具有敏锐性，能够及时了解和掌握国内外保密与窃密斗争的形势、特点和手段。具体包括以下 4 个方面。

1）遵纪守法，坚持原则。信息产业技术人才应当严格依据国家的法律、法规和保密规章制度，自觉保守党和国家的秘密；同时，应当坚持原则进行管理，敢于同各种信息产业技术泄密、窃密行为做坚决的斗争。

2）具有丰富的法律知识和法学理论素养。信息产业技术发展涉及领域较广泛，信息产业技术人才必须熟悉我国现行的保密法律法规，全面掌握与信息产业技术保密工作相关的法规中有关保守国家秘密的相关规定。

3）掌握信息产业技术管理及相关领域的基本知识。信息产业技术管理工作同其他业务工作联系非常密切，信息产业技术人才必须对本单位、本部门业务有较深入的了解，熟悉信息产业技术各个环节的涉密状况。了解现代信息产业技术方面的知识，学习用以提高保密技术装备与防范能力的现代化电子信息、通信、办公自动化等科技知识，适应信息产业技术保密工作的需要。

4）提升综合素质。具体包括 4 个方面：一是组织管理能力和协调能力。要求信息产业技术人才熟练地运用法律法规和规章制度，依法加强对信息产业技术秘密的管理。及时协调，保持信息产业技术管理与沟通渠道畅通，使信息产业技术发展与保密工作形成合力。二是调查研究能力和综合分析问题的能力。要求信息产业技术人才能够有效地收集、筛选、分析、综合和运用信息产业技术发展与保密工作信息，为单位领导的科学决策提供依据。三是宣传教育能力、文字加工能力和语言表达能力。要求对信息产业技术人才的保密教育内容针对性强，方式多样化，具有感染力、吸引力和实效性。四是迅速更新知识的能力。信息产业技术现代化为保密工作提供了很好的机遇，信息产业技术人才应当采用多种渠道，善于快速、准确地更新知识，掌握新的信息产业技术并转化为应用。

8.3.2　强化高校关于新兴信息产业技术的通识教育

为提升信息产业技术竞争优势，我国应当进一步研判全球科学技术趋势，积极创新对经济增长、国防安全等至关重要的新兴信息产业技术，主要包括新一代信息技术、新材料技术、基因编辑技术等。在高等教育中，应顺应信息产业技术发展带来的历史机遇，聚焦科学领域数字技术的变化，重新选择教育教学的侧重点，将教学内容定位于学科前沿。在拥有相关研究能力和技术力量的大学、科研院所，开设数字化领域的前沿课程，积极开展涉及大数据分析、工业软件和信息技术安全等领域的研讨，并在经济学、法学、政治学等领域融入信息、数据分析和网络领域的知识。大力支持科研机构、高校、企业联合建设培训基地，创建综合信息产业技术培训课程，创造灵活、个性化的数字学习环境，探索并制定信息产业技术的中短期专业技能教育和培训项目，提高信息产业技术人才的计算机科学知识水平和技术应用能力，确保其具备信息产业技术发展所需的最新实用技能。

8.3.3 推动信息产业与传统产业的人才交流

设立工业和信息化融合型的信息产业技术人才综合平台。实施信息产业技术管理人才素质提升工程和专业技术人才知识更新工程，以信息产业技术发展紧缺人才为重点，着力加强专业技术人才和经营管理人才的科学培养，引进一批具有国际影响力的信息产业技术带头人及关键技术项目负责人。

8.3.4 创造信息产业技术高端人才集聚条件

信息产业技术创新能力的竞争是智力的竞争和人才的竞争。我国企业在向高端、主流产品拓展的过程中，面临的发展瓶颈首先是人才瓶颈。因此，积极引进信息产业技术领军人才及高端人才，成为快速解决技术创新人才短缺问题的有效措施。大数据时代，我国信息产业技术的发展更需要高端人才的指引，因此要为高端人才提供创业、生活等各种便利，积极吸引海内外人才。同时，在政府大力支持下，构建信息产业技术发展急需的培训课程体系，搭建"产学研"交流平台。完善和优化信息产业技术高端人才培养体系，培养适合信息产业技术发展趋势、具有跨专业背景的复合型、实用型人才，为我国信息产业技术创新提供持续的人才保障。

8.4 加强信息产业技术保密项目的全过程管理

随着国家信息化的不断推进，我国信息产业技术面临着新的发展机遇和挑战。无论从应对复杂多变的国际形势、增强国家信息安全角度考虑，还是从支持我国信息产业技术保密工作的角度考虑，加强我国信息产业技术保密项目的全过程管理已成为信息产业技术战略实施的关键环节。

8.4.1 重视信息产业技术保密工作

信息产业技术保密工作是国家发展战略制定中不可忽视的一项重要工作。随着我国市场经济体制的不断完善，信息产业技术保密工作网络体系初步形成，但新情况、新问题不断出现，这就给我国信息产业技术保密工作带来新的挑战和考验。如何做好新形势下的保密工作，是信息产业技术发展面临的重要课题之一。保守党和国家的秘密是我们党的优良传统，我们的党从诞生的那天起就始终强调保密工作。党的一大从上海转移到浙江嘉兴南湖的红船上召开，就是为了保密而采取的一项紧急措施。党在领导革命、建设和改革的不同时期，始终坚持对保密工作的领导，先后颁布并实施了《保密法》、《保密法实施条例》、《中共中央关于加强新形势下保密工作的决定》、《中华人民共和国国家情报法》（以下简称《国家情报法》）等一系列法律法规，充分运用国家法律的权威性和约束力，强化保密执法监督，加大执法力度，为加强党的执政能力建设提供坚实保障。

2017 年 1 月，国家保密局印发了《关于全面推进保密工作依法行政的意见》，该意见提出要按照法治政府建设要求，进一步健全保密法规制度体系，规范保密行政决策和权力运行，推进依法管理国家秘密的能力建设，建立权责法定、执法严明、公平公正、廉洁高效的保密行政管理体制和工作机制；同时，将总体目标确定为逐步建成科学、完善的保密法规制度体系和依法管理国家秘密的治理体系。2017 年 3 月，国家保密局印发了《保密事项范围制定、修订和使用办法》，进一步规范了国家保密事项范围的制定、修订、使用、解释和清理等行为和程序，有利于定密工作的法治化发展。为了进一步促进信息的自由流动，国务院于 2017 年 3 月公布了《关于修改和废止部分行政法规的决定》，对《中华人民共和国档案法实施办法》进行了修订，规定属于集体所有、个人所有及其他不属于国家所有的，对国家和社会具有保存价值的或者应当保密的档案，档案所有者可以向各级国家档案馆寄存、捐赠或者出卖。向各级国家档案馆以外的任何单位或个人出卖、转让或者赠送的，必须报经县级以上人民政府档案行政管理部门批准；严禁向外国人和外国组织出卖或赠送。2017 年 6 月，第十二届全国人民代表大会常务委员会第二十八次会议通过了《国家情报法》，该法第十九条、第二十九条、第三十一条均涉及国家秘密的规定，包括禁止国家情报工作机构及其人员泄露国家秘密，泄露国家秘密后的处分机关及处理方式等，这些条款进一步丰富了保密法规的内涵。

目前，我国信息产业技术的保密工作形势十分严峻，集中表现在窃密与反窃密、信息安全等方面。因此，应当把握新时代背景下的信息产业技术保密工作，全面贯彻落实科学发展观，积极探索解决新矛盾、新问题的有效途径；各级党委应从提高执政能力的高度，充分认识做好新形势下保密工作的重要性和必要性，增强紧迫感和责任感，使信息产业技术的保密工作由"虚"变"实"，由"软"变"硬"，由"冷"变"热"。

8.4.2　增加信息产业技术保密经费投入

信息产业技术秘密是国家秘密的重要组成部分。国家安全是一个国家生存和发展的基础和前提。在当今日益复杂的国际环境中，科技保密与科技发展、技术创新同样都是维护国家安全和利益的需要。科技保密与技术创新相辅相成，技术创新离开了科技保密，国家安全和经济利益就会受到严重损害。随着信息产业技术在党政机关的普及应用，必须注重运用先进的技术来防范风险，这就需要做好相关保密设备的添置、更新和完善工作。针对接触机密多、密级高的部门和单位，为需要保密的信息产业技术人员配备密码柜和专线保密电话，安装计算机物理隔离卡；实行专人专盘与编号管理，切实加强信息产业技术人员保密工作的设备防线。因此，建议各部门、各地区加大信息产业技术保密经费投入，并依据《中共中央关于加强新形势下保密工作的决定》与相关制度规定，按照事权划分、财权与事权相统一的原则，列入同级政府财政预算。

8.4.3　开展信息产业技术保密法制宣传教育

在全民法制教育中，保密法制教育占有一定的地位。从全国"二五"普法规划（1991—1995 年）开始，到"七五"普法规划（2016—2020 年），保密法制宣传已经纳入全国普法规划，这在其他专业法中并不多见。如果缺乏保密法制宣传教育，公民不了解什么是国家秘密,不知道如何保守国家秘密,不懂得应当履行保密义务,就不可能自觉遵守保密法律法规,也就无法保障国家秘密的安全。因此,我国要根据领导干部、经管人员(即直接经管国家秘密载体的工作人员)、保密执法人员、国家公务员、社会公众等不同对象,有针对性地进行保密法制宣传教育,并结合实际制定规划,采取多渠道、多形式加强对领导干部,特别是信息产业技术保密干部及重点涉密人员的保密法制宣传教育。

1. 及时加强对信息产业技术相关领导干部的保密法制宣传教育

领导干部知悉和接触国家秘密范围广、事项多、密级程度高,有的甚至涉及全局性,历来是境外情报部门窃密活动的重点目标。因而依法管理、依法加强保密工作的关键在领导,重点也在领导。在新形势下,加强对信息产业技术相关领导干部的保密法制教育,可从以下 3 个方面开展。

1)增强领导干部的责任意识。通过组织部门,把《保密法》基础知识纳入党政机关领导干部选拔的考试范围,把信息产业技术的保密形势和保密职责作为领导干部任前谈话内容,明确领导干部的保密权利、义务和责任,使其增强保密法制观念和责任意识,依法落实保密工作责任制。

2)增强领导干部的忧患意识。基于日趋复杂的国际形势、日益严峻的国内形势,应当针对信息产业技术保密工作中存在的错误认识和失泄密隐患,采取形势分析、案例通报、定时提醒等方式,使信息产业技术相关领导干部认清形势,居安思危,提高忧患意识。

3)增强领导干部的大局意识。新形势下,针对信息产业技术相关领导干部选拔范围广、交流力度大、工作时间紧、日常事务多等特点,重点发挥各级党校对领导干部进行信息产业技术保密教育的作用,合理安排保密法制教育课程,确保教学计划、授课时间、教员、教材的落实。

2. 加强对经管人员的信息产业技术保密法制宣传教育

经管人员是信息产业技术秘密的接触者和保管者,也是信息产业技术秘密的捍卫者、保密法律法规的主要执行者,必须具备很强的保密观念、法纪观念和原则性,熟悉信息产业技术秘密载体的管理规定,熟练运用高科技手段管理信息产业技术秘密。信息产业技术秘密能否得到有效保护,关键在于经管人员能否自觉地履行信息产业技术保密责任和义务,从正面和反面管理好信息产业技术秘密。

1)抓好正面的信息产业技术保密宣传教育。可以采取的具体措施包括:推行经管人员持证上岗制度,抓好经管人员在岗、离岗阶段的保密宣传教育;抓好宣传骨干的培训工作,重点举办信息产业技术保密法制宣传骨干培训班;以宣传骨干为依托,分级培训,扩大教育面,发挥带动和辐射功能。

2)抓好反面的信息产业技术保密宣传教育。反面的宣传教育,尤其是比较典型的身边人、身边事,能起到"一石激起千层浪"的效果,是正面教育的一种有效补充。要充分借助各种信息产业技术失泄密的典型,结合在保密检查和调研中发现的问题和隐患，用事例警示和教育他人，进一步强化约束机制，增强经管人员的法制观念、责任意识、保密意识，切实改变"有密难保、保密无用"的错误认识，以高度的政治责任感抓好信息产业技术涉密载体的保密管理。

3. 加强对信息产业技术保密执法人员的保密法制宣传教育

信息产业技术保密执法人员在保密法制宣传教育方面发挥着骨干带头作用，在保密执法方面发挥着示范和监督检查作用，在保密法规规章的制定方面发挥着参谋和桥梁沟通作用。因此，应采取多种途径，不断加强对信息产业技术保密执法人员的业务培训，分层次进行正规、系统、专业的保密法制教育培训，并逐步建立和完善业务考核和在岗继续教育制度。同时，通过举办业务调研会或专题业务培训等方式，及时研究和解决信息产业技术保密工作实践中出现的新情况、新问题，全面提高其业务和法律知识水平。此外，应建立信息产业技术保密执法人员的表彰奖励机制。

4. 加强对公务员的保密法制宣传教育

信息产业技术秘密存在于各项业务之中，每一名公务员既可能是信息产业技术秘密生产者，也可能是信息产业技术秘密的使用者。随着政务公开力度的加大，如何处理好"保"与"放"的问题，了解与本职工作密切相关的业务哪些事项属于信息产业技术秘密事项、何种密级、保密期限多长等，是每一名公务员都要面对的重要问题。因此，加强对公务员的保密法制宣传教育刻不容缓。

5. 加强对信息产业技术人员的保密法制宣传教育

信息产业技术人员是信息产业技术秘密的共同维护者，有责任也有义务保守信息产业技术秘密。对信息产业技术人员的保密宣传教育，就是要使其真正理解守法光荣、违法必究的含义。可以采取多种形式，如开展板报、横幅、发光二极管电子显示屏、宣传栏等保密宣传教育。同时，加强与新闻单位的联系，充分发挥新闻媒体的作用，抓住适当时机，运用典型事例，向全社会进行广泛宣传教育。利用计算机信息网络，开展网上保密法律法规咨询和宣传教育工作，扩大宣传教育面，提高保密素质和政治觉悟，为保密法律法规的实施创造良好的基础。保密法制宣传教育包括教育内容、教育形式和教育对象等主要环节。

1）在教育内容上，紧密结合信息产业技术发展情况，根据不同层次、不同要求和不同教育对象，积极开展保密工作指导思想和方针政策教育、保密法律法规教育、国内外保密与反窃密斗争形势教育、保密典型案例教育和保密基本知识、技能教育等。

2）在教育形式上，突出实效，不断创新，在传统讲授、报告等教育形式的基础上，采取研讨、座谈、现场演示、观摩等互动式教育形式，提高信息产业技术保密教育效果。同时，充分发挥党校保密教育阵地作用，一方面在各级干部培训课程中增设保密宣传内容，提高保密宣传的广泛性；另一方面对保密工作者进行专业化培训，提高信息产业技术保密队伍的整体素质。

3）在教育对象上，对即将走上保密岗位的信息产业技术人员要进行超前保密教育，对各级领导干部要进行保密政策和任务教育，对信息产业技术保密要害部门的专、兼职保密工作人员，有计划地开展专题业务和技能培训。通过保密教育进一步夯实信息产业技术保密工作的思想基础，增强保密人员整体素质，不断提高信息产业技术的保密工作水平。

8.4.4　强化信息产业技术保密监督

在监督信息产业技术保密文件利用过程中，要特别关注对电子政务网络信息安全和保密工作的监督，具体措施包括以下 3 个方面。一是依法监督。根据相关的法律法规，对电子档案信息系统主体及其与外界关联行为进行规范和约束。二是行政监督。各级领导、各有关部门要加强对信息产业技术涉密要害部门和环节的行政管理。三是技术监督。信息产业技术涉密网络必须与互联网进行物理隔离，从进入、传输、使用等方面对与信息产业技术保密有关的电子档案采取保密措施，完善网络保密管理制度，配备必要的防范设备，增强涉密网络的防范能力。此外，还要抓好互联网上的防泄密工作，定期进行网上信息检查，确保信息产业技术涉密信息不上网。

利用网络的安全审计功能，可以有效地实施信息产业技术保密监督。审计是模拟社会检察机构在信息系统中用来监视、记录和控制用户活动的一种机制。它能使影响系统安全的访问和访问企图留下线索，以便事后进行分析与追查。主要安全审计手段包括设置审计开关、事件过滤与查询审计日志等。审计系统应当有详细的日志，记录每个用户的每次活动（包括访问时间、地址、数据、程序、设备等），以及系统出错和配置修改等信息。应当保证审计日志的保密性和完整性。按照国家保密规定，机密级以下的涉密信息系统应采用分布式审计系统，审计信息存放在各服务器和安全保密设备上，用于系统审计员审查，审查记录不得修改、删除，审查周期不得长于 30 天。绝密级信息系统应当采用集中式审计系统，能够对各级服务器和安全保密设备中的审计信息收集、整理、分析汇编成审计报告，并能检测、记录侵犯系统的事件和各种违规事件，及时自动告警，系统审计员要定期审查日志。

8.4.5　完善信息产业技术定密管理

做好定密工作是确保信息产业技术保密工作质量的基础和前提，能够促进信息产业技术秘密的科学化、规范化管理，提高信息产业技术保密的工作水平，确保国家科技安全。在市场经济条件下，做好信息产业技术成果的定密工作有利于保护国家利益和信息产业技术人员的切身利益，有利于进行科技交流与合作。但有些信息产业技术成果持有者认为，信息产业技术成果确定为国家秘密有碍交流，不愿意接受工作程序上的约束，以及承担研究成果保密方面的法律责任；他们更重视自己的成果走向市场，转化为产品；即使接受确定密级，也要找出理由降低密级。可以看出，这在很大程度上有碍信息产业技术成果密级确定工作的正常进行，同时导致信息产业秘密技术项目的申报和被定密的技术成果逐年减少。随着我国政治体制改革和经济体制改革的深入，我们需要不断探索新思路，完善信息产业技术定密体系，使之兼顾国家利益、产业与企业利益，不断适应市场经济发展的需要。

1. 坚持信息产业技术的定密标准

国家科学技术委员会和国家保密局颁布的《科学技术保密规定》对国家科学技术的保密密级做出了专门的规定，为科学技术秘密具体密级的确定提供了重要标准。偏离这一标准确定信息产业技术秘密事项的密级，难以保证其准确性、科学性和有效性。我国应当进一步对各类信息产业技术的密级标准加以细化、量化，以增强其可操作性。

目前，信息产业技术密级的评价可以参照《科技成果国家秘密密级评价方法》。首先，专家根据项目完成单位填报的信息产业技术项目审查表的相关内容提出评审意见。其次，按照密级范围的规定"对号入座"。在实际工作中，定密专家运用密级评价法进行评价时，对信息产业技术成果保密价值评价的各种指标如先进性程度、国际竞争力程度等，基本上是按信息产业技术持有者（单位）的自评来进行判断的，项目组对成果评价的意见在很大程度上会影响定密专家的独立判断。由此可见，定密专家意见的客观性、公正性往往受到客观条件的限制。因此，在信息产业技术保密工作过程中要广泛征求科技界及企业、产业界的意见。

2. 编制《信息产业技术指导目录》

编制《信息产业技术指导目录》可以严格界定信息产业技术定密的范围，从而简化定密工作，也对研究单位和企业起到提醒的作用。相关研究单位和企业对进入《信息产业技术指导目录》的技术应谨慎地做好定密工作。编制《信息产业技术指导目录》有利于推动我国信息产业技术保密工作管理模式创新，对信息产业技术发展战略实施具有重要的现实意义。

此外，编制《信息产业技术指导目录》也是建立信息产业技术保密预警机制的重要内容。编制《信息产业技术指导目录》有利于促进信息产业技术进步与发展，有利于信息产业技术成果的推广与应用。信息产业技术保密预警机制的建立还应参考《对外科技交流保密提醒制度》、《国家敏感技术指导目录》和技术出口项目技术审查相关规定等。

3. 完善信息产业技术敏感点的划分

信息产业技术保密的核心在于内容与时效，保密内容的密级层次影响着保密的效果。《信息产业技术指导目录》可以根据《国家敏感技术指导目录》进行编制，沿用"技术领域→技术类别→技术子类→敏感技术"的层次结构。为了方便有关部门和单位使用，应当列出每项信息产业技术的若干个敏感点，因而层次结构就拓展为"技术领域→技术类别→技术子项→敏感技术→敏感点"。在确定和划分信息产业技术敏感点时，所确定的信息产业技术敏感点既要防止范围过宽、数量过多的现象，又要防止该定的不定或数量过少的现象。完善信息产业技术敏感点的划分能够更好地作为我国内外资、合资研究单位和企业在申报信息产业技术保密项目时定密的参考，在技术出口审查工作中发挥更大的作用，有利于控制源头、保护重点，实现对信息产业技术保密项目的全过程管理。

4. 建立高水平的定密专家队伍

参加确定信息产业技术定密工作的专家主要来自某项信息产业技术成果持有单位的研究人员，应当明确定密专家评定科技成果密级的责任。参加信息产业技术成果鉴定的专家，他们最了解信息产业技术成果的关键技术与价值，其意见在很大程度上影响着定密的准确度。因此，在一些有关信息产业技术成果、项目鉴定的规定中，应明确赋予定密专家评定密级的职责，要求专家对信息产业技术成果的密级表明意见。

1）采取信息产业技术定密人员授权制度，由政府组织信息产业秘密技术评审专家进行定密工作。同时可以结合《国家敏感技术指导目录》，根据需要不断扩充和完善定密专家队伍，每年组织其集中学习和研讨，提高定密的科学性和准确性。各地方和部门可根据国家秘密技术分级管理改革的需要，组建相应的定密专家队伍。信息产业技术定密专家素质的提高途径主要包括以下 3 个方面。

① 将政治素质和品德修养的提高贯穿于定密工作的全过程。政治素质和品德修养是信息产业技术定密专家整体素质的核心。

② 加强保密岗位与其他岗位人员的交流，逐步优化和提高信息产业技术定密专家的知识结构和素质水平。

③ 完善激励机制，激励信息产业技术定密专家自我知识更新的主动性，使之不断提高自身的业务素质。

2）从制度上保证信息产业技术定密专家工作质量。一方面，建立定期培训及教育制度，与信息产业技术定密专家的思想政治工作相结合，将保密教育作为法制教育、党政教育及爱国主义教育的一项重要内容。具体可以采取预防为主的超前教育、警钟长鸣的日常教育、重点对象的重点教育、专门问题的专项教育等方式。另一方面，建立考评制度，定岗定级，与定密专家的工作水平相结合，紧密围绕信息产业技术定密专家的工作质量来开展。

5. 健全定密管理

定密管理是信息产业技术保密工作的基础和根本。2009 年施行的保密认证标准对定密管理的要求是相关单位应当成立定密工作小组，由定密工作小组负责本单位国家秘密事项的确定审核工作。2011 年初，国家国防科技工业局下发了《国防科技工业定密工作管理办法（试行）》，要求国防科技工业定密工作实行定密责任人制度。2014 年 3 月，国家保密局发布的《国家秘密定密管理暂行规定》进一步明确了机关、单位负责人为本机关、本单位的定密责任人，对定密工作负总责。然而，很多信息产业部门和单位存在涉密与非密界定不清、密级高低界定不准等突出问题。产生这些问题的主要原因是相关涉密事项的范围目录的内容较为笼统，可操作性不强，或者太过宏观和宽泛，或者太过微观和具体。因此，需要进一步规范定密管理流程，改进定密管理方式，推进信息产业技术定密工作长效发展。

1）提高思想认识是做好信息产业技术定密管理的基础。只有认识到位，信息产业技术定密管理才可能有实效。加强领导重视，将信息产业技术确定密级的工作摆到依法维护国家安全和利益的高度。认真组织领导和信息产业技术人员学习《保密法》《保密法实施条例》及信息产业技术相关保密范围文件与制度等。重点抓好信息产业技术定密工作小组的学习，使其充分认识到依法定密是强化信息产业技术管理的基础，是《保密法》赋予各机关和单位必须履行的重要法律义务，也是惩治信息产业技术窃密、泄密犯罪行为的法定依据。因此，应当克服诸如"无密可保""定不定密关系不大""一皆保"等糊涂认识，增强信息产业技术相关人员做好定密工作的责任感和紧迫感。

2）抓好组织建设是提高信息产业技术定密管理的保证。信息产业技术定密工作量大，政策性和业务性很强，需要建立专门的定密管理组织，仅仅依靠兼职保密人员难以实现定密管理目标。因此，应当在信息产业技术相关部门建立定密工作小组，由办公室主任、机要员、保密员等3～5人组成，在保密委（或保密领导小组）领导下开展工作，其职责包括组织、协调本单位信息产业技术定密工作，排叠、审核、评议国家秘密事项，收集、汇总、整理定密工作有关情况等。

3）严格审核把关是做好信息产业技术定密管理的关键环节。在定密管理过程中，要按照法定程序确定，对确定的信息产业技术秘密事项应做到具体化，并向应知悉者公布。定密工作不是一次性任务而是一项长期的日常工作，要做到随时产生、随时定密，并根据变化的情况及时调密与解密。此外，要严格审核把关，除了单位保密委（或保密领导小组）把关外，对定密单位送来的信息产业技术秘密事项，要组织定密管理人员反复对照信息产业技术保密范围进行审查，发现错定或漏定的事项，当场纠正和补上，对有争议的事项与有关单位商定或请示上级部门确定。

4）建章立制是做好信息产业技术定密管理的有效措施。实践证明，没有一个健全的审定信息产业技术秘密及其密级的制度，没有专人负责管理，依法定密、严格定密管理就是一句空话。具体的政策建议包括以下4个方面。

① 落实定密管理工作领导责任制。组建定密管理工作领导小组，领导小组成员要各自抓好分管业务中信息产业技术秘密事项的确定工作，明确职权和责任。

② 对定密管理工作进行定期验收。对验收合格的予以确认，不合格的不能过关。

③ 将定密工作列入部门保密工作目标管理。对信息产业技术秘密的确定，要做到平时有登记，年终有汇总，重大问题逐级上报。

④ 制定科学的规章制度。对信息产业技术秘密从产生到解密的全过程进行管理，并制定与之相适应的保密管理制度。既要制定对密件、密品的保密管理制度，又要制定对信息产业技术涉密人员和涉密活动的保密管理制度。

6. 规范信息产业技术定密后的管理程序

信息产业技术中涉及国家安全和重大利益的项目是我国科技保密的重点，必须进一步规范信息产业技术定密后的日常管理程序。

1）制定《信息产业技术保密规定》，从法律法规上明确信息产业技术保密管理部门的保密管理职能和管辖范围，依法进行信息产业技术保密管理。保密管理工作关系着我国产业的发展和国际竞争力的提高，必须依法治密。针对近年来信息产业技术泄密事件时有发生的现象，应深入开展普法教育活动，加强对涉密单位、涉密人员进行法制教育、警示教育；加强保密立法，进一步健全保密法规制度体系；加大执法力度，开展执法监督管理；加大信息产业技术泄密处罚和奖励。同时，参照国务院 2014 年 3 月 2 日实施的《保密法实施条例》，将信息产业技术保密工作责任制履行情况纳入年度考评和考核内容，通过考评和考核有效推动保密责任和工作要求的落实，加大对保密工作突出业绩的奖励力度，以及对违反信息产业技术保密工作责任制行为的责任追究力度。

2）认真执行信息产业技术保密法律法规和规定，参考《国家敏感技术指导目录》及相关法律法规，制定《信息产业敏感技术指导目录》，并依据信息产业技术发展战略及时修订；依法严格把关，对需要保密或可能成为保密的项目，审议提出拟订密级及保密期限建议，向相关部门申报保密项目，并在信息产业技术项目研究的过程中做好保密工作。

3）尽快完善信息产业技术人才流动机制，加强对人才流动的规范化管理，以防止无形国有资产的流失。在宏观管理方面，国家及有关部门应抓紧制定《信息产业技术人才流动管理条例》，规范人才流动的审查审批程序，加强对人才中介机构的管理，明确规定中介机构和聘用单位的连带保密责任，尤其要严格控制出国、受聘外企的信息产业技术人员，并健全跟踪调查、监督检查、违约处罚等管理制度。在微观管理方面，一定要把握信息产业技术人才的输入、输出和流通 3 个关口。其中，信息产业技术人才输出单位要加强对涉密人员的教育和管理，签订保密合同，将泄密隐患消除在人才流动之前。人才中介机构应积极承担信息产业技术保密教育和审查工作，与当事各方订立保密协约，做到防患于未然。

4）信息产业技术涉密机关、社会团体、企事业单位，必须认真贯彻执行《对外科技交流保密提醒制度》。一是信息产业技术涉密人员出境参加对外科技交流活动，其所在机关、社会团体、企事业单位人事或外事部门在办理出境审批手续时，应当告知其《涉密人员对外科技交流保密守则》，要求其在涉密人员对外科技交流保密义务承诺书上签字，承诺履行保密义务，并填写对外科技交流涉密人员登记表，对一年内数次出境参加对外科技交流活动的涉密人员，可以每年对其提醒一次。二是信息产业技术涉密人员在境内参加对外科技交流活动，应当事先向所在单位报告，并填写对外科技交流涉密人员登记表。由所在单位提醒其遵守《涉密人员对外科技交流保密守则》，并记录在案。三是国家保密局和科学技术部共同负责全国《对外科技交流保密提醒制度》的指导、监督和检查，科学技术部负责《全国对外科技交流保密提醒制度》的组织实施。另外，执行《对外科技交流保密提醒制度》的机关、社会团体、企事业单位应当每年对执行情况至少进行一次自查，如发现问题应及时纠正。

5）加强网络信息和计算机管理。采取科技信息上网审批制度、计算机加密制度，防止科技秘密和内部资料在信息传播中失密和泄密。科技信息是科技保密的前提和基础，应当加强对信息情报的搜索和掌握。对处于国际先进水平的信息产业技术成果，应当解密的要及时解密，如趋向陈旧、失去保密价值的，已有接替的或者国外即将研究成功的信息产业技术。信息产业技术保密不仅有"保"的方面，也有"放"的方面。在当前信息产业技术发展迅速、竞争激烈的情况下，需要建立信息搜集、处理和检索的渠道和网络，及时、准确地掌握成果信息。根据准确实时信息，合理确定信息产业技术保密范围和密级，避免失之于宽或控制过严。进而使信息产业技术保密工作走向规范化、程序化。

① 物理隔离。一是单位政务内网和政务外网的机房要分别建设，相互物理隔离。隔离距离要符合国家保密标准的相关规定。二是政务内网的布线要采用光缆或屏蔽电缆。例如，政务内、外网同时建设，可实行双布线，政务外网的布线可以使用普通电缆或双绞线；对已建网络要改造成政务内、外网两个网络，而单布线不可改变时，可以采用安装安全隔离集线器的办法，使客户端计算机不能同时与内、外网相通。三是客户端的物理隔离可以采取多种方法解决，包括安装双主板、双硬盘的计算机；对原有的计算机进行物理隔离改造，增加一块硬盘和一块双硬盘隔离卡；对客户端计算机只增加一块单硬盘隔离卡等。四是对单位与单位政务内网之间的信息传输，可采用的方法包括利用各地政务内网平台提供的宽带保密通道；采用单独交换设备和单独铺设线路，并安装网络加密机；使用面向连接的电路交换方式〔如 PSTN（public switched telephone network，公共交换电话网络）、ISDN（integrated services digital network，综合业务数字网）、ADSL（asymmetric digital subscriber line，非对称数字用户线路）等〕时，应采用认证和链路加密措施，采用的加密设备必须经国家密码主管部门批准。

② 数据加密。数据加密是实现信息保密的一种重要手段。对网络进行数据加密，是通过网络中的加密机构，把各种原始的数据信息，按照某种特定的加密算法，转变成与明文完全不同的数据信息，窃密者即便获取了加密后的信息，也不知信息的内容，从而达到信息保密的目的。

③ 防电磁泄漏。涉密信息系统中涉密设备的安装使用，应满足国家保密标准的要求。对不符合要求的，必须采取电磁泄漏的防护措施。电磁泄漏的防护技术共有 3 种，即电磁屏蔽室、低泄射设备和电磁干扰器。根据国家有关规定，对处理绝密级信息的系统机房应当建设电磁屏蔽室，计算机要安装电磁屏蔽台，且电磁屏蔽室和屏蔽台都要符合国家保密标准的要求。否则，处理绝密级信息的计算机必须是符合国家公安和保密标准的低泄射设备。

处理秘密级、机密级信息的设备应当采取安装电磁干扰器或采用低泄射设备等防电磁泄漏措施，所使用的干扰器应满足国家保密标准的要求，即处理机密级以下（含机密级）信息的设备应当采用一级电磁干扰器；二级电磁干扰器用于保护处理内部敏感信息的设备和最小警戒距离大于等于 100 米处理秘密级信息的设备。

④ 访问控制。经过身份鉴别进入信息产业技术涉密信息系统的合法用户，需要对其访问系统资源的权限进行限制。访问控制的任务就是根据一定的原则对合法用户的访问权限进行控制，以决定其可以使用哪些系统资源、以什么样的方式使用等。例如，在系统安全控制中，对于各种密级的文件，哪个用户可以查阅，哪个用户可以修改等，这是系统安全控制的第二道防线，可以有效阻挡合法用户对其权限范围以外资源的非法访问。设置访问控制应遵循最小授权原则，即在应当授权的范围内有权使用资源，非授权范围内无权使用资源。

7.　不断探索信息产业技术定密管理方法

遵循"既确保信息产业技术秘密，又便利各项工作"的方针，我们应当不断探索科技成果定密管理方法。在某项信息产业技术成果中，需要保密的通常只有一个或若干个关键的核心部分，而不是整个项目。信息产业技术成果定密通常是成果整体定密，这既与客观实际相左，也难以确保信息产业技术定密工作的准确性。因此，在定密管理中，应采取科学的方法，将属于信息产业技术秘密的部分从整个项目中分离出来，列出保密要点，分别确定具体密级，以求划定为信息产业技术秘密的部分保得住，非密部分放得开，从而有效促进科技交流，推动信息产业技术的发展。具体建议包括以下两个方面。

1）根据信息产业技术项目在各个阶段产生的技术资料的价值和涉密程度分别确定密级。例如，某个信息产业技术项目定为机密级事项，整体内设有若干部分，各个部分在不同阶段所产生的各种文件、图纸、资料所具有的信息产业技术价值和涉密程度又各不相同。如果笼统地按整体密级确定，则不符合信息产业技术实际情况。因此，本着既不无原则地降低整体密级又不扩大密级范围的准则，对该项信息产业技术涉及的文件、图纸资料逐项与保密范围对照，分别确定其密级。

2）对信息产业技术秘密事项（含内部事项），应当以信息产业技术项目为单位进行密级管理。一项信息产业技术涉及的文件、图纸、资料有的多达数千份甚至上万份。虽然这些载体的密级不同，甚至有内部事项，但它是一个整体。有些单位对国家秘密事项（含内部事项）按密级分类进行统计管理，但管理效果不佳。

综上所述，对信息产业技术项目密级采取以项目为单位进行统计管理，将一个项目作为整体，集各种秘密事项（含内部事项）于一体进行集中管理的方法，既能保证信息产业技术项目的秘密管理效果，也有利于其他相关工作的开展。

主要参考文献

李建华，2013. 信息安全技术发展与信息安全保密管理[J]. 保密科学技术（3）：6-12.

龙凤钊，2018. 2017 年度我国保密法规发展纵览[J]. 保密工作（1）：32-34，1.

陶于祥，等，2018. 全球电子信息制造业发展趋势与经验借鉴[J]. 重庆邮电大学学报（社会科学版），30（1）：89-95.

王立斌，黄华，2018. 不断探索完善定密管理机制[J]. 国防科技工业（8）：46-48.

王玥，2015. 加强我国关键基础设施信息安全法律保护的思考[J]. 中国信息安全（8）：30-33.

许爱萍，2014. 美国提高电子信息产业技术创新能力的经验及借鉴[J]. 中国科技论坛（3）：72-78.

余晓晖，2017. 新一代信息技术产业："十三五"仍将保持高速创新发展[J]. 中国战略新兴产业（1）：28-31.

张于喆，2018. 电子信息产业发展形势及政策建议[J]. 宏观经济管理（3）：53-60.

附　　录

附录 1　对环境保护作用的统计处理

$$算数平均值\,(\bar{x}) = 80$$

$$样本修正标准差\,(s^*) = \sqrt{\frac{\Sigma(x - \bar{x})^2}{n-1}} = 6.325$$

$$抽样平均误差\,(\delta\bar{x}) = \frac{s^*}{\sqrt{n}} = 2.582$$

$$抽样极限误差\,(\Delta\bar{x}) = t_{\alpha/2}(n-1) \times \delta\bar{x} = 5.203$$

选取的置信度为 90%，样本容量为 6，可得

$$t_{\alpha/2}(n-1) = t_{0.05}(6-1) = 2.015$$

置信区间为 $\bar{x} \pm \Delta\bar{x}$，即 $(75, 80)$。

附录 2　对经济安全数据的综合统计处理

$$算数平均值\,(\bar{x}_{5.1}) = 80，\quad (\bar{x}_{5.2}) = 72.17，\quad (\bar{x}_{5.3}) = 85.83$$

$$样本修正标准差\,(s^*_{5.1}) = \sqrt{\frac{\Sigma(x_{5.1} - \bar{x}_{5.1})^2}{n_{5.1}-1}} = 6.325$$

$$(s^*_{5.2}) = \sqrt{\frac{\Sigma(x_{5.2} - \bar{x}_{5.2})^2}{n_{5.2}-1}} = 7.494$$

$$(s^*_{5.3}) = \sqrt{\frac{\Sigma(x_{5.3} - \bar{x}_{5.3})^2}{n_{5.3}-1}} = 4.997$$

假定 $\bar{x}_{5.1}$、$\bar{x}_{5.2}$、$\bar{x}_{5.3}$ 相互独立且服从正态分布，则根据各二级指标的权重有 $y = 0.4\bar{x}_{5.1} + 0.3\bar{x}_{5.2} + 0.3\bar{x}_{5.3}$ 也服从正态分布，$y \sim N(\bar{y}, \delta_y^2)$ 可近似地表示为

$$y \sim N\left[(0.4\bar{x}_{5.1} + 0.3\bar{x}_{5.2} + 0.3\bar{x}_{5.3}), (0.4^2 s^{*5.1^2}/n_{5.1} + 0.3^2 s^{*5.2^2}/n_{5.2} + 0.3^2 s^{*5.3^2}/n_{5.3})\right]$$

即

$$y \sim N\left[(0.4\bar{x}_{5.1} + 0.3\bar{x}_{5.2} + 0.3\bar{x}_{5.3}), 2.283\right]$$

置信度为 99% 时：

$$抽样极限误差\,(\Delta_y) = z_{\alpha/2} \cdot \delta_y = 2.58 \times \sqrt{2.283} \approx 3.9$$

$$y = 79.4$$

置信区间应为

$$y \pm \Delta_y，\quad 即(75.5, 83.3)$$

附录 3　专家评分倾向

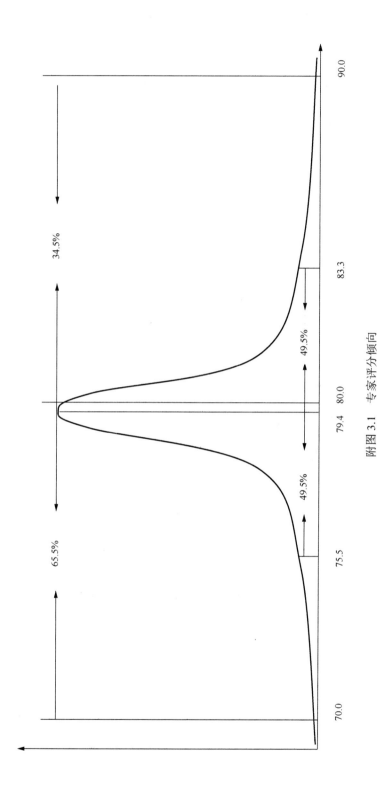

附图 3.1　专家评分倾向

附录 4　原始评分处理

附表 4.1　原始评分处理举例（A₁～A₃）

一级指标及其权重	二级指标及其权重	三级指标及其权重	最终权重 w_i (A·B·C)	各项指标的专家打分原始数据					平均得分 x_i	样本修正标准差 s_i
				专家 A	专家 B	专家 C	专家 D	专家 E		
(A_1) 0.1811	(B_{11}) 0.4536	(C_{111}) 0.2559	0.0210	49.00	88.00	55.00	82.00	39.00	62.60	21.34
		(C_{112}) 0.6708	0.0551	86.00	66.00	36.00	66.00	85.00	67.80	20.28
		(C_{113}) 0.0733	0.0060	45.00	48.00	42.00	68.00	19.00	44.40	17.47
	(B_{12}) 0.3862		0.0699	59.00	42.00	89.00	90.00	69.00	69.80	20.41
	(B_{13}) 0.1602		0.0290	73.00	78.00	65.00	90.00	54.00	72.00	13.55
(A_2) 0.1753	(B_{21}) 0.4762	(C_{211}) 0.6000	0.0501	19.00	15.00	46.00	51.00	23.00	30.80	16.50
		(C_{212}) 0.4000	0.0334	60.00	76.00	16.00	39.00	93.00	56.80	30.29
	(B_{22}) 0.3359	(C_{221}) 0.1376	0.0081	88.00	84.00	25.00	90.00	91.00	75.60	28.41
		(C_{222}) 0.3358	0.0198	41.00	16.00	90.00	20.00	25.00	38.40	30.37
		(C_{223}) 0.5266	0.0310	50.00	11.00	68.00	92.00	31.00	50.40	31.50
	(B_{23}) 0.1879	(C_{231}) 0.6587	0.0217	20.00	29.00	51.00	30.00	17.00	29.40	13.32
		(C_{232}) 0.1562	0.0051	85.00	62.00	41.00	45.00	50.00	56.60	17.73
		(C_{233}) 0.1851	0.0061	87.00	80.00	79.00	49.00	42.00	67.40	20.38
(A_3) 0.1538	(B_{31}) 0.6035	(C_{311}) 0.3000	0.0278	81.00	92.00	55.00	38.00	34.00	60.00	25.74
		(C_{312}) 0.7000	0.0650	81.00	39.00	21.00	23.00	18.00	36.40	26.23
	(B_{32}) 0.2914	(C_{321}) 0.6000	0.0269	82.00	78.00	89.00	80.00	59.00	77.60	11.19
		(C_{322}) 0.4000	0.0179	56.00	92.00	95.00	72.00	77.00	78.40	15.85
	(B_{33}) 0.1051		0.0162	87.00	90.00	57.00	47.00	82.00	72.60	19.35

附表 4.2　原始评分处理举例（A₄～A₆）

一级指标及其权重	二级指标及其权重	三级指标及其权重	最终权重 w_i (A·B·C)	各项指标的专家打分原始数据					平均得分 x_i	样本修正标准差 s_i
				专家 A	专家 B	专家 C	专家 D	专家 E		
(A₄) 0.165 6	(B₄₁) 0.295 2	(C₄₁₁) 0.450 0	0.022 0	78.00	54.00	84.00	39.00	86.00	68.20	20.72
		(C₄₁₂) 0.550 0	0.026 9	54.00	47.00	58.00	87.00	33.00	55.80	19.87
	(B₄₂) 0.239 3	(C₄₂₁) 0.600 0	0.023 8	45.00	68.00	38.00	57.00	81.00	57.80	17.31
		(C₄₂₂) 0.400 0	0.015 9	79.00	35.00	80.00	87.00	82.00	72.60	21.24
	(B₄₃) 0.324 9	(C₄₃₁) 0.700 0	0.037 7	68.00	67.00	62.00	66.00	70.00	66.60	2.97
		(C₄₃₂) 0.300 0	0.016 1	98.00	23.00	19.00	52.00	54.00	49.20	31.67
	(B₄₄) 0.140 6	(C₄₄₁) 0.600 0	0.014 0	21.00	46.00	96.00	61.00	38.00	52.40	28.32
		(C₄₄₂) 0.400 0	0.009 3	75.00	48.00	59.00	50.00	70.00	60.40	11.93
(A₅) 0.153 1	(B₅₁) 0.524 7	(C₅₁₁) 0.126 6	0.010 2	56.00	34.00	20.00	48.00	70.00	45.60	19.36
		(C₅₁₂) 0.337 6	0.027 1	30.00	85.00	34.00	23.00	82.00	50.80	30.13
		(C₅₁₃) 0.535 8	0.043 0	35.00	81.00	56.00	87.00	61.00	64.00	20.81
	(B₅₂) 0.301 2	(C₅₂₁) 0.550 0	0.025 4	87.00	90.00	57.00	87.00	82.00	80.60	13.50
		(C₅₂₂) 0.450 0	0.020 8	78.00	54.00	84.00	66.00	70.00	70.40	11.52
(A₆) 0.171 1	(B₆₁) 0.294 9	(C₆₁₁) 0.450 0	0.022 7	39.00	84.00	28.00	26.00	93.00	54.00	32.04
		(C₆₁₂) 0.550 0	0.027 8	94.00	72.00	49.00	57.00	35.00	61.40	22.61
	(B₆₂) 0.230 6	(C₆₂₁) 0.650 0	0.025 6	60.00	76.00	84.00	39.00	86.00	69.00	19.65
		(C₆₂₂) 0.350 0	0.013 8	88.00	84.00	58.00	87.00	33.00	70.00	24.09
	(B₆₃) 0.325 2	(C₆₃₁) 0.540 0	0.030 0	41.00	16.00	38.00	57.00	81.00	46.60	24.15
		(C₆₃₂) 0.460 0	0.025 6	50.00	11.00	80.00	87.00	82.00	62.00	31.99
	(B₆₄) 0.149 3	(C₆₄₁) 0.690 0	0.017 6	20.00	29.00	62.00	66.00	70.00	49.40	23.13
		(C₆₄₂) 0.310 0	0.007 9	85.00	62.00	19.00	52.00	54.00	54.40	23.73

附录5　综合统计处理

对数据的综合统计处理，假定各项最末端指标相互独立，则算数平均值为

$\bar{x} = \sum w_i \cdot x_i$ ＝0.021×62.6+0.055 1×67.8+0.006×44.4+0.069 9×69.8+0.029×72+0.050 1×30.8+0.033 4×56.8+0.008 1×75.6+0.019 8×38.4+0.031×50.4+0.021 7×29.4+0.005 1×56.6+0.006 1×67.4+0.027 8×60+0.065×36.4+0.026 9×77.6+0.017 9×78.4+0.016 2×72.6+0.022×68.2+0.026 9×77.6+0.023 8×57.8+0.015 9×72.6+0.037 7×66.6+0.016 1×49.2+0.014×52.4+0.009 3×60.4+0.010 2×45.6+0.027 1×50.8+0.043 0×64+0.025 4×80.6+0.020 8×70.4+0.022 7×54+0.027 8×61.4+0.025 6×69+ 0.013 8×70+0.03×46.6+0.025 6×62+0.017 6×49.4+0.007 9×54.14≈57

$s^2 = \sum (w_i \cdot x_i)^2 / n_i$ ＝$(0.021×21.34)^2/5+(0.055 1×20.28)^2/5+(0.006×17.47)^2/5+(0.069 9×20.41)^2/5+(0.029×13.55)^2/5+(0.050 1×16.5)^2/5+(0.033 4×30.29)^2/5+(0.008 1×28.41)^2/5+(0.019 8×30.37)^2/5+(0.031 0×31.5)^2/5+(0.021 7×13.32)^2/5+(0.016 2×19.35)^2/5+(0.022×20.72)^2/5+(0.026 9×19.87)^2/5+(0.023 8×17.31)^2/5+(0.015 9×21.24)^2/5+(0.037 7×2.97)^2/5+(0.016 1×31.67)^2/5+(0.014×28.32)^2/5+(0.009 3×11.93)^2/5+(0.010 2×19.36)^2/5+(0.027 1×30.13)^2/5+(0.043×20.81)^2/5+(0.025 4×13.5)^2/5+(0.020 8×11.52)^2/5+(0.022 7×32.04)^2/5+(0.027 8×22.61)^2/5+(0.025 6×19.65)^2/5+(0.013 8×24.09)^2/5+(0.03×24.15)^2/5+(0.025 6×31.99)^2/5+(0.017 6×23.13)^2/5+(0.007 9×23.73)^2/5≈3.222$

$y = \sum w_i \cdot x_i$ 服从正态分布，即 $y \sim N[\mu, \delta^2]$。

取置信度为99%时：

$$抽样极限误差 (\Delta_y) = z_{\alpha/2} \cdot \delta \approx z_{\alpha/2} \cdot s = 2.58 \times \sqrt{3.222} \approx 5$$

$$\bar{x} = 57$$

置信区间应为(52, 62)。

后　记

2019 年的国务院政府工作会议对我国发展仍处于重要战略机遇期做出明确判断。现阶段，我国发展面临的环境更复杂、更严峻，可以预料和难以预料的风险挑战更多更大，要做好打硬仗的充分准备。我国拥有足够的韧性、巨大的潜力和不断迸发的创新活力，新时代背景下应加快培育壮大新动能，加速以信息产业为代表的新生产业集群发展，同时为以信息技术与制造业融合创新为主要特征的新一轮科技革命和产业变革奠定基础。建立科学的信息产业技术评价体系能够进一步推动我国信息产业技术管理模式转变，对其发展战略的制定具有现实指导意义。本书结合信息产业技术的特征，基于需求性、利益性、发展性等设计原则，构建了我国信息产业技术评价体系，并运用推断统计方法进行评价。由于信息产业技术更新速度快，相关数据获取较困难，作者对于信息产业技术评价的理论分析与实证研究具有一定的尝试性。

本书共 8 章。西安邮电大学经济与管理学院魏明教授拟订全书的框架结构，并负责撰写第 2～7 章，尹丽英负责撰写第 1 章和第 8 章。在本书的撰写过程中，研究生李郑然、刘晓薇、李欢、高衡和徐胜楠参与了资料检索、内容研讨、校对、修改等环节（每人参与均超过 3 万字）；西安邮电大学经济与管理学院教师夏立均、贾玉凤、王艳萍、刘文萍和黄巧玲参与理论基础、评价体系、研究方法等相关内容的研讨与修改，提出了许多宝贵建议。

作者在此感谢西安邮电大学科技处的大力支持！感谢科学技术部发展计划司、工业和信息化部科技司技术基础处、国家科技成果管理办公室、国家科技保密办公室、国家科学技术奖励工作办公室、中国科学院自动化研究所、武汉邮电科学研究院和大唐电信科技股份有限公司等相关专家提出的宝贵建议。作者在撰写本书的过程中参考了大量的文献，这些成果为我们的研究提供了重要思路，在此向相关学者表示诚挚的谢意！

由于作者水平有限，书中难免存在一些不当之处，恳请各位读者批评、指正。